Sineb El Masrar

Muslim Men

Schriftenreihe Band 10350

Sineb El Masrar

Muslim Men

Wer sie sind, was sie wollen

bpb:
Bundeszentrale für
politische Bildung

Sineb El Masrar ist deutsch-marokkanische Publizistin. 2006 gründete sie das multikulturelle Frauenmagazin „Gazelle", das sie als Herausgeberin leitet. Von 2010 bis 2013 war sie Mitglied der Deutschen Islam Konferenz. Sie lebt heute in Berlin.

Für Ben und alle Babas mit Herz und Verstand da draußen

Bonn 2019
Sonderausgabe für die Bundeszentrale für politische Bildung
Adenauerallee 86, 53113 Bonn

Umschlaggestaltung: Michael Rechl, Kassel
Umschlagfoto: © Prisma / Wavebreak Media

Satz: de-te-pe, Aalen
Herstellung: CPI books GmbH, Leck

ISBN 978-3-7425-0350-3

www.bpb.de

Inhalt

Einführung

Klappe, die erste: Im Supermarkt

»Werden Sie gegen Ihren Willen von diesem Mann zu Hause festgehalten …?«

Mit solch einer besorgten Frage wird Frau ohne MH – mein Kürzel für Migrationshintergrund – im Jahre 2017 in einem Supermarkt einer hessischen Siebentausend-Seelengemeinde schon einmal ganz real konfrontiert. Und zwar genau dann, wenn Frau es wagt, ohne den Verlobten Eier, Milch und Waschpulver einzukaufen. Klingt komisch? Richtig, ist es auch! Aber vor allem: Es ist tatsächlich so geschehen!

»Man hört ja so viel darüber …«, führt der junge und sichtlich besorgte Filialleiter weiter aus. Madame hat gut reagiert, indem sie dem engagierten Herrn nicht offenbarte, dass der Partner, der normalerweise an ihrer Seite zu sehen ist, ausgerechnet Oussama heißt und zu allem Überfluss auch noch an einem wichtigen Projekt zu arbeiten hat, weshalb er dieses eine Mal nicht beim Einkauf dabei sein kann. Das SEK wäre wohl schneller vom Filialleiter alarmiert worden, als die Turbo-Kassiererin des Monats die Einkäufe hätte abscannen können. Was wären das für World-Breaking-News gewesen: Saudischer Terrorfürst vom Hindukusch Osama Bin Laden – bekannt aus Funk und Al-Jazeera-Verlautbarungsfernsehen – lebt nicht bei den Fischen, sondern in der hessischen Provinz!

Diesmal nicht beschaulich-bescheiden in den verwinkelten Bergen Afghanistans, sondern zwischen Kühen, Kehrwoche und Weinhügel, und er genießt das jährliche katholische Selbstgeißelungsspektakel der Prozession am Straßenrand mit seiner einzigen Ehefrau. Wie sagte Rap-Poet Bushido einst: »Zeiten ändern Dich!« –

Nur Vorurteile ändern sich offenbar nicht so recht!

Wenn Ihnen das bekannt vorkommt, dann sind Sie entweder mit so einem liiert, verwandt, befreundet oder gehören zur Kategorie »muslimischer Mann«. Sie haben viel über ihn gelesen und gesehen, und dennoch ist er Ihnen ein Rätsel geblieben? So nah und doch so fern? Das immerwährende Mysterium aus dem Morgenland hält die eigenen Glaubensgeschwister genauso auf Trab wie alle möglichen Menschen aus dem Abendland. Es gibt viel zu entdecken, kennenzulernen und zu überwinden! Und dafür halten Sie genau das richtige Werk in der Hand. Das Handbuch Spezies – MUSLIM MEN! Jackpot!

Klappe, die zweite: An meinem Schreibtisch

Wer hätte es gedacht? Ich jedenfalls nicht. Acht Jahre nach Erscheinen meines Generationenbuchs »Muslim Girls«, das vielen Leserinnen und Lesern einen einzigartigen Einblick in die vielfältigen Lebensrealitäten von hier lebenden muslimisch geprägten Mädchen und Frauen der 1960er- bis 2000er-Jahre gewährte und für zahlreiche muslimisch geprägte Frauen ein Befreiungsschlag war, acht Jahre danach ist auf dem politischen sowie medialen Parkett ein völlig neuer Zugang zum Themenfeld »muslimische Frau« gelungen. Doch während dieser acht Jahre begleitete mich bei meinen unzähligen Vorträgen, Lesungen und Diskussionen zu diesem Thema stets eine Frage: »Schreiben Sie jetzt auch über die Muslim Boys?« Immer verneinte ich diese Frage und verwies darauf, dass es sicher da draußen einen geeigneten Muslim-Boy-Autor gebe, der nur zu gern das Zepter übernehmen würde. Nun wurde ich allerdings nach fast zehn Jahren eines Besseren belehrt. Weit und breit nichts dergleichen. Kein einziger Muslim Boy macht sich die Mühe, in der Tiefe zu recherchieren und seine Komfortzone zu verlassen, keiner macht sich auf den beschwerlichen Weg, verschiedene Jungen und Männer aus ganz unterschiedlichen Lebenswelten und Generationen, ohne islamistische oder apologetische Agenda zu interviewen, Studien zu sichten und alles nüchtern zu reflektieren und zu guter Letzt unterhaltsam und informativ niederzuschreiben. Wie so oft in meinem Leben überfraute mich also meine Devise: Wenn's kein anderer macht, dann mach ich's halt! Irgendjemand muss es ja machen! Wenn ich allerdings darüber nachdenke, was ich in den vielen unterschiedlichen Gesprächen quer durch die Republik zutage gefördert habe, dann kann ich mir sehr gut vorstellen, wie schmerzhaft dieses Buch für viele potenzielle muslimische Autoren geworden wäre. »Muslim Men« ist ein Buch, das etlichen der ersten Einwanderer sowie den Vertretern der zweiten und dritten Generation einen Spiegel vorhält. Viele werden nicht wahrnehmen und wahrhaben wollen, was sie zu lesen bekommen und was sie lange zu verdrängen gelernt haben. Aber wie so oft müssen manche Dinge einfach beim Namen genannt und artikuliert werden. Ewig wegschauen häuft nur noch mehr Konflikte an. Darüber hinaus wird auch kein einziges zurückgehaltenes grausames Detail – das möglicherweise das ein oder andere Klischee, die ein oder andere

Zuschreibung bestätigt – rechte Gruppen davon abhalten, ihr menschenfeindliches Keifen fortzusetzen. Im Gegenteil: Das Verschweigen ist gerade für all jene Wasser auf die Mühlen, die ein unterdrückerisches System aufrechterhalten wollen. Sei es innerhalb der Familie, Gemeinde oder Partnerschaft, sei es in der Politik. Und so ist »Muslim Men« wie ein Pflaster auf einer haarigen Körperstelle. Mit Schwung abgezogen, tut es nur kurz weg. Dafür folgt unmittelbar darauf ein eher befreiendes Gefühl. Also: Mit Schwung lesen, danach erleichtert durchatmen und zur konstruktiven Tat schreiten!

Nun fragen Sie sich vielleicht: Warum braucht es solch ein Buch überhaupt, und warum sollten Sie es lesen? Ganz einfach: Auch im Jahr 2018 reißt die Diskussion um Muslime in Deutschland und Gesamteuropa – genau genommen weltweit – nicht ab. Unzählige Menschen wollen mehr begreifen, sie haben Fragen oder einfach schon eine vorgefertigte Meinung zu dieser mehr oder weniger auffälligen Personengruppe. Nicht nur zur vermeintlich muslimischen Frau, sondern eben auch zum vermeintlich muslimischen Mann. Omnipräsent geistert bei vielen das Bild des dominanten und ungebildeten Flegels mit seinem besonderen Hang zum Machotum vor dem geistigen Auge herum, dessen Partnerinnen gerne mal von Supermarktmitarbeitern aus seinen Klauen gerettet werden wollen. Wenn er nicht gerade mit seinem tiefergelegten BMW bei wummernder Musik durch die Straßen kurvt und alles Weibliche anbaggert, das nicht bei drei am Herd steht, dann macht er – langbärtig, in Moschus gebadet und moralisch auf der vermeintlich sicheren Seite und religiös fanatisiert – einen großen Bogen um jegliche weibliche Hand. Stilunbewusst kleidet er sich in schäbige Hochwasserhosen und Polyestertuniken, in denen er sich in offensiver Bescheidenheit seiner Religionsausübung zu widmen glaubt. Von den Lobby-Islamisten in Anzügen ganz zu schweigen. Zwischen diesen drei Prototypen pendeln oftmals die Vorstellungen von muslimischen Männern. Ein Trauerspiel, das dringend eines Realitätschecks bedarf.

Sicher, vieles liegt bei zahlreichen hier lebenden Muslimen im Argen, doch dass unter diesen Jungs und Männern auch etliche spannende Individuen existieren, die in der allgemeinen medialen Debatte kaum bis gar nicht sichtbar sind, das soll sich mit diesem Buch ändern. Ohne dass ich dabei die Frage aus dem Auge verlieren möchte, welchen Beitrag muslimisch geprägte Männer zur Emanzipation und Islamismusbekämpfung selbst beitragen müssen und in welchem Spannungsfeld sie sich mit ihrer weiblichen, ethnischen sowie religiösen Glaubensgruppe befinden. Auch für Muslim Men soll gelten: Endlich mit einem Zewa-Wisch-und-Weg für mehr Durchblick sorgen!

Denn es gibt kein Entrinnen mehr. 2015 zählte das Bundesamt für Migration und Flüchtlinge bis zu 4,7 Millionen Muslime in Deutschland. Davon sind schätzungsweise etwas mehr als die Hälfte männlich. Wo auch immer wir unseren Fuß hinsetzen, wohin auch immer wir unsere Blicke schweifen lassen, was auch immer wir konsumieren, überall droht einem der unmittelbare Kontakt mit jener Männerspezies, die von einer bei der AfD aktiven Herzogin schon einmal besonders liebevoll zu »barbarischen, muslimischen, gruppenvergewaltigenden Männerhorden« geadelt worden ist.[1] Wer sich als Frau oder Mann auf diese Männerspezies einlässt, wird

1 http://www.rp-online.de/politik/deutschland/beatrix-von-storch-twitter-sperrt-afd-politikerin-wegen-hass-inhalten-aid-1.7295165

beneidet, gehasst, bewundert oder betrauert. Manchmal auch alles zusammen.

Denn wie die Muslim Girls sind auch Muslim Men überall. Sie bringen uns Pakete, reparieren unsere Autos, beraten uns in Rechtsfragen oder bei Handyverträgen, sie behandeln unsere Krankheiten, unterrichten unsere Kinder, frisieren unsere Haare, sie durchleuchten am Flughafen unser Gepäck, verkaufen uns Wein, Tabak, Pott, Lebensmittel, Immobilien, Sex oder drängen uns auf penetrante Weise religiöses Material auf, ob nun auf der Straße oder im Netz. So mancher von ihnen lebt gar das Klischee des betrügerischen Sozialschmarotzers – zur großen Freude all jener, die als muslimische wie nichtmuslimische Steuerzahler und Steuerzahlerinnen artig dem Gemeinwohl dienen.

Mit diesem Buch möchte ich Denkanstöße geben und zum Positiven inspirieren, und zwar in alle gesellschaftlichen ethnischen, religiösen und sozialen Richtungen. Ich möchte aber vor allem endlich den Druck aus dem Kessel jener muslimischen Männer nehmen, die so sehr mit sich hadern, die jedes Zweifeln, jede Unsicherheit, die jegliche vermeintliche Schwäche verleugnen und sich in einen Teufelskreis aus Hass, Komplexen und Selbstverleugnung begeben, der allzu oft in der Abwertung Andersdenkender und -lebender mündet. Damit muss endlich Schluss sein! Im eigenen Seelenfrieden-Interesse, im Interesse der eigenen Nachkommenschaft und unserer Gesellschaft, die nur friedlich sein kann, wenn wir als Einzelne mit uns selbst im Reinen sind.

In diesem Sinne! Lehnen Sie sich zurück und blicken Sie dem unbekannten Mann entgegen, der langsam am Horizont erscheint und durch den Wüstensand auf seinem Kamel auf Sie zureitet, umhüllt vom opulenten Garn aus dem Morgenland, und Ihnen mit seinen warmen und von schwarzem Kajal umrandeten Augen voller wilder Leidenschaft in die Ihren blickt … Okay, ich gebe zu: Der Kajal war jetzt zu dick aufgetragen! Nun denn: Viel Freude beim Lesen, viele spannende Einblicke und noch mehr neue Erkenntnisse und Denkanstöße!

Ihre Sineb El Masrar
Berlin 2018

Bestandsaufnahme

Wie alles begann …

Die Wahrnehmung muslimischer Einwanderung nach dem Zweiten Weltkrieg, wie sie in vielen Ländern und auch in Deutschland stattgefunden hat, war nicht von Beginn an auf das Merkmal »muslimisch« konzentriert. Ganz andere Attribute waren en vogue. Etwa Ausländer, Gastarbeiter, Asylant, Vertragsarbeiter oder ausländischer Student. Hinzu kam die ethnische Herkunftsbezeichnung. Religion spielte vordergründig keine Rolle bei der Betitelung der Einwanderer. Üblicherweise war die Rede vom Türken, Marokkaner, Tunesier, Iraker, Syrer oder Iraner beziehungsweise Perser. So standen sie in einer Reihe mit den Italienern, den Griechen, Spaniern oder Vietnamesen, sie waren lediglich eine weitere Nationalität neben den anderen. Die jeweilige Religionszugehörigkeit – und die muslimische im Besonderen – rückte im öffentlichen Diskurs nur in den allerseltensten Fällen in den Vordergrund. Die Identität wurde meist noch über die Herkunftskultur definiert, selbst in den Moscheen blieb man unter sich. Die große Wende in der Wahrnehmung ereignete sich schlussendlich am 11. September 2001 durch den Terroranschlag in den Vereinigten Staaten von Amerika, zu dem sich die islamistische Terrororganisation al-Qaida bekannte. Wobei festgestellt werden kann, dass sich im Vorfeld dieses Anschlags bereits eine Veränderung in der Wahrnehmung jener Einwanderergruppen aus islamisch geprägten Ländern abgezeichnet hatte. Denn zum Wandel der Wahrnehmung trugen auch Ereignisse bei wie die 1979 erfolgte Ausrufung der Islamischen Republik Iran oder der ebenfalls ab 1979 in Afghanistan gegen die Sowjetbesatzung geführte Krieg durch Guerillagruppen, die sich als islamische Krieger, als Mudschaheddin bezeichneten und von denen sich viele im Zuge des Zusammenbruchs Jugoslawiens 1990 den Kämpfern auf der bosnisch-muslimischen Seite ab 1992 anschlossen. Bereits in dieser Zeit nahm die Verschiebung der Wahrnehmung von Ethnie auf Religion ihren Lauf, und 9/11 besiegelte nur die neue Zuschreibung und Wahrnehmung. Damit verschob sich auch das Bild des Terroristen aus dem Nahen Osten, der nach der Staatsgründung Israels 1948 zunächst einmal einer arabischen Sache diente und eher sozialistisch bis kommunistisch agierte, nicht aber islamisch. Das Münchner Olympia-Attentat von 1972 oder die Flugzeugentführung der »Landshut« 1977 in Mogadischu geben davon Zeugnis. 1981 traten gewaltbereite Islamisten auf die mediale Bühne. Der ägyptische Staatspräsident Anwar as-Sadat kam bei ihrem Attentat auf ihn ums Leben. Hosni Mubarak trat seine Nachfolge an und wurde im Zuge des arabischen Frühlings 2012 von dem Muslimbruder Mohammed Mursi abgelöst. Entgegen anderslautenden Annahmen stellten die Anschläge in den USA keinen Paradigmenwechsel dar, der plötzlich und ohne Vorankündigung erfolgt wäre. Hinzu kommt, dass sich die zweite und vor allem dritte Einwanderernachkommenschaft selbst zunehmend als bindestrichdeutsch und bindestricheuropäisch verstand – also zum Beispiel als Deutsch-Türke –, und dass sie sich, je nach Ausprägung der

Identitätsbildung, einen weiteren Identitätsmarker zulegte und sich als muslimisch definiert. Bei manchen ist das Muslimsein nicht lediglich ein Teil ihrer Identität, es steht gar im Vordergrund. In ihrer Wahrnehmung ist der Islam von Nationalitäten losgelöst und hilft vor allem jenen jungen Menschen bei Fragen wie: Woher kommst du? Fühlst du dich deutsch oder türkisch? Bosnisch oder arabisch?

Fortan werden nun also alle Menschen, die aus einem irgendwie islamisch geprägten Land stammen, als »Muslime« bezeichnet und mit den Adjektiven »islamisch« und »muslimisch« und, je nach Radikalität, auch mit »islamistisch« und »salafistisch« versehen. Auch als Selbstbezeichnung wohlgemerkt. Auch dieses Buch fasst diese Männergruppe unter der Klammer »muslimisch« zusammen – in der Hoffnung, dass nach der Lektüre das Individuum mit allen seinen ethnischen, kulturellen, religiösen und sozialen Anteilen in sich selbst, aber auch im anderen erkennbar wird und trotz aller Ambivalenzen Ausdruck findet.

Welche Konflikte und Konsequenzen aus einer Reduzierung auf das Muslimsein entspringen können und welche Rolle hierbei Muslime selbst, aber auch die Bundesregierung spielen, erläutere ich im Kapitel »Die Identitätsbildung«.

Zunächst möchte ich den historischen Verknüpfungen dieser Personengruppe zu Deutschland nachgehen und den damit verbundenen Entwicklungen für die hiesigen Selbst- und Fremdwahrnehmungen jener Bevölkerungsgruppe mit islamischer Religionszugehörigkeit.

Denn noch bevor die ersten sogenannten Gastarbeiter islamischen Glaubens ihren Weg nach Deutschland fanden, gab es bereits Menschen aus islamisch geprägten Regionen, die diplomatisch mit dem Deutschen Reich, dem Dritten Reich, der Deutschen Demokratischen Republik und der Bundesrepublik in regem Austausch standen und auf diesem Territorium nicht nur lebten, sondern auch ihren beruflichen Aufgaben nachgingen. Dies ist vor allem auch vor dem Hintergrund islamistischer und nationalistischer Akteure heute von Relevanz, die anhand dieser historischen Verbindungen eine lange Freundschaft zwischen Deutschland und den islamischen Regionen aufzeigen und damit vor allem friedliebende und tolerante Gesellschaften spalten, statt im Sinne von Demokratie, Meinungsfreiheit und Vielfalt zu argumentieren. Dabei handelt es sich oftmals eher um eine Vielfalt und einen Dialog in faschistoiden Denkmustern und Überlegenheitsdenken, wo vor allem Frauenrechte zu kurz kommen sowie Randgruppen und Minderheiten das Nachsehen haben. Als islamistische Legalisten forcieren sie die Umgestaltung der Gesellschaft über die politische Umerziehung der muslimischen Jugend unter dem Deckmantel der Religion.

Die größte nach Deutschland eingewanderte Gruppe stammt aus der Türkei. Heute leben rund 1,5 Millionen türkeistämmige Menschen hier. Die deutsch-türkischen Beziehungen blicken auf eine lange Tradition zurück. Bereits im Jahr 1739 wurden dem Preußenkönig Friedrich Wilhelm I. vom Herzog von Curland 22 türkische Kriegsgefangene »als Geschenk« zur Verstärkung der preußischen Armee übergeben. Man richtete ihnen im »Königlichen Waisenhaus« ein Zimmer zum Gebet ein. Später entließ man sie wieder in ihre Heimat.

Die Verbindung zwischen Preußen und dem Osmanischen Reich führte 1763 zur Errichtung einer ständigen osmanischen Gesandtschaft in Berlin. Der dritte dieser Gesandten wurde in Tempelhof bestattet. Auf der Berliner Gedenktafel steht heute: »Ali Azis Efendi, verstorben am 29.10.1798, osmanischer Botschafter in Preußen, Minister des Kaiserlichen Diwans, oberster Schatzmeister von Anatolien, als Schriftsteller Wegbereiter der türkischen Moderne. Sein Buch ›Muhayyelat‹ (Phantasien) ist das erste im westlichen Stil verfasste Werk der türkischen Literatur.« Seinetwegen stellte der preußische König Friedrich Wilhelm III. extra ein Gelände zur Verfügung, auf dem in den folgenden Jahren noch vier weitere islamische Bestattungen stattfanden. Die fünf Leichname wurden 1866 auf den bis heute erhaltenen türkischen Friedhof in Berlin-Neukölln überführt, wo mittlerweile die türkische DITIB-Moschee steht.

1914 zog das Osmanische Reich aufseiten des Deutschen Kaiserreichs, Österreich-Ungarns und Bulgariens in den Ersten Weltkrieg. Der wurde verloren, und das ohnehin schon angeschlagene und seit Jahrzehnten hoch verschuldete Osmanische Reich zerbröckelte weiter. Jenes Reich, das sich einst auf der nordafrikanischen Seite des Mittelmeers bis zum Euphrat und über den Golf erstreckt hatte. Es hatte vom heutigen Algerien bis Ägypten über Bosnien, Syrien und den Irak geherrscht. 1922 löste sich das Osmanische Reich endgültig auf. 1923 wurde Mustafa Kemal Atatürk der erste Staatschef der neu gegründeten Republik Türkei. Er verabschiedete sich vom panislamischen Geist, jenem in den letzten Atemzügen liegenden ideologischen Versuch, die Herrschaft des islamisch-osmanischen Großreichs aufrechtzuerhalten. Die Republik schlug fortan einen starken türkisch-nationalistischen Ton an. Der Islam rückte in den Hintergrund. Wie die Europäer wollte man mit der neuen Türkei zu den führenden modernen Nationen gehören, man wollte mitbestimmen in der internationalen Politik, getreu dem Motto: Einmal Großmacht, immer Großmacht. So schnell kann solch ein Habitus nicht abgelegt werden. Mit der Staatsform der Republik gesellte sich die Türkei in eine Reihe mit europäischen Staaten. Man hatte es sich im Zeitalter der Nationalstaaten eingerichtet. Ansonsten war diese Republik zwischen den beiden Weltkriegen genauso unausgereift demokratisch und freiheitlich, wie zum Beispiel die Weimarer Republik, die Dritte Republik Frankreich, Mussolinis Italien oder Francos Spanien. Die Türkei war nun aber das erste mehrheitlich muslimisch bevölkerte Land, das republikanisch und laizistisch geprägt war – zu jener Zeit eine Revolution in der sogenannten islamischen Welt. Weitere Republiken sollten dem Beispiel folgen, allerdings erst rund dreißig Jahre später. All die Regionen, die einst erst arabisiert und islamisiert, dann osmanisch und europäisch kolonialisiert wurden.

Mit der Republikgründung und unter der von Atatürk geführten Regierung erlebte die Türkei in allen möglichen Gesellschaftsbereichen eine gewaltige Umstrukturierung und Modernisierung. Die arabische Schrift wurde abgeschafft und durch die lateinische ersetzt, die religiösen Gerichte wurden geschlossen. Traditionelle Kleidungsstücke wie der Schleier für die Frau wurden zunehmend aus der Öffentlichkeit verbannt; der Turban, die osmanische Pumphose sowie der Fes, ein traditioneller roter Hut mit Quaste, wurden verboten. Die Polygamie musste der Einehe weichen, und die Gleichstellung von Mann und Frau wurde gesetzlich verankert. Auch die Koedukation wurde eingeführt, und 1934 erhielten türkische Frauen noch vor ihren französischen, italienischen und belgischen Geschlechtsgenossinnen das aktive und passive Wahlrecht. Die einst alles dominierende Religion Islam wurde unter staatliche Kontrolle gebracht. Zuständig dafür war die 1924 gegründete Religionsbehörde DIYANET, die fortan stets säkularen Staatschefs unterstehen sollte. Ironie der Geschichte: Noch vor ihrem hundertjährigen Jubiläum gewinnt die DIYANET durch die Arbeit der aktuellen Regierungspartei AKP unter Recep Tayyip Erdoğan auch in Deutschland eine einschneidende Rolle für hier lebende türkeistämmige Muslime. Durch jene AKP, die ganz offenbar den panislamischen Geist des Osmanischen Reichs wiederbeleben will und Gefallen daran findet, eine politische Führerschaft unter den muslimischen Staaten einzunehmen. Schon zu Zeiten des Osmanischen Reichs hatte niemand geschlossen darum gebeten – und auch heute nicht. Der algerische Schriftsteller Kamal Daoud sah sich genötigt, Recep Tayyip Erdoğan vor dessen Staatsbesuch in Algerien im Frühjahr 2018 in einem offenen Brief zu signalisieren, er möge eben jene osmanische Großfantasie für sich behalten, er sei in Algerien nicht willkommen.

Doch bis zu diesen aktuellen Entwicklungen sollte noch eine gewisse Zeit vergehen. Zunächst wurden in der neuen türkischen Republik innerhalb von fünfzehn Jahren viele weitere Reformen nach dem Vorbild des europäischen Westens realisiert. Reformen, die nicht von allen im Land begrüßt wurden. Dazu zählten vor allem die ländlichen Bevölkerungsteile, die sich nicht nur wirtschaftlich abgehängt, sondern auch gesellschaftlich abgewertet fühlten, weil in dieser modernen Türkei kein Platz mehr sein sollte für eine archaische Kultur samt deren Islamauslegung, die jene gesellschaftlichen und egalitären Fortschritte negierte. Einige Nachkommen dieser Bevölkerungsgruppe traten bereits kurze Zeit darauf ihren Weg nach Deutschland an, und Teile ihrer Nachkommen sollten – wie in der Türkei – große Sympathien für nationalistische und islamistische Bewegungen entwickeln. Religiöse Nationalisten und Prediger wie Necmettin Erbakan oder Fethullah Gülen legten die reaktionär-religiösen Grundsteine der heutigen AKP-Begeisterung auch bei in Europa lebenden Türkeistämmigen. Die politischen Entwicklungen der Herkunftsländer und die Sozialisierung der nach Europa eingewanderten Muslime wird sich im Laufe der Jahrzehnte noch stark auf die Identitätsbildung ihrer Nachkommenschaft auswirken. Wie die Ideologie des Panislamismus ein Wiedererwachen erleben konnte, ist im Kapitel »Analyse« unter »Die Identitätsbildung« nachzulesen.

Aber nicht nur Türken prägten und prägen bis heute unser Bild von den Muslimen in Deutschland. Neben den Nachkommen aus dem Osmanischen Reich spielen auch diejenigen aus dem alten Perserreich eine Rolle, das im Laufe seiner langen und wechselvollen Geschichte durch die muslimischen Araber islamisiert wurde, sich aber seine reiche Kultur weitgehend erhalten und den Islam kulturell und theologisch beeinflussen konnte. Dazu zählt nicht allein die islamische Strömung des Schiitentums, dazu zählen auch Errungenschaften aus dem Bereich der islamischen Kunst, der Architektur, Musik und Politik. Vieles von dem, was wir heute als Muslime, Christen, Andersgläubige oder Atheisten für islamisch halten, ist mitunter ein Ergebnis persischen Einflusses.

Diplomatische Beziehungen pflegte im 16. Jahrhundert das persische Reich der Safawiden unter Schah Ismail I. vor allem mit den Habsburgern. Es gab einen gemeinsamen Feind: das Osmanische Reich. Infolge eines Dauerkonflikts verlor das Safawiden-Reich den schiitischen Teil des heutigen Irak an die Osmanen, während die Osmanen das Heilige Römische Reich

Deutscher Nation und dessen Ostflanke, die österreichischen Erblande, bedrängte. Als mit dem anbrechenden 20. Jahrhundert die Abhängigkeit und Einflussnahme von Russland und England immer erdrückender wurde, stiegen die Sympathien der Perser für Deutschland und Österreich-Ungarn.

Die Dynastie der Kadscharen, die von 1794 bis 1925 herrschten, vergab in Teilen sogar Monopolkonzessionen an britische und russische Unternehmen. Doch trotz der Einnahmen aus diesem Konzessionenhandel in Bereichen wie der Tabak- und Erdölförderung oder den Fischereirechten dominierten Armut und Rückständigkeit auf allen gesellschaftlichen Ebenen. Ende des 19. Jahrhundert versuchten einige Kaufleute, Intellektuelle und geistliche Kräfte die Interessen der Bevölkerung zu vertreten. Unter den Geistlichen befand sich Dschamal ad-Din al-Afghani, einer der Vordenker des heutigen Panislamismus. Der Islam wurde zu dieser Zeit bereits als antiimperialistisches Instrument verstanden, er sollte reformiert und mit der Moderne versöhnt werden. Ziel war es, als Muslime vereint wieder zur vermeintlichen alten islamischen Größe zurückzukehren. Dass aber bereits die muslimischen Araber und später die Osmanen mit dem Islam in einem imperialistischen Sinn agierten, dass sie Menschen versklavten und – je nach Herrschaftsgebiet – Ressourcen rücksichtslos ausbeuteten, ließen diese theologischen Vordenker genauso außer Acht, wie es die heutigen Anhänger des Panislamismus tun, die ihre Identität und Aufwertung über den Islam erlangen wollen und eine weltliche und geistliche Führerschaft beanspruchen.

Nur ein Jahrhundert nach Dschamal ad-Din al-Afghani wird ein militanter Panislamismus seine Geburt erleben und gravierende Auswirkungen auf die Wahrnehmung auf die im

Westen lebende muslimische Bevölkerung bis heute haben. Ein Teil davon ist die Wahrnehmung als »die Muslime«.

Doch bevor der Islam in Gestalt der Kleriker in Iran 1979 die Herrschaft übernimmt, leitet Reza Schah Pahlevi 1925 mit Unterstützung der Briten die nächste kaiserliche Herrscherdynastie ein. Sie wird nur 54 Jahre währen.

Wie in der Türkei erfolgte auch in Iran ein gewaltiger Modernisierungsschub. Eingeführt wurden Nachnamen und die Ausweispflicht. Neben der Verstaatlichung der Banken wurde ein Tee- und Zuckermonopol etabliert. Die Wehrpflicht für junge Männer wurde über die Köpfe der Geistlichen sowie der Landbesitzer hinweg erzwungen. Straßen und Bahnlinien wurden errichtet und die Transiranische Eisenbahn aufgebaut. Männern wurde der westliche Kleidungsstil verordnet – mit Ausnahme der Geistlichen. Noch heute kleiden sich übrigens fast überall auf der Welt muslimische Geistliche in traditionelle oder orientalisch angehauchte Gewänder – offenbar der Versuch, eine Art Uniform zu etablieren. Dahinter könnte sich eine sowohl eurozentristische wie auch orientalistische Denklogik verbergen, die in etwa lautet: Islamisch-theologisch angemessen ist, was irgendwie orientalisch-traditionell anmutet. Diese Haltung lässt sich übrigens auch hierzulande noch heute bei Anhängern des Salafismus, bei Geistlichen der Ahmadiyya oder DITIB und in Teilen der Sufi-Bewegung beobachten. Als handle es sich dabei um eine Berufskleidung, die allerdings nie durch einen islamischen Klerus, den es im Islam ohnehin nicht gibt, festgelegt wurde.

Doch kehren wir nach Iran zurück und bleiben wir beim Thema Bekleidung. Genau genommen bei der weiblichen Bekleidung, die uns auch heute noch in Form der Kopftuch-

und Burkadebatten beschäftigt. Das neue persische Kaiserreich nannte sich unter Reza Schah Pahlevi in Iran um – Land der Arier. Damit betonte es – kulturell wie nationalistisch – vor allem das vorislamische Erbe. Die Rechte der Frauen wurden gestärkt, ebenso ihre Bildung. Allerdings wurde ihnen der Schleier verboten und damit eine Gewohnheit und auch Wahlfreiheit in der Kleidung. Es kam vor, dass Frauen bei aggressiven Kontrollen der Schleier vom Kopf und Körper gerissen wurde. Für solche Kontrollen sorgte eine Art Kleidungswächter. Später, in der Islamischen Republik, sollte dieses Beispiel eine bittere Umkehrung erfahren, bekannt unter dem Stichwort Sittenwächter. Zuvor ließ Reza Schah Pahlevis Sohn und Nachfolger Mohammad aber in seiner Regentschaft den Schleier wieder zu.

Wie in der Türkei bereicherten sich auch in Iran die Machthaber und gingen gewaltsam gegen ihre politischen Gegner vor. Iran, das zum Dritten Reich gute Beziehungen pflegte, agierte zwar nicht minder diktatorisch als die Nationalsozialisten, verweigerte aber die Auslieferung der iranischen Juden an Nazi-Deutschland. Während der NS-Herrschaft fanden sowohl in Iran als auch in der Türkei viele Juden einen rettenden Hafen. Unter den Pahlevis durften Juden darüber hinaus ihre Stadtviertel verlassen, und mit dem neu gegründeten Staat Israel pflegte man gute diplomatische Beziehungen. Das sollte sich mit der Islamischen Republik ändern, die, wie fast alle mehrheitlich muslimischen Staaten, Israel fortan als imperialistisches Apartheidregime verteufelte und am liebsten von der Landkarte getilgt sehen wollte.

Die wechselvolle politische Geschichte Irans, das aufgrund seines Ölreichtums ständig im Mittelpunkt vielfältiger internationaler Interessenkonflikte stand, ließ immer wieder verschiedene wirtschaftliche oder intellektuelle Eliten aus dem Land flüchten. Sie wanderten, wenn nicht als Kaufleute, dann als Ärzte nach Deutschland ein. Die sogenannte »Weiße Revolution«, die eine Enteignung der Großgrundbesitzer 1963 durch Mohammad Schah Pahlevi zur Folge hatte, brachte viele vermögende Iraner dazu, ihr Land zu verlassen. Schon 1961 entstand die »Vereinigung iranischer Ärzte und Zahnärzte in der Bundesrepublik Deutschland e.V.«

Mit der Absetzung des Schahs 1979 und der Ausrufung der Islamischen Republik infolge langanhaltender Proteste gegen den Schah und dessen Politik, initiiert von vorrangig linken und kommunistischen sowie religiösen Demonstranten, folgte eine weitere Flüchtlingswelle. Der von 1980 bis 1988 zwischen Iran und dem Irak ausgefochtene Golfkrieg sorgte für weitere Flüchtlinge, darunter viele minderjährige junge Männer, die allein oder mit ihren männlichen Geschwistern dem Militärdienst zu entgehen versuchten, da sie nicht als Kanonenfutter im Krieg herhalten wollten. Doch damit endete die Fluchtbewegung nicht. Allein in der Zeit zwischen 1990 und 1995 kamen über 30 000 politisch verfolgte Iraner nach Deutschland. Sie waren mehrheitlich säkularisiert, hochqualifiziert und nahmen am gesellschaftlichen Leben in Deutschland teil, sei es als Taxiunternehmer, sei es als Gastronom, als Wissenschaftler oder als Arzt. Nicht ohne Grund gelten sie als die besser integrierten muslimischen Einwanderer, wenngleich viele sich gar nicht als praktizierende Muslime oder überhaupt als Muslime verstehen. Zudem gibt es auch Iraner, die anderen Religionsgemeinschaften angehören. Etwa den Bahai, einer in Iran unterdrückten Gruppe, oder den Zoroastriern oder den Juden. Beide letzteren vorislamischen Religionsgruppen sind in Iran bis heute wie das

Christentum anerkannt, wenngleich nicht mit den Muslimen gleichgestellt. Konversionen sind hochproblematisch.

Nach dem Zweiten Weltkrieg warb Deutschland gezielt Arbeitskräfte aus der Türkei und aus weiteren Ländern an, in denen der Islam bis heute Staatsreligion ist. Darunter auch Frauen, die in Bereichen der Textil-, Süßwaren-, Kosmetikindustrie sowie in der Telekommunikation- und Fernsehtechnik arbeiteten. Deren Feinmotorik war zwar auch gefragt, aber noch viel mehr die grobmotorische Robustheit der männlichen Arbeitskräfte. Daher bildeten starke, junge Männer die Mehrheit der benötigten Arbeitskräfte, die für körperliche Arbeiten in der Stahl-, Bergbau- und Auto- sowie Zuliefererindustrie gebraucht wurden. Weil sie zunächst nur temporäre Arbeitsverträge erhielten, nannte man sie Gastarbeiter. (Dass Gäste üblicherweise nicht arbeiten, steht auf einem anderen Blatt. Nett gemeint ist bekanntlich nicht immer zutreffend.) Bald aber wollte weder die Industrie immer wieder stets wechselnde Arbeiter neu anlernen, noch waren die Arbeiter selbst dazu bereit, nach einer relativ kurzen Zeit wieder in ihre Heimatländer zurückzukehren. Die daheimgebliebenen Familien galt es regelmäßig finanziell zu unterstützen, in den Herkunftsländern fehlten die Jobmöglichkeiten, und so wichen die Zeitverträge unbefristeten Arbeitsverträgen. Als manche jener »Gastarbeiter« dann ihre Familien nachholten und andere hier heirateten, als die Kinder plötzlich in die Schule gingen, verschob sich die Rückkehr für viele auf den Tag ihrer Beerdigung. Ihre toten Körper wurden und werden auch heute noch ins Land ihrer Vorfahren zurückgeführt, woraus ein florierendes Bestattungsgeschäft hervorgegangen ist.

Alle beteiligten Staaten profitierten vom Anwerbeabkommen. Deutschland konnte auf günstige Arbeitskräfte in diversen Ländern zurückgreifen und damit auch Industriezweige am Leben erhalten, die unter anderen Umständen früher hätten modernisiert werden müssen. Und Länder wie die Türkei, Marokko, Tunesien oder die Balkanländer reduzierten ihre Arbeitslosenquoten vor Ort und beugten damit möglichen sozialen Unruhen vor. Darüber hinaus waren und sind die ins Ausland abgewanderten Arbeitskräfte konstante Devisenbringer für ihre jeweiligen Heimatländer. Und jeder einzelne, der regelmäßig in seinem Herkunftsland die Ferien verbringt, der dort Immobilien oder Ländereien erwirbt und Waren vor Ort konsumiert und Geld via Western Union und Co. überweist, agiert als eine Art Entwicklungshelfer. Diese Dimension der Ein- und Auswanderung geriet und gerät noch immer schnell in den Hintergrund, wenn die Debatten rund um Integration und Entwicklungshilfe geführt werden. Wer dabei oft zu kurz kam, waren die Kinder der Zugewanderten. Die Kränkungen und Benachteiligung, die sie innerhalb der Familie und der Gesellschaft erfuhren, haben auch zur heutigen politischen Lage geführt.

Auch die DDR warb zwischen den Jahren 1966 und 1989 ca. eine halbe Million Arbeiter an. Die stammten vorrangig aus Vietnam, aus Polen und mit der Sowjetunion verbrüderten afrikanischen Staaten wie Mosambik oder Angola. Dadurch gelangten vor, aber auch noch nach der Wende Muslime aus Ägypten, Syrien oder Palästinenser aus dem Umfeld der PLO[2] nach Deutschland. Oft hatten sie einen akademischen Hintergrund oder sind mit Stipendien als Studenten

2 PLO: Palästinensische Befreiungsorganisation. Dachorganisation verschiedener nationalistischer Fraktionen, die sich als die Vertretung aller Palästinenser versteht.

nach Deutschland gekommen. Einige blieben und arbeiteten unter anderem als Ingenieure. Die meisten kehrten allerdings mit ihrem erworbenen Wissen in ihre Heimatländer zurück.

Die zweitgrößte muslimische Gruppe machen heute in der Bundesrepublik 550 000 südosteuropäische Muslime aus Bosnien, Bulgarien und Albanien aus. Obgleich gegenwärtig die Auffassung weitverbreitet ist, dass diese Bevölkerungsgruppe erst während und nach dem zwischen 1992 und 1995 geführten Bosnienkrieg einwanderte, kamen die meisten von ihnen tatsächlich früher nach Deutschland: 1968 wurden entsprechende Abkommen mit der Bundesrepublik und dem damaligen Jugoslawien geschlossen. (Zum Vergleich: Ähnliche Anwerbeabkommen wurden mit der Türkei 1961, mit Marokko 1963 und mit Tunesien 1965 geschlossen.)

Seit dem Anwerbestopp im Jahr 1973 und nach dem Golf- und Balkankrieg sowie dem Kurdenkonflikt sanken die Asylanträge aus dieser Region.

2015 ereignete sich im Zuge des IS-Terrors und der Konflikte mit dem Assad-Regime ein neuer Zuzug von Geflüchteten aus Syrien und dem Irak. Rund 424 907[3] Syrer und 125 900[4] Iraker wurden in der Zeit von 2015 bis 2016 in Deutschland registriert. Dabei versuchten auch Menschen aus Afghanistan, dem Kosovo oder Albanien sowie aus Nichtkriegsregionen in Deutschland Zuflucht zu finden. Sie fliehen vor dem islamistischen Terror ebenso wie aus wirtschaftlich

---

3 BAMF, http://www.bamf.de/SharedDocs/Anlagen/DE/Publikationen/Broschueren/bundesamt-in-zahlen-2016.pdf?__blob=publicationFile Seite 19

4 BAMF, http://www.bamf.de/SharedDocs/Anlagen/DE/Publikationen/Broschueren/bundesamt-in-zahlen-2016.pdf?__blob=publicationFile Seite 19

angeschlagenen Ländern. Sie kommen aus Tunesien oder den Armenvierteln Casablancas, um als angebliche syrische Asylbewerber auch ihr Glück hier zu versuchen. Der Tunesier Anis Amri geht 2017 mit seinem Terroranschlag auf den Weihnachtsmarkt am Berliner Breitscheidplatz als bekanntestes Gesicht des Asyl- und Sozialleistungsmissbrauchs in die jüngste Geschichte ein. Aber auch die Übergriffe in der Silvesternacht von Köln zum Jahreswechsel 2016/2017 zeichnen ein rohes und bedrohliches Bild von Nordafrikanern islamischer Religionszugehörigkeit. Auch weil einige Muslime ihr abwertendes Frauenbild teils mit dem Islam begründen und sogar glauben, es liege gar keine Abwertung der Frau oder Anderslebender vor, denn Allah habe das doch so befohlen. Sogenannte Nafris[5] komplettieren das Negativbild vom muslimischen Mann gänzlich.

Auch wenn es keine offiziellen Zahlen gibt, wird allein aus den Erfahrungen der freiwilligen Helfer, der Organisatoren von Deutschkursen, Behörden etc. ersichtlich, dass vor allem Männer ihren Weg nach Deutschland gefunden haben. Viele von ihnen haben ihre Familien im Herkunftsland oder auf einer Zwischenstation zurücklassen müssen. Diese Angehörigen werden es im Zuge der Familienzusammenführung noch nach Deutschland schaffen. Für das Jahr 2018 ist in den Medien bereits die Rede von rund 380 000 Syrern, die ein Anrecht darauf hätten, ihre Familien nachzuholen.[6]

---

5 Abkürzung für Nordafrikanischer Intensivtäter.

6 https://www.focus.de/politik/deutschland/antragsflut-fuer-familien-visa-fluechtlinge-ab-2018-koennen-390-000-syrer-ihre-familien-nach-deutschland-holen_id_7525769.html

Die Fragen, ob und wie dem Neuzugang in Deutschland die Integration in unsere Gesellschaft gelingen wird, und auch, ob die Religionszugehörigkeit zum Islam hierbei tatsächlich ein Hindernis darstellt, werden sich nur durch einen nüchternen Blick auf die geopolitischen Entwicklungen des vergangenen Jahrhunderts in ihrer ganzen Tragweite erschließen. Wobei ein besonderer Blick dem Panislamismus gelten muss. Denn solche Narrative spielen bei der Identitätsbildung gerade in der Diaspora eine existenzielle Rolle. Wie gestaltet sich das Zugehörigkeitsgefühl in der neuen Heimat, wie die eigene Verantwortung gegenüber dem Aufnahmeland Deutschland? Es wird vor allem an der Bundesregierung liegen, ob sie gewillt ist, aus der Einwanderungsgeschichte nach dem Zweiten Weltkrieg zu lernen und sich auf die neue Situation verantwortungsvoll ohne Legalistenunterstützung oder muslimfeindliche Tendenzen einzustellen.

Dass die formale Integration der Nachkommen sogenannter Gastarbeiter und weiterer Einwanderergruppen im Bildungs- und Arbeitsmarkt sowie dem allgemeinen sozialen und wirtschaftlichen Aufstieg in diesem mehr als halben Jahrhundert weitgehend geglückt ist, ist, gemessen an der nicht sonderlich aktiven Gestaltung von Integration, ein großes Glück. Deutschland war seit 1945 in Europa das Land mit der größten Zuwanderung. Dennoch waren sich viele in der Politik und auch in weiten Teilen der deutschen Gesellschaft einig, dass Deutschland kein Einwanderungsland ist. Ein konstruktives Verhältnis zu den Zugewanderten, besonders zu den muslimischen, konnte sich bis heute nicht recht entwickeln. Vor allem der zweiten und dritten Nachkommenschaft der damaligen Einwanderer aus Ländern wie dem Maghreb, der Türkei oder aus arabischen Staaten fällt eine

Identifizierung mit Deutschland schwer. Nicht selten dient hier gerade die Religion Islam als eine höchst willkommene Ersatznationalität. Dass eine gesunde Identität nie über Nationalismus oder Religion definiert werden kann, weil dies auch gravierende innen- und sicherheitspolitische Gefahren in sich birgt, ist in den jeweiligen Herkunftsländern bereits zu beobachten. Es wird daher von großer Notwendigkeit sein, die Erkenntnis, ein Einwanderungsland zu sein, auch mit freiheitlich-demokratischen Werten zu füllen. Ob dies als Leitkultur oder Leitbild bezeichnet wird, ist eher eine zweitrangige Frage.

Die Muslim Men können dabei einen aktiven Beitrag leisten, sofern sie dazu bereit sind, persönliche Kränkungen und Erfahrungen zu überwinden und den Islamismus zu bekämpfen. Einige Muslim Men zeigen jedoch auf unterschiedliche Weise, wie genau das nicht gelingen kann und welche gesamtgesellschaftlichen Konflikte daraus resultieren. An den vielschichtigen Lebensrealitäten der hier lebenden Muslim Men lassen sich aber beispielhaft die Lage der Gesellschaft global wie national analysieren und die Stoßrichtung und nötigen Interventionen für die Gestaltung einer erfolgreichen Einwanderungsgesellschaft ablesen. Diese muss, um eine lebenswerte Existenz bieten zu können, auf Freiheit, Demokratie und Rechtsstaatlichkeit fußen. Aber das wird nur gelingen, wenn wir alle lernen, für uns selbst, aber auch für andere ein verantwortungsbewusstes Handeln zu leben und es früh unseren Kindern zu vermitteln.

Nahaufnahme

1. Berufsmuslim: Zwischen Seelenfänger und Ausverkauf

Seit rund fünf Jahren geistert im reaktionären, teils aber auch im konservativen muslimischen Milieu die Bezeichnung des »Haustürken« und des »Berufsmuslims« herum. Ersterer wurde 2013 von der Bloggerin Kübra Gümüşay in einer *taz*-Kolumne[7] einer breiteren Öffentlichkeit präsentiert. Der Begriff war angelehnt an der von Malcom X geprägten Bezeichnung »Feldsklave« bzw. »Haussklave«, und er richtete sich polemisch unter anderem gegen die Publizistin Necla Kelek. Nun lässt sich tatsächlich einwenden, dass Keleks Kritik an der türkeistämmigen und muslimischen Community häufig einseitig und undifferenziert ausfällt, doch die Missstände, auf die nicht nur sie hinweist, werden nicht dadurch aus der Welt geschafft, indem der nötigen Kritik daran ausgewichen wird. Sicher ist auch: Lange Zeit haben gerade die Kritik an problematischen Praktiken aus dem türkischen Milieu und die damit einhergehende Berichterstattung dazu beigetragen, dass Muslime als grundsätzlich problematisch und als eine in sich völlig homogene Gruppe wahrgenommen wurden. Doch

7 http://www.taz.de/!5068331/

durch die wachsende Vielfalt der Mitarbeiter in den Medien und auch durch die Sichtbarmachung einer gelebten Heterogenität in der muslimischen Community ändert sich glücklicherweise die Darstellung hin zu einem faireren Umgang mit Einwanderergruppen muslimischen Glaubens – wenngleich auch eine gründliche Berichterstattung über Islamismus noch in den Kinderschuhen steckt.

Was das mit dem Haustürken zu tun hat? Mit der zunehmenden Berichterstattung konkret über Muslime und den Islam hat sich der Haus- beziehungsweise Berufsmuslim im Sprachgebrauch etabliert. In einschlägigen Blogs, Videos und Social-Media-Kanälen, die legalistischen islamischen Organisationen nahestehen, bezeichnet man damit islam- und islamismuskritische Personen des öffentlichen Lebens, die selbst muslimischen Glaubens sind. Statt sich mit ihrer Kritik auseinanderzusetzen und inhaltliche Argumente gegen deren Berichterstattung aufzuführen, werden sie zum Ziel harscher Beleidigungen erkoren. Der Hauptvorwurf lautet, dass ebenjene Berufsmuslime mit ihrer kritischen publizistischen Arbeit zum Thema Islam vor allem eines wollen: Geld damit verdienen. Dass aber das Berufsfeld des Publizisten vor allem auch beinhaltet, über Missstände zu berichten, ist diesen Schlaumeiern offenbar entgangen. Und man müsste ihnen vielleicht auch noch erklären, dass fast alle Publizisten und Journalisten auf bestimmte Themenfelder spezialisiert sind. Und noch ein Tipp: Wenn es diese Missstände in den muslimischen Communities nicht mehr gibt, dann wird es auch keine Berichterstattung mehr darüber geben. Es wäre also eigentlich im Interesse jener Kreise, den Publizisten, denen sie die Halal-Sucuk-Scheiben auf dem Fladenbrot nicht gönnen, die Verdienstmöglichkeiten zu entziehen.

Doch die Frage muss eigentlich lauten, wer hier denn wirklich der Berufsmuslim ist, wer also tatsächlich mit dem Thema Islam viel Geld verdient. Die Journalisten und Publizisten werden es nicht sein, denn im Mediensektor wird mit dem Islam mitnichten das große Geld gehortet. Zwar ist das Thema hier omnipräsent, und es strapaziert vor allem die Nerven friedliebender Muslime, fette Kohle macht man damit aber nicht in den Medien, sondern im Halal- und Islam-Vertreter-Business! Wobei beide Branchenebenen Hand in Hand gehen müssen, denn auf alte Traditionen und Gewohnheiten der ehemaligen muslimischen Einwanderer von Marokko über Iran bis Indonesien ist inzwischen nicht mehr automatisch Verlass. Es ist keineswegs ausgemacht, dass die Muslime ihr hart verdientes Geld auch brav in Halal-Produkte investieren. Dieser Markt, der vor allem von muslimischen Männern dominiert wird, ist aus kaufmännischer Sicht ohne Zweifel einer der attraktivsten Wachstumsbereiche weltweit. Sofern sich Muslime weiterhin hinters Licht führen lassen wollen. Bereits 2009 soll allein der Halal-Markt rund siebzehn Prozent des globalen Umsatzes im Lebensmittelsektor betragen haben.[8] Tendenz steigend. Dabei gibt es kaum einen Bereich, der sich nicht für den Halal-Markt eignen würde. Es zeigt sich: Sowohl Islam als auch Islamismus lassen sich sehr kapitalismusfreundlich auslegen. Ob es nun um Datingapplikationen geht oder um Versicherungen, ob um Bankgeschäfte, Sanitärprodukte oder um Mode in Form der sogenannten Modest-Fashion, also »bescheidener und bedeckender Mode« – alles kann halal sein. Selbst Erotikprodukte und Prostitution in Form von religiös legitimierten

8 https://www.hannover.ihk.de/fileadmin/data/Bilder/Allgemein_IHK/NW/Halal_Maerkte_und_Moeglichekeiten_NW11_2010.pdf

Zeitehen gegen Bezahlung sind plötzlich wie von Zauberhand halal. Bei so viel Magic-in-the-Business-Air dürfte selbst der alte Illusionist David Copperfield ins Staunen geraten und wahrscheinlich eher heute als morgen auf Halal-Zertifizierung umschulen. Wobei Schulung nur bedingt nötig ist. Betätigungsfelder gibt es viele, und was als halal gilt, lässt sich je nach Islaminterpretation sehr weit fassen. Modest-Fashion beispielsweise benötigt keine Halal-Zertifizierung. Man nehme einfach blickdichte, weite, lange und bedeckende Kleidung mit Schleierversionen, und schon ist die Mode für die Frau patriarchal ausgelegt islamkonform. Islamische Männermode gibt es natürlich auch. Aber wie überall im Modegeschäft spült diese bekanntlich nicht die allergrößten Umsätze in die Kassen und ist auch nicht so experimentierfreundlich. Voraussetzung: Muslime müssen von der Notwendigkeit dieser Dogmen religiös überzeugt werden. Umso früher, umso besser. Dafür sorgen Prediger, Imame und Islamverbände. Jene, die an dem Geschäft auch verdienen.

Es gibt neben dem hauptberuflichen Halal-Zertifizieren, die in Deutschland meist mit einem Islamverein verbandelt sind – sei es die IGMG, der Islamrat oder das Islamische Zentrum München –, viele weitere Betätigungsfelder für sogenannte Berufsmuslime. Wer einen gewöhnlichen Döner kauft, unterstützt zum Beispiel unter anderem auch legalistische islamische Organisationen. Es lohnt sich also durchaus, mal einen Blick auf den ausgehängten Zertifiziererbrief zu blicken. Selbst die Zertifizierten sind wenig begeistert über dieses Modell. Es erzeugt nicht nur zusätzliche Kosten, viele empfinden es wenig seriös. Doch auf die muslimischen Kunden wollen sie nicht verzichten. Ich für meinen Teil boykottiere diese Augenwischerei schon länger. Islamkonform ist was anderes. Im Grunde bräuchte es diesen künstlichen Markt für praktizierende und konservative Muslime auch gar nicht. Denn was für Juden »koscher« ist, das ist auch Muslimen erlaubt. Was vegan ist, wäre auch für Muslime völlig unproblematisch, und in Teilen gilt das auch für das, was unter dem Label »Bio« läuft. Kurz gesagt: Alles, was nachhaltig ist, aber weder Alkohol noch Schwein beinhaltet. Es lässt sich in Deutschland sehr gut islamkonform leben, ohne ein Halal-Siegelunternehmen unterstützen zu müssen.

Neben dieser Form der Berufsmuslime gibt es aber auch Imame und Wanderprediger, die sich gerne zu Vorträgen einladen lassen und mit der Halal-Industrie zusammenarbeiten. Finanziert werden die Vorträge entweder durch Spenden der Gemeindemitglieder oder durch ausländische Organisationen aus Iran, Katar oder Saudi-Arabien.

Vor allem die salafistischen und legalistischen Kräfte investieren viel Zeit und Arbeit darin, ihr Gedankengut und damit eben auch jenes Halal-Verständnis unters muslimische Volk zu bringen. Großveranstaltungen, die beispielsweise die Ideologie der Muslimbruderschaft verbreiten, bieten neben islamistischen Publikationen auch immer kulinarische Halal-Fast-Food oder -Süßwaren an. Denn es ist unmittelbar auch mit ihren eigenen finanziellen Interessen gekoppelt. Dadurch wird eine künstliche Nachfrage unter dem Deckmantel des Islams erzeugt, die sich unter anderen Umständen auf dem klassischen Wettbewerbsmarkt nicht durchsetzen würde. Da sie weder kreativ noch innovativ sind. Es wird lediglich imitiert und kopiert.

Später! Später!

Auf die Frage, wer sich für das Berufsmuslimsegment Imam oder Prediger entscheidet, weiß der gläubige Unternehmensberater Zain aus jahrzehntelangen Begegnungen, Gesprächen und Beobachtungen Folgendes zu berichten: »Wer wird Imam in Deutschland?! Jemand, der nix geschafft hat! Wer importiert wird, muss Kohle ranschaffen. So wenig wie möglich ausgeben und bei den anderen abziehen und Perspektiven anbieten.« Mit dem, was »importiert« worden sein soll, sind die Imame aus dem Ausland gemeint. Und Zain erzählt weiter: Wenn Moscheebesucher ihr Herz ausschütten, wenn sie von ihrer harten Arbeit und den familiären und finanziellen Verpflichtungen im In- und Ausland erzählen wollten, dann komme der Imam bald ins Spiel. Von dem sei dann immer zu hören: »Du musst zu deinem Bruder halten, bloß nicht zu den anderen.« Immer trete diese Schwarz-Weiß-Pauschalisierung auf. Und dann komme die Haupthaltung zum Tragen, die Zain so zusammenfasst: »Später kommt die Flatrate! Heute musst du teilen Bruder! Aber später Mann, später!« Und schon werde gespendet: »Okay, später!«, heiße es dann oft auch von den Betroffenen, und schon werden fünfzig Euro gespendet. Das Paradies gestalte sich in ihren Augen wie folgt: »Flatrate Poppen, Flatrate Saufen, Flatrate Essen. Das ist ein Swingerclub! Das ist Mallorca! Kostet 1500 Euro die Woche. Das hab ich schon hinter mir. Alter, komm klar!«, so fasst Zain die Erklärungen der Anhänger dieser Ideologie zusammen. »Perspektivlosigkeit erzeugt Salafismus. Ich habe das Gefühl, erfolgreiche Menschen sind nicht anfällig. Freunde, die mit mir Party gemacht haben damals, die waren noch krasser drauf. Die haben gekokst, gekifft, und nach drei, vier

Jahren siehst du sie, und sie sagen: ›Alhamdullah!‹ Ich: ›Was ist denn los, Bruder?‹ Er: ›Ey, das ist alles vergänglich und so.‹ Ich: ›Ja, du hast dein Vordiplom nicht geschafft, und jetzt gehst du zu Gott! Der ist schon klug. Aber es reicht nicht nur, das Hemd zu drehen. Für wie dumm haltet ihr Gott?‹ Aber er: ›Nein Bruder, das ist nur Dunja.‹«[9] Und dann kommt die Flatrate wieder ins Spiel. »Die Leute haben Angst zu versagen. Manche sind Sozialhilfeempfänger und haben zwei Kinder! ›Was ist mit deinem 9er BMW, deinen Reisen, die du geplant hast?‹ Er: ›Ja, das sind nur Träume, alhamdullah, wir kriegen das alles!‹ Und wieder die Flatrate! Alle wollen die Flatrate.« Außerdem heiße es auch manchmal: »›Ich habe eine scheiß Frau. Die ist hässlich, die ist dick, aber alhamdullah, später!‹ Später! Später! Immer später! Wenn die sich verzetteln, dann später! Wallah! Das ist faszinierend. Aber die werden das nicht alleine schaffen. Die brauchen neue Perspektiven, und wenn sie die nicht haben, dann bleibt nur dieses Imaginäre. Ich nenne das eine ›imaginäre Alternative‹, die sehr viele Flatrates anbietet – ohne Preis.« Soll heißen: An Gott glauben und fünfmal am Tag beten und Gott anflehen, so fasst Zain das zusammen. Außerdem würden Salafisten oft nicht wissen, was sie wollen, wenn man sie fragt, meint Zain. Am Schlimmsten seien aber die Imame selbst. »Das ist ein Container voller Komplexe. Du findest hier keinen normalen Imam. Die sind kompliziert. Die sind neidisch auf alles.«

Was diejenigen betrifft, die zwar ihren Uni-Abschluss schaffen, im Berufsleben stehen und in gewisser Weise zu den erfolgreicheren Muslim Men gehören, sich dann aber dem Predigertum zuwenden, hat Zain ebenfalls eine klare Mei-

9 Arabisch: »Diesseits/Welt«.

nung. »Definiere mal Erfolg! Die Dämlichsten sind die, die studiert haben. Die glauben, es geschafft zu haben. Das ist noch schlimmer. Die anderen wissen wenigstens, dass sie es nicht geschafft haben, und sie lassen sich manipulieren. Die Schlimmsten sind die Akademiker, die glauben, sie haben es wirklich geschafft. Es gibt zig Leute, die studiert haben und mit tiefsitzenden Komplexen herumlaufen. Tickende Bomben! Die haben ihre Komplexe nicht verarbeitet. Man muss herausfinden, wo sie gescheitert sind.« Eine Frage bleibt allerdings im Flatrate-Islam noch unbeantwortet: »Die werden hier produziert. Produktion Made in Germany. Nein, ehrlich. Die haben einen Knacks! Aber jetzt. Was ist mit der Frau? Bekommt die auch Flatrate-Poppen?« Das habe er einmal einen Imam in Deutschland gefragt. Daraufhin sei es zu einer Prügelei gekommen, und Zain hatte drei Anzeigen am Hals. Zumindest hinterher ist Mensch oft schlauer.

Auch der junge Unternehmer Oussama hat seine Erfahrungen mit salafistischen Predigern machen dürfen. Vor über zehn Jahren habe er ihnen keine Beachtung geschenkt und sie nicht ernst genommen. Heute sieht er das deutlich kritischer. »Die sind eine Katastrophe. Ich kann mich erinnern, dass Pierre Vogel vor zehn Leuten referiert hat. Ich dachte mir, lass den Idioten da mal labern.« Im Studentenwohnheim dann der Höhepunkt seiner Seelenfängererfahrung. Ein Auslandsstudent aus Tunesien, der sich in Deutschland radikalisierte, sollte sich eines Tages, nachdem er andere einer Gehirnwäsche unterzogen hatte, auf dem Balkon selbst anzünden. Niemand habe die Manipulationen richtig wahrgenommen, erzählt Oussama rückblickend. Fünf Jahre habe die Verwaltung die Entwicklung geduldet, bis sie dem Ganzen ein Ende setzte und den Radikalisierten ein Hausverbot erteilte, sodass sie ausziehen mussten. »Goebbels-Style! Wahnsinn! Der hat dann die Gruppe gespaltet. Die aus den Maghreb-Staaten, die wohlhabende Eltern und gefeiert und Freundin gehabt hatten, und die anderen, die studiert haben.« Bei der zweiten Gruppe habe der Prediger Anklang gefunden. »Der hat immer für die gekocht, der hat sie immer zusammengetrommelt und den Koran gelesen, das hat sich immer so gesteigert. Das war Orientierung für die. Die Akzeptanz, dass sie irgendwo zu Hause sind. Die anderen, die waren ja total integriert hier. Die haben gelebt, Freundin gehabt, sind in den Urlaub geflogen, die hat gar nicht interessiert, was der da labert. Der hat immer mehr manipuliert und zwei Lager geschaffen. Und mein Zimmer war MITTEN-DRIN.« Wenn Oussama zum Frühgebet geweckt wurde, habe er ihn immer verjagt und für sich allein gebetet.

Angst essen Seele auf reloaded

Gefährlich und fahrlässig wird es vor allem in dem Segment, in dem ebenjene Perspektivlosen Hilfe suchen! Jene Suchenden und psychisch Erkrankten. Sie begeben sich in die Hände jener Berufsmuslime, die sich mit Koranrezitationen dem Teufelsaustreiben bei Homosexuellen oder bipolaren Muslimen beschäftigen. Perfide vermischen sie psychologisches Know-how mit ihrem reaktionären und salafistischen Islam und verkaufen es als religiöse Therapie. Manche Prediger, die auch online bei YouTube ihr Angebot anpreisen, raten ihren Anhängern sogar explizit von professionellen Therapien ab. Aber auch studierte Psychologen, mit oder ohne Praxiszulassung, die beispielsweise unkritisch gegenüber dem Islamismus sind, bewegen sich auf dünnem Eis. Dr. med. Mimoun Azizi, langjähriger Facharzt für Neurologie, Psychiatrie und Psychotherapie und Leiter der Transkulturellen Medizin an der Carl von Ossietzky Universität in Oldenburg betont daher auch, wo die Gefahren liegen. »Wenn hinter dem therapeutischen Ansatz eine Ideologie steckt, die A) politisch motiviert ist und B) eventuell die ganze Therapie darauf hinausläuft, den Patienten in eine bestimmten Richtung zu manipulieren. Wenn allerdings der Therapeut grundsätzlich als theologisch denkender Therapeut heraus Menschen therapiert, dann ist das bedenklich. Denn nicht jeder zu Therapierende benötigt eine spirituell bedingte oder unterstützte Therapie. Folglich muss der Therapeut neutral sein.« Damit wird die große Scham jener Muslime ausgenutzt, die noch immer Angst haben, sich gänzlich vor einem professionellen Therapeuten zu öffnen, egal welcher Herkunft. Wo Themen wie Selbstbefriedigung, Homosexualität und Missbrauch jeglicher Art ein religiös begründetes und gesellschaftliches Tabu darstellen, wird niemandem geholfen. Eher das Gegenteil ist der Fall.

Interkulturelle Sensibilisierung bedeutet daher nicht, religiöse Dogmen in die Arbeitspraxis zu integrieren, sondern deren schädliche Mechanismen zu erkennen und einen Zugang zu den Klienten zu finden. Das können nichtmuslimische genauso wie muslimische, sowie migrantische wie nichtmigrantische. Fair, nüchtern und respektvoll ist der Schlüssel.

2. Arabische Clans: Zwischen Mythos und Realität

Spätestens seit den Schlagzeilen rund um den Rapper Bushido und die palästinensischstämmige Abou-Chaker-Großfamilie sowie der Verfilmung seiner Biografie »Zeiten ändern Dich« hatte auch ich von diesem Phänomen Kenntnis genommen. Bis dahin hatte ich libanesisch-, palästinensisch- oder kurdischstämmige Kriminelle eher als eine Ansammlung von üblichen kriminellen Kameraden erfasst und keinen Zusammenhang mit irgendwelchen familiären Strukturen hergestellt. So wie es in den 1980er- und 1990er-Jahren türkei- oder arabischstämmige Jugendstraßengangs in Frankfurt oder Berlin gegeben hatte, deren Mitglieder meinten, vor lauter Langeweile und zum Teil aussichtslos wirkender Perspektiven ihren Frust darüber wie auch über die vielen abfälligen Blicke auf sie als Ausländerkinder durch nachbarschaftliche Randale und Diebstähle kompensieren zu müssen. Drogenhandel, Schutzgelderpressung, Raubüberfälle sind nicht nur Delikte, die vor allem Gangsta-Rapper-Herzen höher schlagen lassen, es sind auch Delikte, die Eltern mit einem überbordenden Ehrverständnis unmöglich unterstützen konnten – wobei es dennoch vorkommen konnte, dass der Sohn wie auch der Vater auf diese Weise ihre besonderen Geschäfte machten. Wie so oft im Kosmos der vielen Vorurteile und Meinungen ist auch dieses Feld vielschichtiger, als es von außen den Anschein hat. Alles also halb so wild? Nein! Und doch erweist sich vieles komplexer und in bestimmten Zusammenhängen auch tragischer, als ich es mir vorgestellt habe.

Noch um das Jahr 2017 machten diese arabischen Großfamilien, von denen wir alle schon gelesen und gehört haben, von sich reden. Anschuldigungen wurden erhoben, dass sie Familienmitglieder in die Polizei einschleusen würden. Der Berliner Polizeipräsident Klaus Kandt wehrte sich in einer Sondersitzung des Innenausschusses im Abgeordnetenhaus entschieden gegen diese Vorwürfe. »Die Behauptung ist definitiv falsch.« Fakt ist allerdings: Es gibt bereits Polizeibeamte, die aus diesen Großfamilien stammen. Das ist also keine Neuigkeit. Welche Rolle sie spielen und wie gefährlich das ist, dazu später mehr.

Die bekanntesten Clans heißen, je nach Schreibweise, Mery, El-Zein, Omeirat, Remmo, Fakhro oder Osman. Neben Berlin sind diese Familien zum Beispiel auch in Nordrhein-Westfalen oder Bremen wohnhaft. Sie stammen aus einer Vielvölkerethnie, die in den Regionen Ostanatoliens und im angrenzenden Syrien und Irak beheimatet ist. In den 1940er-Jahren wanderten Teile von ihnen in den Libanon aus, von denen einige infolge des Libanonkrieges in den Achtzigern nach Deutschland flüchteten und hier Asylstatus erhielten. Die mit diesem Status verbundenen Asylregelungen sollten allerdings dazu führen, dass die Integration dieser Clans in die Halbwelt der Kriminalität wesentlich erfolgreicher verlief als etwa in die Otto-Normal-Gesellschaft. Denn es wurde ihnen untersagt, einer Erwerbstätigkeit nachzugehen, und aufgrund des kriegerischen Konflikts im Libanon war eine Rückkehr dorthin in weite Ferne gerückt. Der Asylstatus übertrug sich auch auf die Kinder, und so erschien manchem Vater oder Onkel oder auch älterem Bruder die einzige Möglichkeit, ein gewisses Kapital ansammeln und einen bestimmten Status erlangen zu können, darin zu liegen, sich illegalen Geschäften zu widmen. So ließ sich eine Existenz aufbauen. Wer Steuern zahlte, wie zum Beispiel durch seine Selbstständigkeit, konnte mit einem Anwalt die Einbürgerung vor Gericht erkämpfen. Gleichzeitig verweigerte der Libanon die Aufnahme krimineller Personen, denen Asyl gewährt worden war und die nun abgeschoben werden sollten. Ein Cocktail aus Ablehnung, Scham, Frust, Perspektivlosigkeit und mangelnden Impulsen aus der Familie, dem destruktiven Umfeld und der Mehrheitsgesellschaft entstand, der meist nichts Positives hervorbrachte. Obgleich es immer Familien gab, denen es gelang, ihre Kinder vor diesem Abrutschen fernzuhalten.

Die ehemalige Bezirksbürgermeisterin und Sozialdemokratin Franziska Giffey, heute Bundesfamilienministerin, hatte sich 2017 dafür entschieden, dem Schmuddelimage Neuköllns etwas entgegenzusetzen. Vorbild war unter anderem Rudolph Giuliani, der ehemalige republikanische Bürgermeister von New York. In den 1990er-Jahren griff er eisern gegen die hohe Kriminalität und Verwahrlosung der Stadt durch und verhalf New York zu einem neuen Image. 2017 und 2018 wurde in Neukölln ebenfalls entschiedener durchgegriffen: mit Schwerpunkteinsätzen durch Ordnungskräfte, Zoll und Polizei gegen illegales Müllabladen, gegen Imponier-Raserei in getunten Autos, gegen Drogenhandel und Geldwäsche. Michael Böhl vom Bund Deutscher Kriminalbeamter (BdK) glaubt deshalb auch, dass den Geschäftsmodellen der kriminellen Familien Einhalt geboten werden könne, wenn ihr Geschäftsmodell getroffen werde.

Wer nicht gerade selbst Mitglied in einem dieser Clans, wer mit keinem seiner Mitglieder befreundet oder nicht mit ihnen groß geworden ist, bildet sich wie viele andere Menschen da draußen ausschließlich über Medien sein Bild über sie. Etwa über Bücher, wie das von Bushido, über Zeitungsartikel, TV-Reportagen oder den oben genannten Kinofilm. Seit 2017 kommt noch die mehrfach preisgekrönte Serie »4 Blocks« dazu, deren Hauptdarsteller der Schauspieler Kida Khodr Ramadan ist. Er spielt einen Clanchef, der seine kriminellen Geschäfte hinter sich lassen möchte. Dank unberechenbarer Familienmitglieder und Intrigen wird so schnell nichts daraus. Ganz im Gegenteil. Soweit der Plot.

Ramadan selbst war drei Monate alt, als seine Eltern mit ihm nach Deutschland geflüchtet sind. Sein Vater baute sich in Berlin eine kleine Steakhauskette auf. Seine Herkunft soll er verleugnet und sich im Lokal schon einmal als Argentinier präsentiert haben. Nicht ungewöhnlich. Das Image des Maghrebiners, Arabers, Türken, Albaners oder Afghanen ist nicht immer das beste, und so haben sich viele dieser Männer schon einmal als Latinos, Südeuropäer oder als coolen Ami mit Afro-Einschlag ausgegeben. Das schien sich der Sohnemann als Teenager offenbar bei seinem Vater abgeschaut zu haben, und er gab als leidenschaftlicher Breakdance-Peformer auf dem Ku'damm auch schon den Latino. Über seinen Vater sagt er: »Mein Vater hat sehr gut Deutsch gesprochen, war Elternsprecher und Präsident von so einem Nachbarschaftsverein, hat Reden auf Deutsch gehalten. Wir sind sehr verwoben mit dem deutschen System.«[10] Wie viele andere Kinder mit Einwanderungsgeschichte tat auch er sich mit der Schule schwer, er wollte Künstler werden. Davon war sein Vater nicht begeistert, womit er die zurückhaltende Begeisterung vieler Väter weltweit teilt, egal, welcher sozialen oder ethnischen Zugehörigkeit sie sind. Etwas Solides hätte mehr Anerkennung gebracht. Bislang wird er, wie viele Schauspie-

10 http://www.taz.de/!5142382/

lerinnen und Schauspieler mit Migrationshintergrund, noch in klischeebeladenen Rollen eingesetzt. Neben Gemüsehändlern oder Handyshopbesitzern spielt er den kriminellen Kanaken. Allerdings fühlt er sich damit auch nicht unwohl und stimmt keine Klagelieder an, wie so manch anderer. »Wenn du in Kreuzberg aufwächst, dann siehst du auch mal den einen oder anderen Dealer. Du weißt, wie er reagiert, du weißt, wie er tickt. Meine Lieblingsfilme sind Mafiafilme: ›Good Fellas‹, ›Der Pate‹. Ich versuche, dem deutschen Publikum so was wiederzugeben. Ich spiele gerne Mafialeute. Wenn mir aber einer sagt, das sei total authentisch, fühle ich mich angegriffen.« Für seine Rollen lieben ihn besonders seine Fans arabischer Herkunft. Einer von ihnen hat es geschafft! Und er konnte mit der Serie »4 Blocks« sogar gutbürgerliche Fans erreichen und für ihre fiktive bis realistisch wiedergegebene Lebenswelt begeistern. Der Gangsta ist nicht erst seit Al Pacinos »Scarface« Kult. Auch wenn es meines Erachtens noch viele weitere Filme und Serien benötigt, die die vielfältige Lebensrealität unbeschönigt mit all ihren Facetten darstellen muss, zeigt die Serie doch, wie alteingesessene Deutsche von kriminellen Strukturen profitieren und sie in Teilen auch unterstützen. Trotzdem, der Filmmarkt hat noch viele Geschichten aus dem migrantischen Milieu umzusetzen, in denen Menschen mit dem berühmten Migrationshintergrund als selbstverständlicher Teil eines Plots auftreten. Und zwar ohne dabei auf die Karte einlullender Islamverherrlichung zu setzen, wie es neuerdings in Teilen des Gangsta-Rap üblich geworden ist. Für viele Schauspieler und Rapper wie Massiv eröffnet diese Sichtbarmachung ihres Milieus neue berufliche Möglichkeiten im Filmgeschäft, egal, ob einem die Serie zusagt oder nicht. Von Massiv und Seinesgleichen wünscht Frau sich vor allem aber, dass er sein Frauenbild zügig überdenkt. Denn Frauen sind mehr als die Ehre der Familie auf zwei Beinen. Wäre eigentlich auch ein Thema für die Serie! Aber das ist eine andere Baustelle.

Es lässt sich festhalten, dass den vielen Facetten dieser dem Islam zugeordneten Jungen und Männer bis heute kaum ein Forum im deutschsprachigen Film geboten wird. Dabei sind sie mehr als nur Muslime. Dieser muslimische Mann ist, wenn nicht gerade der exotische und erotische Barbar, Terrorist oder Krimineller oder ein unterdrückendes und haariges Etwas auf zwei Beinen oder Komiker ohne Fähigkeit zur Selbstkritik in Fragen des Patriarchats und Islamismus.

So wurde also auch meine Vorstellung von arabischen Großfamilien hauptsächlich durch Medienbilder geprägt. Das Einzige, was mir live und in Farbe unter die Auge kam, beobachtete ich aus sicherer Distanz. Aus knuffigen kleinen Jungen wurden jene Erwachsene, die zu wandernden Anabolikaschränken mutierten und heute breitbeinig in Shisha-Cafés hocken, die Straße im Blick, wie ein Sherriff im Großstadtwestern. Stark behaart zwar, aber mit Augenbrauen, die gründlicher gezupft sind als meine. Mit herausgestreckter Brust bereiten sie einem Ohrenschmerzen, wenn sie mit ihren lauten Maybachs oder Porsche Cayennes über die Straßen donnern und in der zweiten Reihe in Neukölln, Wedding, Moabit oder Wilmersdorf vor Automatencasinos parken, um mit ihrer unnachgiebigen Art nach dem Rechten zu schauen.

Auch der Dokumentarfilm »Gangsterläufer« aus dem Jahr 2011 erzählt die Geschichte eines Neuköllner Jungen. Yehya mit libanesisch-palästinensischen Wurzeln ist ein guter Rütli-Schüler und Intensivstraftäter zugleich. Mit siebzehn wird

Yehya nach einem Raubüberfall zu drei Jahren Gefängnis ohne Bewährung verurteilt. Es ist vor allem eine Geschichte von falschen Vorbildern in der Nachbarschaft und von heillos überforderten Eltern, die sich für ihre Kinder alles andere wünschen als eine kriminelle Karriere, die ihnen aber mit ihrer eigenen Unsicherheit und Angst vor Assimilation auch keine Hilfe bei der Identitätsbildung sind. So mancher Lebensweg wird versaut, indem ein anderes unschuldiges Familienmitglied – gerne auch Minderjährige – die Schuld für eine Tat auf sich nimmt. Durch sogenannte Friedensrichter kommt es zu den kuriosesten Vereinbarungen. Da wird schon einmal jemand vor dem Gefängnis und Erwachsenenstrafrecht verschont, doch das Leben eines Unschuldigen und jungen Menschen samt seiner Zukunft reingerissen und versaut. Alles nur, weil bei ihm »nur« das Jugendstrafrecht angesetzt wird. Die Familie ist alles, heißt es nicht nur in diesem Milieu. In jedem schlechten Mafiafilm wird das ebenfalls immer wieder heruntergebetet. Doch mit Gerechtigkeit hat es deswegen noch lange nichts zu tun. Höchstens mit einem sehr eigenen Verständnis von Gerechtigkeit, das nach eigenen kollektivistischen Maßstäben gebildet wird. Manches erinnert gar an die Duelle aus dem Europa des 18. Jahrhunderts, bei denen eine vermeintlich angekratzte Ehre erst durch ein Duell zwischen Männern wiederhergestellt werden konnte, wofür nicht selten ein Leben geopfert wurde. Mit der Pointe, dass zwischen diesen Duellen und der genannten Familienehre drei Jahrhunderte Menschheitsgeschichte stecken! Und jedes Klischee und jeder Rassismus findet damit auch im Hier und Jetzt seine bittere Bestätigung.

Familienehre heißt: Alle werden in einen Topf geworfen und müssen die Taten der ganzen Familie ausbaden. Diese

Geisteshaltung ist von Traditionen durchdrungen, die uns nicht etwa wegen ihrer jahrhundertealten Existenz zum Nachdenken bringen sollten, sondern aufgrund des Kerngedankens, der ihnen zugrunde liegt. Neben der Ehre spielt, als Widerpart, die Schande eine große Rolle. Und auch deren Verständnis ist sehr verquer. Kriminelle Handlungen gelten zum Beispiel weniger als Schande als der Drang der Mädchen und Frauen nach Selbstbestimmung und Liebe. Ein ehemaliger Mossad-Agent hat das einmal sehr gut beschrieben. Wenngleich sich seine Aussage auf staatsgefährdende Spionagetätigkeiten bezieht, wird dennoch eine Mentalität deutlich, die bis heute viele Biografien von jenen Männern aus diesem Milieu kennzeichnet: »In den arabischen Ländern ist Verrat eine unauslöschliche Schande. Auf Arabisch sagt man, wenn man Schlamm an eine Wand wirft, bleibt dein Leben lang ein Zeichen zurück. Wenn es bei uns um Schande geht, sind wir ein Staat, der vergibt. Unsere Feinde dagegen vergeben nicht. Unsere Feinde töten selbst den Vetter des Mannes, der sie verraten hat.«

Es ist der Folgegeneration zu wünschen, dass sie den Kreislauf von Gewalt, Frust, Spielsucht, verquerem Männlichkeitsideal und Kriminalität durchbrechen. Möglich ist es, wenn bei jedem Einzelnen der Mut und der Wille dazu da sind. Selbst die 2010 verstorbene Jugendrichterin Kirsten Heisig war zuversichtlich. »Ich bin überzeugt, dass es einzelne Mitglieder der Familien schaffen könnten, sich in eine andere Richtung zu entwickeln«, schrieb sie in ihrem Buch »Das Ende der Geduld«.

Zu Hause sind sie immer brav

Eine der Hauptfragen, die mich bei den Recherchen zu diesem Thema umtrieb, war die nach der Rolle der Eltern. Wie kann es sein, dass Familien auf der einen Seite gegenüber Mädchen und Frauen eine derart große Aufmerksamkeit und Energie aufbringen und sie ohne Ende kontrollieren, sodass ihnen eine kriminelle Karriere erspart bleibt. Wobei sie gelegentlich einen Kriminellen aus dem Umfeld heiraten (müssen). Wie kann es also bei diesem Kontrollaufwand sein, dass auf der anderen Seite bei den Söhnen vieles völlig aus dem Ruder läuft? Waren womöglich keine Kapazitäten mehr frei für die Jungs? War die Zeit völlig ausgefüllt mit Hausarbeit und mütterlicher Aufgabendelegierung an die Töchter einerseits, väterlichem Geld-nach-Hause-Bringen andererseits, dass die Jungs irgendwo dazwischen von einem schwarzen Loch voller Langeweile, überschüssiger Energie, Neugier und großen Versuchungen verschluckt zu werden drohten? So manche Söhne geraten als Nachfolger ihrer kriminellen Väter oder Onkel auf die schiefe Bahn. Aber ist das gewollt? Werden sie dahingehend vorbereitet, oder verwechsele ich die italoamerikanische Handlungen aus »Der Pate«, Teil 1 bis 3, mit der Realität? Und überhaupt: Wer sind diese arabischen Clan-Männer? Was geht in ihren Köpfen vor? Schließlich laden sie keine Videos mit visualisierten Tagebucheinträgen auf YouTube hoch, die Aufschluss auf ihr Denken geben könnten, geschweige denn schreiben sie Bücher über ihr Innenleben. Persönliche Gespräche müssen her. Das bedeutete für mich mal wieder: Rein ins Getümmel!

Das ist aber gar nicht so einfach. Schließlich gibt es keine offizielle Arabische-Clanfamilien-Pressestelle, und sich vor ein Gerichtsgebäude zu stellen und Mitglieder dieser Familien nach ihrem Verfahren abzufangen, wäre so erfolgreich gewesen, wie ein Spiegel-TV-Team beim Versuch, ein Exklusivinterview zu bekommen. Wenn ich ein offenes Gespräch wollte, musste ich das anders angehen.

Über einen kleinen Umweg erhielt ich Unterstützung von Mikhail, wie mein Kontaktmann hier genannt werden möchte. Er war der Schlüssel zu einer Lebensrealität, die mir bislang verborgen war. Alles aufgrund meiner sozialen wie ethnischen Herkunft, aufgrund meines Freundeskreises, aufgrund meiner Erziehung – und doch lebten wir alle in derselben Stadt. Obgleich ich das Bild der verschiedenen Welten nicht sonderlich mag, zeigt es doch immer wieder, wie nah und fern Menschen sich auf dem Planeten oder am selben Ort sein können. Wir alle teilen einen Migrationshintergrund und die Religionszugehörigkeit zum Islam. Unsere Eltern sind alle einst nach Deutschland gekommen und bilden die erste Generation unserer jeweiligen Familien. Und obwohl uns das alles verbindet, trennen uns nicht nur Geschlecht und Alter, sondern noch vieles mehr.

Mit einer Handtasche voller Fragen durfte ich mich also mit Hassan, Ali und einem Patriarchen der ersten Stunde unterhalten und sie mit meinen Fragen löchern.

Mister Cheeseburger to go

Es war nach Monaten der Kälte und Dunkelheit einer der ersten Sonnentage im Februar. Ohne zuvor miteinander geredet oder uns gar getroffen zu haben, verabredeten wir uns über eine andere Kontaktperson zu einer Tour. Treffpunkt Peek und Cloppenburg. Auch wenn die Verlockung groß war, noch schnell eine kleine Runde im Geschäft zu drehen, blieb ich brav am Eingang stehen und schielte neugierig durch die Glastür auf die Auslage. Irgendeine Bluse, ein T-Shirt oder Schuhe konnte ich ja immer gebrauchen. Doch bevor ich der Versuchung erlag, reinzugehen, stand Mikhail plötzlich vor mir, Basecap auf dem Kopf und ein angebissener Cheeseburger in der Hand. Mit vollem Mund kauend blickte er mich an, ohne Hallo, stattdessen nickte er und reichte mir zur Begrüßung seine Hand. Nach einem kurzen Wetter-Cheeseburger-Talk schaltete ich mein GPS ein und folgte ihm zu seinem kleinen PKW. Womit wir schon das erste Klischee widerlegt hätten: So ein Mitglied einer arabischen Großfamilie fährt nicht automatisch Luxusklasse.

Mikhail ist selbst ein Spross einer dieser Großfamilien und war jahrelang kriminell und schlug Verräter, Betrüger und Gegner mit bloßer Faust oder den passenden Gegenständen auch schon einmal ohne Gnade zusammen. Szenen wie aus dem Film »Chiko«, wo ein Dealer den Drogenboss Brownie, gespielt von Moritz Bleibtreu, hintergeht und als Lektion ihm einen dicken Metallnagel in den Fuß hämmert, kennt Mikhail noch viel brutaler. Wer Fälle aus der Polizeiredaktion diverser Zeitungen oder Polizeiakten kennt, weiß das zu bestätigen. Mikhail kennt sie alle aus der arabischen Abu-Hinz-und-Abu Kunz-Szene. Man schätzt sich, man respektiert sich. Mikhail hat vor Jahren beschlossen, Schluss zu machen mit den kriminellen Machenschaften, mit der Gewalt und auch mit der Mentalität und dem Denken, die in diesen Kreisen gepflegt werden. Was letztendlich auch der Grund war, warum er mich bei meinen Recherchen unterstützen wollte. Wie der Zufall es so will, kannte er tatsächlich meine Bücher »Muslim Girls« und »Emanzipation im Islam« und hatte sie gelesen. Er schätzt meine Arbeit und findet, dass sich auch bei den Jungs dringend etwas ändern muss. Was ich im Vorfeld des Rechercheprozesses mehrfach von zahlreichen »Muslim Men« gesagt bekam.

Das Auto setzt sich in Bewegung, und wir fahren zum ersten Gesprächspartner. Ein freundlich dreinblickender alter Herr mit Schnauzbart und kritischem Blick. Ein Strahlen in den Augen und ein freundliches Lächeln sollte er mir erst zum Ende unseres Gesprächs schenken. Bis dahin unterhielt ich mich vor allem mit einem Pokerface, das beim Seniorenkartenspiel mit großer Wahrscheinlichkeit alle in die Tasche stecken würde.

Mikhail und ich betreten das Geschäft des Patriarchen. Er gehört zu einem Clan, der in Essen, Bremen und Berlin seinen Geschäften nachgeht. Laut Polizeierkenntnissen sind nur wenige Mitglieder dieses Clans gut integriert und nicht kriminell. Gut integriert sei die »absolute Ausnahme«.

Wir betreten den Laden. Am Verkaufstisch, wo auch die Kasse steht, sitzt der Patriarch auf seinem Drehsessel. Während des gesamten Gesprächs wird er wie festgeklebt dort verweilen. Er sitzt so bequem da, dass ich mir fast so vorkomme, als wäre ich in sein Wohnzimmer geplatzt – in einem Moment der absoluten Einkehr. Mikhail spricht ihn mit Onkel an und erklärt ihm, warum ich unangekündigt bei ihm im Laden auftauche. Wir wollen uns mit ihm unterhalten. Einfach so. Ich denke nur: Super Einstieg, Mikhail! Der Patriarch betrachtet mich skeptisch. Entweder wegen meines überfreundlichen breiten Grinsens oder weil ich vergessen hatte, dass er womöglich zur alten, traditionellen Schule gehört, und ich ihm nach Mikhail ebenfalls zur Begrüßung meine Hand entgegenstreckte – die er nicht annahm. Manchmal vergesse ich schlichtweg, dass ich als weibliches Wesen auf dieser Erde herumwandle. Stattdessen nickt er und legt seine Hand auf seine Brust. Trotz seiner gepflegten Art – Schnauzbart statt Rauschebart, keinen Kaftan und keine Gebetsmütze – habe ich ihn völlig falsch eingeschätzt. Wie Sie sehen: Selbst ich habe den Julia-Klöckner-Handverweigerungsmoment erlebt. Ich nicke ebenfalls, lege meine Hand auf meinen dicken Schal und grinse weiter, während ich innerlich denke: Das fängt ja gut an. Mein Name verrät, dass ich irgendwie kulturell zu ihnen gehöre, trotz des Fails meiner ausgestreckten Hand. Soll heißen: dass ich irgendwie auch Araberin bin. Dass ich jedoch als Marokkostämmige eigentlich zu den Maghrebinern gehöre, dieses Fass will ich bei meinem holprigen Start dann lieber doch nicht aufmachen. Also unterhalten wir uns zunächst auf Arabisch, und ich versuche etwas krampfig, die Tatsache zu umschreiben, dass ich Journalistin bin. Denn von denen hat man keine gute Meinung. Noch mehr Skepsis mir gegenüber, bevor ich überhaupt die erste Frage gestellt habe, will ich nicht riskieren.

Mikhail hatte mich mit dem Patriarchen allein gelassen, um Tee für uns zu holen. Während ich meine dicke Jacke ausziehe, meinen Notizblock aus meiner Handtasche hervorhole und mich an das andere Ende des Tisches niederlasse, kommt Mikhail zu meiner Erleichterung zurück. Nach einem kurzen Smalltalk über den Laden und den Tee zeige ich auf eine Landkarte, die hinter dem Patriarchen an der Wand befestigt ist. Zu sehen: die Türkei und der Nahe Osten. Ich frage, von wo genau er und seine Familie herstammen, und lasse ihn seine Geschichte erzählen. Er zeigt auf den türkischen Teil an der Grenze zu Syrien. Er erklärt, dass sie Mhallamiye seien und während des Krieges aus dem Libanon nach Deutschland gekommen waren. In dem Moment wird mir klar, dass nicht nur die willkürliche Grenzziehung der Briten und Franzosen ein Chaos hinterlassen hat, sondern auch die Araber und Osmanen mit ihren Expansionseroberungen. Alles wurde irgendwann islamisiert, arabisiert und unter das Dach einer Herrschaft gebündelt, ungeachtet der vielfältigen Lebensweisen und Kulturen. Die Herkunft der Mhallamiye? Je nachdem, wen man fragt, bekommt man eine andere Antwort. Für die einen sind sie ursprünglich Araber aus dem Irak und keine Kurden, oder sie sind Kurden, die arabisiert wurden und heute im Libanon leben. Auch heißt es, sie seien Christen und Aramäer gewesen. Für andere sind sie ganz plump die Zigeuner der Kurden. Wen das überfordert, der reiht sie mit seiner Identitätssuche am besten einfach unter das breite Dach »Muslime«. Kein Wunder, dass durch den Libanonkrieg neben den Palästinensern im Libanon auch andere Ethnien in Deutschland ihr Glück und ihren Frieden suchten.

Nachdem wir das mit der Landkarte geklärt haben, steige ich direkt in das Thema Kindererziehung ein und frage, wie er sich denn erkläre, dass arabische Jungs so einen schlechten Ruf in Deutschland haben. Seine Antwort läuft darauf hinaus, dass Mütter die Töchter erzögen und ihnen alles beibrächten, was sie einmal wissen müssten. Also kochen, aufräumen und den Wert von Schulbildung. Aber trotzdem sei ihr Platz eher zu Hause, während der Mann arbeite und das Geld nach Hause bringe. Am besten sei es auch, wenn sich die Söhne nicht draußen herumtrieben. Deswegen müsse sein Sohn auch den ganzen Tag über im Laden sitzen. Er zeigt auf ihn. Still auf sein Smartphone blickend, sitzt der weit hinten im Geschäft im Dunkeln. So weit, so klassisch patriarchal also. Und ohne zu zögern könnte das jeder Maskulist und AfD-

Wähler unterschreiben, gesetzt den Fall, er weiß nicht, von wem das alles gerade geäußert wurde. Auf die Frage, warum so viele Jungen denn nun kriminell seien, schiebt er den Schwarzen Peter dem deutschen Staat zu. Die Jungen würden draußen auf der Straße schnell auf die schiefe Bahn geraten und an Spielautomaten zocken. Um aber zocken zu können, bräuchten sie Geld, und da würden sie eben kriminell und machten Dummheiten. »Der deutsche Staat will, dass unsere Jungs kriminell werden. Der deutsche Staat verdient daran!« Ich mache Notizen und beiße mir auf die Zunge. Dann frage ich, wie er darauf komme. »Der deutsche Staat will nicht, dass wir hochkommen.« Auf meine Frage, warum andere Migrantenkinder, die ja auch im Viertel leben, nicht an den Spielautomaten hängen, zuckt er nur mit den Schultern.

Ich erzähle ihm von Lehrern, die oft mit Kindern aus Großfamilien die Erfahrung machen, dass sie besonders auffällig sind. Sowohl im Unterricht als auch auf dem Schulhof fallen sie durch Gewalt oder schlechte Mitarbeit auf. Wenn die Lehrer mit den Eltern reden, bewirke das oft nichts. Teilweise verschlechterten sich die Noten. Er kenne diese Elterngespräche auch, wegen seiner Söhne, gibt er zu. Er greift nach einigen Rechnungen, die auf dem Tisch liegen, und faltet sie nachdenklich. »Aber zu den Lehrern habe ich immer gesagt: Ich weiß nicht. Zu Hause macht er nie was.« Und er zuckt mit den Schultern.

»Haben die Lehrer sich das dann ausgedacht?«, frage ich etwas direkter. Ich merke, dass ihm die Frage unangenehm ist und er die Unterlagen auf den Tisch legt und glatt streicht. »Nein. Ich weiß nicht. Zu Hause machen sie nichts.«

Ob arabische Eltern sich vielleicht mehr in die Erziehung einbringen müssten, möchte ich wissen. Da stimmt er mir entschieden zu und weist auf ein Projekt hin, das er initiiert und finanziert hat. Er öffnet eine Schublade und legt seine Unterlagen dort hinein. Er erzählt von der Initiative, wie er mit Patriarchen anderer Familien für ca. vier Jahre eine Art Freizeitzentrum betrieben habe. Man habe Nachhilfe- und Arabischlehrer engagiert, die sich um die Kinder kümmerten, um sie von der Straße fernzuhalten. 3000 Euro Miete habe er monatlich aus eigener Tasche bezahlt. Man habe sich auch als Kooperationspartner der Polizei angeboten. Aber anstatt darauf einzugehen, seien sie kritisch beäugt und gar in der Nähe einer salafistischen Moschee verortet worden. Dabei erachte er die Wahhabiten als Verräter. Womit wir plötzlich bei all jenen während des arabischen Frühlings gestürzten Machthaber waren, die allesamt ihr Volk verraten und Millionen ausländischer Geldnoten in ihren Safes gebunkert hätten. Deswegen bekämpfe man hier in Deutschland auch Erdoğan, erklärt er etwas gereizt. Der mache nämlich was für sein Land und Volk.

Die Deutschen wollen, dass sie Kriminelle bleiben? Auch die Polizei? Nach einmal Durchatmen frage ich, ob er das wirklich glaube, dass DIE Deutschen das wollen? Warum sollten sie? Andere arabische Familien sind nicht kriminell, ihre Kinder gehen in die Schule, spielen Fußball oder Basketball. Ich zeige auf die Straße und erkläre, dass es viele vietnamesische Familien im Kiez gibt, deren Kinder nicht am Automaten zocken. Ihre Eltern sprechen zum Teil auch sehr schlechtes Deutsch, und oft arbeiten beide Elternteile. Er zuckt mit den Schultern.

Als ich die Ungleichbehandlung von Mädchen und Jungen in der Erziehung anspreche, platzt es plötzlich freundlich, aber bestimmt aus ihm heraus: »Die Deutschen wollen, dass meine Tochter mit einem deutschen Freund nach Hause kommt und mit ihm ins Schlafzimmer geht.« Mich irritiert diese Aussage, weil sie so unerwartet kommt. Waren Mädchen denn überhaupt das Thema? »Das ist für die Deutschen Integration!«, sagt er. Im Laufe des Gesprächs wird er das noch drei weitere Male wiederholen, bis ich ihm entschieden widerspreche. »Nein, das wollen DIE Deutschen nicht. Wenn sie etwas wollen, dann, dass alle dieselben Möglichkeiten haben sollen.«

Wir beenden das Gespräch und ich bedanke mich für seine Offenheit und Zeit. Als ich meine Jacke anziehe, fragt er mich, woher ich denn genau komme. Also jene Frage, die auch Deutsche immer wieder gerne stellen und die heute noch so manche erwachsene Einwandererkinder zur Weißglut treibt. Ich erzähle etwas von mir und meiner Familie und wie mein Vater aus Marokko nach Deutschland kam. Plötzlich, als ich eigentlich nur noch damit gerechnet habe, dass er mich wegen meiner Fragerei mit seinen Gedanken herausbeamen würde, lächelt er, und seine Augen funkeln. Auch seine Sitzhaltung bekommt mehr Spannung. Selbst die jungen Männer, die den Laden betreten und zu seinem neunzehnjährigen Sohn gehen, der das ganze Gespräch über hinten gesessen und Pokémon auf seinem Smartphone gespielt hat, schenkt er kaum Beachtung. Er erzählt von seinem Geschäftszweig und wie er mit einem Geschäftspartner in Marokko seine Produkte herstellen lässt. Er sei deshalb oft dort gewesen. Auch mit seiner Frau. Es habe ihm dort immer sehr gefallen. Das ist wieder einer dieser Momente, in denen ich denke, die Welt ist und bleibt ein Dorf. So hat der kosmische Zufall meiner ethnischen Herkunft dafür gesorgt, dass mich dieser ältere Herr zumindest nicht gänzlich mit unangenehmen Gefühlen in

Erinnerung behält. Ich nicke ihm zu, lege meine rechte Hand auf meinen umgebundenen Schal und bekomme zum Abschied ein sehr freundliches Lächeln und von Mikhail aus der Küche des Patriarchen noch ein Wasser in die Hand gedrückt.

Ohne Zweifel will auch er, wie viele Väter, das Beste für seine Kinder. Seine Mischung aus Klammern und Strenge ist dabei leider nicht die sinnvollste Erziehungsstrategie. Was sein Pauschalurteil gegenüber dem deutschen Staat mitsamt der damit einhergehenden Opferhaltung betrifft, sollte ich mich im Laufe meiner Recherchen dabei ertappen, wie ich ihm in einem gewissen Punkt doch noch recht geben würde. Wenngleich nicht in der Geschlechterfrage. Auf dem Weg zum Wagen erzählt mir Mikhail, dass der Sohn hinten im Laden in nächster Zeit heiraten werde. Der Grund? Um ihn gänzlich von der Straße fernzuhalten, wo all die großen Verlockungen der Drogen, des Alkohols und Glücksspiel auf ihn und seinesgleichen lauern. Und im Auto erzählt mir Mikhail, dass viele Eltern das Verheiraten als Mittel sehen, ihre Söhne zu beschützen. Für mich klingt das eher nach Handschellen anlegen oder Babysitterin, wie eine marokkostämmige Freundin diese Haltung beschreibt. Was letztendlich, wenn es sich nicht gerade um eine Liebesheirat handelt, auch die jungen Frauen unglücklich machte, von den Kindern, die in solche Ehen hineingeboren werden, ganz zu schweigen. Ein Teufelskreis aus fremden Erwartungen und Einengung, deklariert als »Familie geht über alles«. Somit haben auch die Eltern einen großen Anteil an den unausgeglichenen Beziehungen ihrer Kinder und Enkelkinder. Sie setzten unreife junge Menschen, die sich selbst noch in der Identitätsbildungsphase befinden und ihren Platz weder in der

Familie noch in der Gesellschaft gefunden haben, der enormen Verantwortung des Kinderkriegens aus. Nicht ohne Grund suchen viele der jungen Männer die vermeintliche Freiheit im übermäßigen Alkohol- und Drogenkonsum oder flüchten sich vor Spielautomaten. Das große Geld verspricht Freiheit, doch was in Wirklichkeit herauskommt, ist nur noch mehr Chaos. Die überschüssige Energie und das angeknackste Selbstbild, hervorgerufen durch abfällige Blicke von Teilen der Mehrheitsgesellschaft, tun ihr Übriges. Ventile finden sich da einige.

Was die Initiative des alten Herrn angeht: Dazu gibt es auch Kritiker aus den eigenen Reihen. Wie zum Beispiel Ahmad Omeirate aus Berlin. Nicht zu verwechseln mit dem Essener Grünen-Politiker Ahmad Omeirat – ohne E am Ende. Er ist ebenfalls Spross einer arabischen Großfamilie und konnte der Initiative damals schon nichts abgewinnen. »Hör mir auf! Das ist nichts Neues! Patriarchen unter dem Deckmantel eines Vereins. Die ältere Generation hat weiterhin das Sagen, und die Jungen sollen wie gehabt folgen.« Was lernen wir daraus? Die junge Generation muss sich gegenseitig und gemeinsam von den Gehorsamsfesseln befreien und eigene emanzipatorische Konzepte entwickeln!

Ein Boxring aus Filmbändern

Es ist mittlerweile Nachmittag. Und während wir im Auto durch die Stadt fahren, erzählt mir Mikhail von einem anderen Neunzehnjährigen, der eine Freundin hat und schwer in sie verliebt ist und sie eigentlich unbedingt heiraten möchte. Aus einem rassistischen Grund heraus geht das aber nicht. Denn sie ist tunesischstämmig. Dabei ist sie wie er auch Muslim. Egal wie Mensch es dreht und wendet, nicht einmal aus traditionell theologischen oder gar salafistischen Gründen spräche etwas dagegen. Was sollen da junge muslimische Frauen sagen, die aus verbohrt traditionellen und rassistischen Familien stammen und ihren Patrick oder Carlos heiraten wollen? Auf meine Frage, warum sich der junge Mann nicht darüber hinwegsetzt und seine Freundin einfach heiratet, erklärt Mikhail, dass ihm seine Sippe dann die Hölle heiß machen würde. Selbst wenn er mit der Freundin nach Südafrika auswandern würde, sie würden ihn aufspüren.

Am späteren Abend sollte ich den jungen Mann noch kennenlernen. Ein gutaussehender und trainierter junger Mann, der eher zu dem ruhigeren und freundlichen Typ Mensch gehört. Er besitzt ein florierendes Lokal und packt auch selbst mit an. Sein gemischtes Mitarbeiterteam ist ein ethnischer Spiegel Berlins mitten im gutbürgerlichen Teil der Stadt. Der junge Mann wurde nun gegen seinen Willen mit einer jungen Frau verlobt, die mit der Familie bekannt ist. Wenn ich es nicht besser wüsste, würde ich denken, ich sitze in einer Kutsche zum Hofe der Tudors, wo aus finanziellen und taktischen Gründen die eigenen Familienmitglieder an passende Heiratspartner verschachert werden. Das Ende vom Lied sind nun drei, wenn nicht sogar noch mehr gebrochene Herzen. Denn der junge Mann trifft sich weiterhin mit seiner Angebeteten, und das wird womöglich auch so weitergehen, wenn er verheiratet ist. Seine Ehefrau wird genauso wenig glücklich sein. Und wer weiß, ob sie nicht auch ein Herzblatt hat, den oder die sie für die Familie und Sippe opfern muss. Wie viele dieser Patriarchen haben sich wohl diesem Weg untergeordnet? In allen traditionellen Kulturen heißt es, dass die Liebe mit der Zeit wächst. Das ist gut möglich, und fast alle kennen wir aus der Eltern- und Großelterngeneration Paare, bei denen es genauso war und sie bis ins hohe Alter eine glückliche Ehe geführt haben. Doch die Mehrheit ist nicht glücklich, und diese Unzufriedenheit spüren auch die Kinder. Gute Vorbilder in Sachen Partnerschaft haben sie nicht.

Wir fahren rechts ran, damit Mikhail telefonieren kann. Er versucht, den jungen Mann zu erreichen. Vergeblich. Er hebt nicht ab. Wir setzen unsere Fahrt und auch unser Gespräch fort und kommen auf das Thema Gewalt zu sprechen. Schläge zu Hause gehören zum Alltag und werden durchaus auch vom Vater an den älteren Bruder delegiert. Der Vater ist meist nur die letzte Drohinstanz. Wenn er auf der Matte steht, dann weiß man, man ist über das Ziel hinausgeschossen. Aber nur einstecken ist keine Option. Es gilt, abgehärtet zu werden. Mikhail erzählt von einem Erlebnis als kleiner Junge. Die Jungs des Viertels spielten zusammen. Vor dem Haus fand einer seiner älteren Brüder alte VHS-Kassetten und beschloss, mit den Bändern zwischen vier gegenüberstehenden Bäumen und Büschen einen Boxring zu ziehen. Die älteren Jungs stiegen mit dem jeweiligen jüngeren Bruder eines Gleichaltrigen in den Ring und boxten gegeneinander. Ob es sich um ein Rocky-Balboa-Video handelte, werden wir nicht mehr erfahren.

Die als Kind erfahrene Gewalt bleibt bei den Männern allerdings nicht ohne Folgen. Die Mehrheit leidet darunter – je nach Persönlichkeit auf unterschiedliche Weise. Die Mehrheit, so sagt es uns die Forschung, zieht sich innerlich zurück. Andere verletzten sich selbst oder fallen durch überangepasstes Verhalten auf. Dabei spielt es keine Rolle, welche ethnische Herkunft die Kinder haben. Studien zeigen: Gewalt gegen Kinder findet überall statt, wo Eltern sich nicht im Griff haben. Zu den Risikogruppen zählen vor allem junge und unerfahrene Eltern, Eltern, die in ihrer Kindheit selbst von Gewalt betroffen waren, aber auch Eltern von mehr als drei Kindern. Studien besagen außerdem, dass in 22,7 Prozent der privilegierten Familien die Kinder schon einmal geschlagen wurden. In der Mittelschicht haben 29,3 Prozent der Eltern schon einmal zugeschlagen, bei sozial schwachen Familien sind es 32,5 Prozent. In prekären Familien haben die Eltern so oft und so heftig zugeschlagen, dass siebzehn Prozent der Kinder blaue Flecken davongetragen haben. 2016 wurden 136 000 Fälle von Gewalt an Kindern gemeldet. Da diese Gewalt schambesetzt ist, schweigen sowohl die Kinder als auch die Eltern. Das war früher anders: 1982 gehörte das Züchtigen der Kinder für rund 82 Prozent der Eltern noch ganz selbstverständlich zur Erziehung. Aber auch psychische Gewalt, etwa durch verbale Degradierung, kann eine Vielzahl von existenziellen Folgen zeitigen. Neben Bindungsängsten aufgrund der elterlichen Zurückweisung neigen bereits Kinder dazu, wahllos mit Fremden oder kriminellen Banden mitzugehen. Für Triebtäter oder Mobber sind sie gefundene Opfer.

Selbst das Erbgut wird durch die Traumatisierungen verändert. Durch Beziehungsarbeit kann dem aber entgegengewirkt werden. Umso wichtiger ist es, so früh wie möglich die »Ich-Stärkung« des Kindes zu unterstützen. Denn nur selbstbewusste Kinder können sich behaupten und Konflikte ohne Faust überwinden.

Diese Form der Demütigung führt bei Kindern und Jugendlichen aber auch dazu, anderen Kindern gegenüber aggressiver aufzutreten und sie zu mobben. Die ungelösten Konflikte werden dann häufig über Gewaltausübung reguliert. Jungs müssen sich nicht kloppen, weil sie Jungs sind, sondern weil sie oft ein Ventil für ihre Energie und Frustration suchen.

Auch wenn Gewalt Teil des weltweiten kulturellen Erbes ist, muss diese Tradition nicht aufrechterhalten werden. Forscher in Kolumbien haben zu ergründen versucht, warum hier wie an keinem anderen Ort auf der Welt so viele Syndikate existieren und aggressives Verhalten und Morde zunehmen. Sie kamen zu folgenden Schlussfolgerungen, wie der Kinderpsychologe Prof. Dr. Werner Gerstl erklärt[11]: In der Erziehung muss die Wechselwirkung von Stärke und Zuwendung beachtet werden. So wie es wichtig ist, dass die Eltern ihren Kindern Fertigkeiten vermitteln – etwa wie sie mit einer Schere umgehen, wie sie basteln oder auch aufräumen –, gilt es für einen gesunden Entwicklungsverlauf auch, aggressives Verhalten zuzulassen, damit das Kind lernt, dieses Verhalten zu regulieren. In einem aggressiven Umfeld wird das für das Kind allerdings sehr schwierig. Eine Gewaltspirale nimmt ihren Lauf, die wir gerade in diesem arabischen kriminellen Milieu vorfinden. Aber nicht etwa, weil es sich um arabische Clanfamilien handelt, sondern weil hier in diesem sozialen Milieu die Kultur der Gewalt und Aggression nicht überwunden ist. Der sogenannte Islamkritiker Hamed Abdel-Samad beschreibt dies in seiner erschütternden Biografie »Mein Abschied vom Himmel« sehr treffend: »Überall müssen Kinder, die von Regeln der eigenen Gesellschaft unterdrückt werden, den Leistungsdruck abfedern, den schon ihre Eltern nicht aushalten konnten.«

11 https://www.youtube.com/watch?v=6H3RccsJWUY

Gewalt wird in diesem Milieu im wahrsten Sinne des Wortes zum Arbeitsmodell und Werkzeug, sie ist essenzieller Teil der Identität. Vor allem die Jungen lernen hier immer wieder, dass Gewalt und Aggression Aufmerksamkeit erwecken und dass sie eine verquere Form von Zuwendung sind. Daraus resultiert ein negativer Lerneffekt, was dazu führen kann, dass derjenige, der in der Schule oder als Erwachsener mit seiner lauten, aggressiven Art auffällt, eigentlich nur seine Art der Zuneigung kundtun will. Und wenn dann das Gegenüber irgendwann genervt ist und auch laut wird, erscheint das so, also würde diese Zuneigung erwidert werden. J. J. Anderson sang einmal: »Nein heißt Ja.« Das wäre sozusagen die Schlagerversion dieses Verhaltensmusters. Gerade auch im Gangsta-Rap spiegelt sich dieses Verhaltensmuster wider. Dass dieses Medium auch dazu dienen kann, sein wahres Innenleben zu thematisieren, zeigt der Rapper GRIZZCO. Sein Rapsong »Pass auf dich auf!« zeigt wahre Größe, über seine Unsicherheiten zu sprechen, statt sie mit einem Macho-Gehabe zu kaschieren.

»Der Teufel hat das gemacht«

Während ich über dieses soziale Hamsterrad sinniere und mir Mikhails Ausführungen notiere, telefoniert er parallel mit den nächsten Gesprächspartnern. Bis plötzlich ein junger Mann anruft, der erst seit ein paar Tagen wegen eines Falschgelddelikts im Gefängnis sitzt. Selbst Mikhail ist für einen Moment irritiert. Denn der Insasse hat es geschafft, sich ein Handy in die Zelle kommen zu lassen. Mikhail muss laut auflachen, bis ihn plötzlich einer unserer nächsten Gesprächspartner anruft und er sich von dem Insassen verabschiedet.

Wir fahren zum nächsten Treffpunkt und warten auf Ali. Er ist ein großgewachsener und breit gebauter junger Mann, Mitte zwanzig mit Tätowierungen. Er ist etwas grummelig drauf und spricht mit einer sehr tiefen Stimme. Er hätte genauso gut ein Mitglied einer Rockerbande sein können. Einfach den roten Adidas-Trainingsanzug gegen Lederweste und ungewaschene Jeans eintauschen, noch eine Harley Davidson dazu, und fertig ist Bad Boy Andy. Aufgrund seiner Körperstatur schiebe ich meinen Sitz weit nach vorne, damit er im kleinen Wagen hinten nicht so eingepfercht sitzen muss. Wir fahren weiter, um im nächsten Bezirk den zweiten jungen Mann abzuholen. Ali lebt zu Hause und arbeitet nachts unter anderem in Spätis, die Berliner Kioske für alle Notlagen. Wieder weiß der junge Mann nichts von seinem Glück. Ich drehe mich zu ihm um, so gut ich kann, und erkläre ihm, was ich beruflich mache und was ich mit ihm vorhabe. Er stimmt einem Gespräch zu, wechselt aber umgehend das Thema. Bei Mikhail beschwert er sich, was er sich denn dabei gedacht habe, ihn in dieser Karre abzuholen. Er habe schließlich einen Ruf zu verlieren. Und er bittet ihn darum, das nächste Mal im Porsche Panamera oder 7er BMW zu kommen. Mikhail geht nicht wirklich darauf ein und lässt sich nicht provozieren. Später erzählt er mir, dass viele junge Männer, die man in diesen großen teuren Karosserien in der Stadt sieht, sie für eine Tagespauschale von 500 Euro von gewissen Autobesitzern leihen.

Zwischenstopp an einem Späti, da Ali dringend einen Energiedrink braucht, um wach zu werden. Er fragt uns höflich, ob wir auch möchten. Mikhail sagt ja, ich lehne dankend ab. Als er zurückkommt, weist er Mikhail darauf hin, dass er noch dringend zum Friseur müsse, was er während unseres Treffens noch mehrfach wiederholen wird.

Als das Auto die Straße entlangfährt, kommt uns eine Hochzeitsgesellschaft entgegen. Die Türkeiflagge an den Autos lässt keinen Zweifel daran, welchen ethnischen Hintergrund sie haben. Dazu lautes Gehupe. Was eine türkeistämmige Freundin immer entnervt damit kommentiert, dass es mit dieser Sitte auch mal gut sei. Man habe ja kapiert, dass das Paar als Ehepaar nun endlich Sex haben dürfe. Ali tangiert etwas anderes. Er erklärt, dass die Türken immer an den billigsten Autos zu erkennen seien. Billig? So erscheint die in der Kolonne vertretene Auswahl nun nicht gerade. Vorrangig BMWs und Mercedes, und nicht nur die ältesten Modelle. Aber es sind eben keine Porsche Panamera und kein 7er BWM dabei.

Hassan steht an der Straße und erwartet uns bereits. Mikhail kündigt ihn an mit den Worten: »Der Mann hat eine so schmale Taille, davon träumt jede Frau.« In der Tat ist er das genaue Gegenteil von Ali. Sehr schlank, und auch seine Gesichtszüge sind feiner. Ein junger Mann, mit dichtem und perfekt gestutztem Bart und akkurat rasierten und frisierten Haaren. Hassan trägt einen dunklen Trainingsanzug mit einer kleinen Umhängetasche.

Während Ali nur durch seinen alle paar Minuten wiederholten Wunsch nach einem Friseurbesuch auf sich aufmerksam macht, fällt Hassan vor allem mit Anzüglichkeiten mir gegenüber auf. Er sitzt direkt hinter Mikhail, zieht sich zu ihm nach vorne und spricht in arabischer Sprache in respektloser Weise über mich. Mikhail weist ihn darauf hin, dass ich ihn verstehe, was Hassan erst in diesem Moment unangenehm ist. Kichernd entschuldigt er sich bei mir wie ein kleiner Junge. In welche Probleme ihn sein Männlichkeitsverständnis schon einmal geritten hatte, sollte ich später noch erfahren.

Zwar hatte Mikhail am Telefon diesmal gesagt, dass ich Autorin bin, aber offenbar assoziierte Hassan damit jemanden aus einem anderen Kultur- und Glaubenskreis. Aber völlig unabhängig davon waren diese Anzüglichkeiten unpassend und respektlos – egal, wem gegenüber sie geäußert wurden. Immerhin sorgt zur Abwechslung einmal jemand anderes für Irritation. Innerhalb derselben Stadt und innerhalb weniger Stunden kollidieren hier zwei verschiedene Wertesysteme.

Als ich auf ein Lokal zeige, in dem wir uns niederlassen und das Gespräch führen könnten, erhebt Hassan heftigen Einspruch. »Nee, wir gehen doch in kein Hipstercafé!« Standesgemäß landen wir also in einem Shishacafé. Klischee? Wohin denken Sie! Irgendwer muss diese Lokale ja aufsuchen – diese Altherren-Kartenspiel-International-Lokale 2.0. der jungen Generation. Das erweiterte Wohnzimmer sozusagen. Warum also nicht. Immerhin ist es um diese Uhrzeit noch ruhig und nicht verraucht. Auf dem Damen-WC gibt es obendrein die coolste Toilettenbrille, die ich je gesehen habe. Sie vereint alles, was Hipster im Sixtiefieber und blingblingverliebte Orientalen lieben, eine Glitterklobrille. Ein Quadratmeter Berliner Schmelztiegel der Kitschkulturen. Ganz im Zeitgeist habe ich das Prachtstück für die Instagram Nachwelt festgehalten.

Wir nehmen in einer Ecke Platz und bestellen unsere Getränke. Für Ali wird's ein weiterer Energydrink, die anderen bestellen sich jeweils eine Cola und ich einen Minztee. Wenn schon Klischee, dann werde ich dem auch gerecht. Minztee, der marokkanische Whisky, wie es so schön bei uns heißt.

Ali sitzt leicht apathisch da. Sein Blick ist auf den Bildschirm an der Wand gerichtet. Auf YouTube laufen deutschsprachige Rap-Clips in Dauerschleife. Womit wir auch gleich beim ersten Thema sind. Hassan erklärt, dass Rap wie jede andere Musik auch eine Kunstform ist und der Diss ein Teil davon. Er erklärt, ständig werde gefordert, seine Leute sollten die Karikaturen von Charlie Hebdo als Kunst und Ausdruck der Meinungsfreiheit akzeptieren, aber auf ihre Kunst werde immer herabgesehen. Ich gebe zu bedenken, dass diese gewaltverherrlichende und homo- und frauenfeindliche Sprache zu denken gebe. Er ist Vater einer kleinen Tochter, und als ich ihn frage, ob er es denn gut fände, wenn sie diese Musik hörte, stockt er kurz und führt aus, dass es einfach gute Unterhaltung sei. Wir sprechen über die Familien der beiden. Alis Vater und auch Ali selbst haben bis heute keinen deutschen Pass. Hassan ist eingebürgert. Beide gehören zum selben Clan, und ihre beiden Väter sind nach Deutschland geflüchtet. Woran das liegt, erklärt mir Hassan, wüsste ich, würde ich Alis Vater sehen und kennen. Er lacht laut auf und blickt seinen Freund an. Ali sitzt einfach da und trinkt seinen Red Bull. Wer denkt, dass arabische Großfamilienjungs leicht ausflippen, wird hier eines Besseren belehrt. Allerdings wird nicht abfällig über die Mutter gesprochen. Vielleicht liegt Alis Coolness auch einfach daran. Hassan klopft Ali auf die Schulter und sagt zu mir: »Schau ihn dir an, er ist tätowiert, das ist haram, aber ich liebe ihn über alles! Ich liebe seine Schwächen!« Er ballt seine Faust und klopft sich auf die Brust. Und er sagt das mit einer Inbrunst, als würde er für den Titelsong einer melodramatischen libanesischen Seifenoper das Musikvideo drehen. Und da wir schon beim Thema Halal und Haram sind, kommen wir auch auf Salafisten und Islamisten zu sprechen. Er sagt, dass sie nichts weiter können, als mit dem Finger auf andere zeigen, und dass sie immerzu nur andere ermahnen.

Hassan erzählt mir, wie seine Familie nach Deutschland kam und sein Onkel, der bereits in Deutschland lebte, ihnen beim Ankommen nicht geholfen habe. »Die sind etwas abgehoben. Eher westlich orientiert!« Über seine Mutter sagt er, dass sie trotz des wenigen Geldes, das ihnen zur Verfügung stand, immer irgendwie etwas angespart hatte, um ihnen Spielsachen zu kaufen. Vor allem den Tag, als seine Mutter mit ihm zu Saturn ging, um ihm den zuvor immer abgelehnten Wunsch nach einer Playstation zu erfüllen, wird er nie vergessen. Er strahlt. Über seinen Vater gibt es nur so viel zu sagen, dass der sich um Arbeit gekümmert habe.

In seiner Schulklasse gab es nur drei arabische Kinder. Die ersten Irritationen erlebte er im Alter von neun Jahren, als seine Lehrerin zu Weihnachten meinte, dass es kein Fest für die muslimischen Kinder sei und sie in der Schule nicht mitfeiern dürften. Trotzdem kam er gut klar mit seinen Schulkameraden, und auch im Unterricht kam er gut mit. Das sollte sich mit 9/11 schlagartig ändern. Als der Anschlag in den Nachrichten übertragen wurde, fragte er seine Mutter ergriffen und aufgeregt, wer das getan hatte. »Der Teufel hat das gemacht!«, antwortete sie.

Am nächsten Tag in der Schule wurde der Anschlag nach einer Schweigeminute in der Klasse thematisiert. Ausgerechnet die Reaktion einer Mitschülerin, mit der er sich stets gut verstanden hatte, schien ihn gänzlich aus der Bahn geworfen zu haben. Sie sei eine amerikanischstämmige Jüdin gewesen. Und auf die Frage des Lehrers, wer den Anschlag verübt habe, zeigte sie auf ihn und schrie aufgebracht, »Ihr scheiß Araber!« Hassan verstand die Welt nicht mehr.

Wir werden für einen kurzen Moment unterbrochen. Mein Tee wird mir etwas verzögert serviert. Während ich mich bei dem Kellner bedanke und den Honig entgegennehme, sprechen Mikhail und Hassan kurz über ein Clanmitglied, das Polizeibeamter ist. Das nehme ich zum Anlass, um zu fragen, wie die öffentliche Kritik diesbezüglich wahrgenommen wird. Hassan erklärt mir, dass man sich als Mitglied einer solchen Familie früher oder später auch als Polizist den Forderungen der Familien nicht entziehen könne. Man sei nie unabhängig und könne einen Hilferuf oder die Aufforderung nach Unterstützung nicht ignorieren. Niemand könne das, und sei er noch so wichtig oder unwichtig! Somit sei also die Berichterstattung kein Klischee. Er nickt. Andere Großfamilienmitglieder, die ich sprach, ergänzten das um ein kleines, wenngleich nicht unrelevantes Detail. Man habe schon eine Wahl. Nur: Wer sich zum Beispiel als Mitglied im Polizeidienst dem Familiendienst verweigert, ist damit für immer ausgeschlossen. Man ist nicht mehr Teil der Familie. Unser Gespräch ist geprägt vom Gesetz des Stärkeren. Ganz im Sinne der Evolutionstheorie: survival of the fittest. Das geht so weit, dass Hassan verkündet, Schutzgelderpressung sei halal. Ali sitzt still daneben. »Ich bitte dich! Das stimmt doch nicht!«, reagiert Mikhail patzig. Hassan nimmt einen Schluck Cola. »Wenn ich also auf der Straße gegenüber einen Blumenladen aufmache, und ihr kommt vorbei und erpresst Schutzgeld, ist das halal und fair?« »Ja, wir würden dir ja Schutz dafür gewähren. Man weiß nie, was passieren könnte!« »Schutz vor euch ja wohl nicht! Ihr kommt ja schon als die ersten Randalierer!« Er muss lachen und zuckt mit verschmitzten Blick die Schultern. »Wir tun wenigstens etwas! Die Deutschen ficken sich doch nur untereinander! Es gibt keine Gerechtigkeit. Keinen Opferschutz!« Man müsse seiner Meinung nach viel härter durchgreifen, meint Hassan. »Das klingt nach AfD!«, kommentiere ich. »Für mich sind das keine Nazis! Die Leute haben die Nase voll! Ein Jahr die Scharia, und auch die kriminellen Ausländer würden nichts mehr machen.« Hassan spricht voller Überzeugung und Elan. Er argumentiert, und seine Sprache ist nicht die eines Proleten, auch wenn seine Aussagen eine Mischung aus Amüsement und Erschrecken bei mir auslösen. Vor allem sehe ich einen jungen Mann voller Energie und Potenzial neben mir sitzen, der diese überschäumende Energie aber in kriminelle Bahnen umleitet. Und Gewalt ist ein elementarer Teil davon. Ich frage ihn, ob auch er wie Mikhail zu Hause geschlagen wurde. Er bejaht. Das gehöre dazu, auch wenn er selbst nichts vom Schlagen halte. Einmal, als er noch ein Junge war, habe sein Bruder ihn an einem Heizkörper angebunden und ihn verprügelt. Aber das habe er verdient gehabt, er hätte es mit dem Blödsinn übertrieben, schiebt er hinterher. Obgleich er es nicht gut findet, Kinder zu züchtigen, sieht er das nicht so problematisch, wie auch Männerschlägereien oder das Schlagen von Frauen. Aber nur, wenn sie bewusst provozierten. Das würden Frauen nämlich manchmal tun.

Womit wir beim Ehrbegriff wären. Denn nach seinem Verständnis seien die Frauen ihr Namus, ihre Ehre. Das gehe so weit, dass er einmal wegen der Verteidigung einer wildfremden jungen Frau in einem Club für elf Monate ins Gefängnis musste. »Da bin ich stolz drauf!« Er hatte beobachtet, wie diese junge Frau von einem jungen Mann angegraben wurde, der trotz Ermahnung nicht von ihr abließ. Irgendwann gingen mit Hassan offenbar die Pferde durch, und er rammte ihm ein Messer in seine Niere. Elf Monate seines Teenagerlebens waren futsch. Halt erhielt er wohl von seiner damaligen Freundin und heutigen Ehefrau. Sie stand ihm bei, wartete auf seine Entlassung, und später heirateten sie. Vor kurzem wurde er Vater einer kleinen Tochter. Seine Frau, erzählt er, sei ein deutsches Mädchen, und er liebe seinen Schwiegervater. Er gehöre noch zur alten Schule. Vor meinem inneren Auge erscheint Fitzwilliam Darcy aus »Stolz und Vorteil«. Doch bevor ich mich gänzlich in Jane Austens Beschreibungen seiner Tugenden verliere, werde ich unverzüglich in die weniger idealisierte Realität zurückgeschleudert. Denn was Hassan damit meint, ist, dass die Frau sich um die Familie, den Haushalt kümmert und der Mann das Geld verdienen geht. Er mag es nicht, wenn seine Frau allein rausgeht und die Bahn nimmt fürs Einkaufen. Das übernehme er. Ausgehen, das sollten Frauen auch nicht. Er mustert mich und sagt: »Ich nehme an, du bist eher westlich orientiert.« Ich erkläre ihm kurz, dass für mich Selbstbestimmung nicht westlich, sondern universell ist. »Okay, aber bei uns hat eine Frau in Clubs nichts zu suchen. Da passiert ihr dann sowas!« Warum er nicht die Security oder Polizei gerufen habe, frage ich ihn. Er reagiert aufgebracht: Das bringe doch nichts. Wieder sind wir bei den Deutschen, die nur reden, auf die Straße gehen und demonstrieren, die ewig diskutieren, und das alles führe zu nichts. Wer seine Meinung sage, werde hier als Nazi und Rassist beschimpft. »Aber es kann doch nicht die Lösung sein, dass Frau nicht ausgehen kann, weil ein potenzieller Idiot eine Frau angräbt. Viel eher müssten Jungs zu Männern erzogen werden, die Frauen respektieren. Was ist mit deiner Tochter später? Zum Beispiel beim Abschlussball?« Er schüttelt instinktiv den Kopf. »Alle Freunde feiern ihren Abschluss, und sie darf nicht dabei sein. Was soll da schon passieren?« »Okay vielleicht geh ich dann mit!« Ich muss laut lachen. Er möchte das einfach nicht. Nicht für seine

Frau, nicht für seine Tochter, nicht für seine jüngere Schwester, die er so abgöttisch liebt. Er erzählt stolz, dass sie fast mit ihrem Studium fertig ist und heiraten möchte. Einen Kommilitonen. In seiner Familie sei man offen. Es sei kein Problem, dass seine Frau deutsch ist und nun der Verlobte palästinensischstämmig. Er sei nett. Aber am liebsten wäre es ihm, sie heirate nie. »Ich hab ihr gesagt, ich mach alles für dich, ich kauf dir sogar eine Wohnung.« Am Ende unseres Gesprächs will ich noch wissen, wie es in ihren Kreisen um das Thema Homosexualität bestellt ist. Plötzlich regt sich Ali. »Wie?«, knurrt er. Mikhail wiederholt meine Frage. Ali versteht die Welt nicht. Er hat eine Freundin. Warum soll ein Mann mit einem Mann rummachen? Hassan legt ihm seine Hand auf den Oberarm und übernimmt wieder das Gespräch. Er setzt an, wird aber von Ali unterbrochen. »Das ist doch krank. Nicht normal. Wer will mit einem Mann …« Hassan grätscht dazwischen und erklärt, dass das eine Sünde sei, die aber nur von Allah verziehen werden kann. Er könne niemanden dafür verurteilen. Ali staunt noch immer über meine Frage und findet das nicht natürlich. Ich widerspreche zum ersten Mal bestimmt. Nur weil Mann sich das nicht vorstellen könne, gebe es das trotzdem, und diese Aussage mit natürlich oder nicht natürlich habe keine Relevanz. Hassan gibt zwar zu, dass die Gesetze in Deutschland sich diesbezüglich verändert hätten. Generell aber würden Gesetze oft geändert. Warum solle man das also plötzlich gut finden. Viel eher würde das zu einem moralischen Verfall führen. Doch Mikhail und Hassan geben Ali zu bedenken, dass Jungs auch so geboren werden. Ali fragt stattdessen, warum ein Mann das will. Mikhail muss lachen, und ich entscheide, ein weiteres Thema anzusprechen: sexuellen Missbrauch. Im Laufe meiner Recherchen zum Buch war ich auf einige Berichte und Erzählungen dazu gestoßen. Ich erzähle von Missbrauchsfällen in Moscheen. Hassan beugt sich vor und zeigt sich besonders einfühlsam und argumentativ sehr stark. Er erklärt, dass man bei diesem Thema mit schnellen Vorverurteilungen sehr vorsichtig sein müsse. Denn siebzig Prozent der Pädophilen und Vergewaltiger seien selbst Opfer von Missbrauch gewesen. Ich korrigiere ihn. Es sind dreißig Prozent. Er lächelt. »Ach ja, stimmt, das war umgekehrt.« Er führt Beispiele aus der Presse auf, bei denen das Jugendamt nicht eingegriffen oder die missbrauchten Kinder zurück in die Familien geschickt hatte, trotz Anzeige. Das macht ihn sichtlich wütend und bestärkt ihn auch in seiner Haltung gegenüber dem laschen deutschen Staat.

Zum Schluss unseres Gesprächs zeigt er sich sensibel. Er ist ein vielschichtiger junger Mann, den man nicht ohne weiteres vorverurteilen kann. Obgleich seine kriminellen Handlungen durch nichts zu rechtfertigen sind.

Es ist ein sensibles Thema, mit dem wir aus dem umfangreichen Gespräch aussteigen. Ali schafft es dennoch mit seiner Art, uns alle zu erheitern. Denn noch immer kommt er über die Vorstellung von gleichgeschlechtlicher Liebe und Sex nicht hinweg. Wie ein Brummbär wiederholt er sein Unverständnis, um im selben Atemzug darauf hinzuweisen, dass er nun zum Friseur muss und ob ihn Mikhail endlich dort hinfahre.

Als wir ins Auto steigen, plaudern Hassan und ich noch etwas und kommen auf die Redewendung »Du bist wie ein Deutscher!« zu sprechen. Ich frage ihn, ob das als ein Schimpfwort oder Kompliment verstanden wird. Es sei eindeutig negativ konnotiert. »Trotzdem! Mit den Deutschen arbeite ich am liebsten. Auf die ist im Gegensatz zu unseren Leuten immer Verlass.« Letzteren Satz bekomme ich öfter zu hören.

Wo Van Damme Kafka ablöste

Bevor sich Mikhails und meine Wege zu später Stunde trennen, erzählt er mir am Tresen einer angesagten Karaoke-Bar, was ihm als Jugendlichen den Teppich unter den Füßen weggezogen hatte. Es war das Verschwinden seines zehn Jahre älteren Bruders, für ihn Freund, Bruder und Vaterfigur in einem. Im Gegensatz zu seinem anderen Bruder und auch zu seinem Vater nahm er sich Zeit für Mikhail. Sein Vater war vor allem mit seinem Geschäft beschäftigt und sah sich ganz traditionell für die finanzielle Versorgung seiner Großfamilie verantwortlich. Sein Bruder hingegen führte mit ihm tiefsinnige Gespräche und ließ ihn an seiner Gedankenwelt teilhaben. Er gab ihm Bücher, die Werke von Kafka zum Beispiel. Doch als sein Bruder der Enge des familiären Umfelds entfloh, ließ er auch den gerade mal fünfzehnjährigen Mikhail zurück. Er fühlte sich im Stich gelassen. Ausgerechnet von dem Menschen, dem er sich so nah fühlte. Die Wut und Aggression sollte sein Ventil finden. »Ich wollte immer so sein wie er. Danach war nichts mehr wie es war. Ich habe Actionfilme ohne Ende geschaut. Jean-Claude Van Damme und andere wurden dann zu meinen Vorbildern.«

3. Muslim, männlich, Sexarbeiter

»Dann halten wir 17 Uhr fest. Ich bin eventuell als Lady unterwegs. Ist es für dich unangenehm, wenn ich gestylt bin?«, schreibt mir der 31-jährige Mustafa einen Tag, bevor wir uns in Nordrhein-Westfalen zum Gespräch treffen. »Nein, gar nicht! Bin immer gerne in gestylter Begleitung unterwegs«, antworte ich und sehe uns schon gegenseitig Zöpfe flechtend auf dem Bett über Jungs lästern. Am nächsten Tag stehe ich in der S-Bahn, als mich die Nachricht erreicht, dass er mich nun ungestylt am Bahnhofausgang abholt. Damit ich nicht versehentlich einen jungen Mann anspreche, der das womöglich auch noch als Anmache missverstehen könnte, rufe ich Mustafa am Ausgang an. Wir suchen den Weg zueinander über das parallele Telefongespräch. Da steht er also vor mir. Ein sehr schlanker Mann in enganliegender Jeans, Sneakers, Pullover und Lederjacke sowie weißem Basecap. Er hat feine Gesichtszüge und schöne, mandelförmige Augen, ist rasiert, und seine dunklen Augenbrauen sind präzise gezupft. Auf der Straße hätte ich ihn für alles Mögliche halten können. Für einen Dealer, für einen jungen Postboten, IKEA-Mitarbeiter oder Krankenpfleger oder für einen angehenden Arzt. Er ist in seiner Erscheinung so gewöhnlich, wie er auch einzigartig ist.

Er begrüßt mich sehr freundlich und strahlt dabei eine große Wärme aus. Wir kommen gleich gut ins Gespräch und reden über den S-Bahnverkehr, den Stadtteil, das Wetter, und natürlich lässt auch die Frage nach meiner Herkunft nicht lange auf sich warten. Allerdings stochert er im Gegensatz zu den meisten Menschen – selbst meine eigenen marokkanischen Landsleute – nicht lange herum. Er tippt gleich beim zweiten Versuch richtig und erzählt mir von einem marokkostämmigen Freund, den er mal hatte.

Er nimmt mich mit in die Wohnung seines Nachbarn. Denn er habe gerade Besuch. Unter anderem aus Frankreich. Von zwei transidenten Ladys, die sich zum einen noch ausruhen und sich später mit ihm gemeinsam fürs Ausgehen und Arbeiten fertig machen würden. Womit wir auch schon beim Grund sind, warum er mich in legerer Kleidung in Empfang nahm. Sein Freund und Nachbar, ich nenne ihn Aziz, öffnet uns die Tür. Es werden ein paar organisatorische Dinge besprochen, wo und wie der Schlüssel später verwahrt wird, und wir richten uns an einem Esstisch im Wohnzimmer ein. Aziz schnappt sich noch den Müll aus der Küche, bevor er sich von uns und aus der perfekt aufgeräumten und sauberen Wohnung verabschiedet und zu seiner Arbeit und später zu seinem deutschen Lebensgefährten fährt.

Mustafa schenkt mir Wasser ein. Er nimmt mit aufrechter Körperspannung mir gegenüber Platz und überschlägt die Beine, während ich verschnupft und etwas erschöpft von meiner Rundreise wie ein Sack Couscous ihm gegenüber buckelig über meinem Notizbuch sitze. Mustafa ist BWL-Student, hat zwei Ausbildungen absolviert und spricht mehrere Sprachen: Deutsch, Türkisch, Arabisch, Kurdisch und Englisch. Er ist in Deutschland in eine praktizierende muslimische Familie hineingeboren. Er gehört zur zweiten Nachkommenschaft der ersten sogenannten Gastarbeiter. Sein Großvater arbeitete im Bergbau, und seine Eltern lernten sich in Deutschland kennen. Sein Vater kam ebenfalls zum Arbeiten nach Deutschland. Er war unter anderem in der Gastronomie tätig. Mustafa hat ein Ziel vor Augen. Er will in einen großen Kosmetikkonzern einsteigen und ein schönes Leben in Südfrankreich führen. Dafür lernt und arbeitet er. Wie jeder in der Ausbildungsphase geht auch er zur Finanzierung seines Studiums einer Nebenbeschäftigung nach. Die einen spülen Geschirr, er spült allenfalls seine Schminkutensilien. Als Transe, wie er sich selbst bezeichnet, arbeitet er im Escortbereich. Vom Burj-Khalifa-Architekten, über bekannte Gangsta-Rapper, Handwerker, unfreiwillig verheiratete junge Männer oder Imame bis Pädophile: »Ich habe alles schon bedient. Alles gesehen und gemacht!«

»Ich bin ich«

Bereits im Kindergartenalter sei ihm bewusst geworden, dass er etwas anders war als die anderen gleichaltrigen Jungen. Er spielte gerne mit Puppen. Auch seine Lippen malte er sich schon einmal mit Muttis Lippenstift an. Heute wird ihm bewusst, dass seine Großeltern trotz des fortgeschrittenen Alters und ihrer dörflichen Sozialisation in der Türkei viel aufgeschlossener waren als seine Eltern. Wenn er in Mamas statt in Papas Schuhen lief, gab es von seiner Mutter regelmäßig Schläge auf den Hintern. Seine Großmutter hingegen ließ ihn sogar mit Rock zum Kindergarten oder in die Grundschule gehen, wenn Mustafa danach war. Sie maß somit auch dem Gerede der anderen türkeistämmigen Familien im Umfeld keine Bedeutung bei. Auch sein Großvater, den er als sehr konservativ beschreibt, teilte die Ansichten seiner Frau. Und mal ehrlich, auch bei verklemmten christlichen Deutschen ist es keine Selbstverständlichkeit, zu seinen homosexuellen Kindern oder Enkeln zu stehen.

Als Mustafa sechs Jahre alt war, ließen sich seine Eltern scheiden. Sowohl sein Vater als auch seine Mutter lebten mit neuen Partnern zusammen. Dass eine heteronormative Anschauung nie das Maß aller Dinge im Leben eines Menschen sein muss, kann er heute auch an einem seiner Cousins und dessen Sohn beobachten. Der Junge habe auch diese Neigungen, und sein Cousin verbiete es dem Kleinen rigoros. Mustafas Tante, die Mutter des Cousins, schaltet sich da allerdings entschieden ein. »Du kannst seine Psyche nicht so runterziehen. Du musst den Kleinen so leben lassen, wie er sich gerade fühlt«, sagt sie über ihren Enkel und zu ihrem Sohn. Sein Cousin denke da allerdings anders, erklärt Mustafa. Er mache sich viele Gedanken darüber, was die Leute über ihn und seinen Sohn sagen könnten. Denn sein Sohn schminke sich ebenfalls gerne und bevorzuge explizit Mädchenkleidung. Viele Parallelen also, die Mustafa bei der neuen Generation beobachtet. Angesichts der Tatsache, dass laut Studien und Schätzungen der LSBTIQ[12]-Anteil der Bevölkerung bei rund fünf bis zehn Prozent liegt, verwundert dieser Umstand nicht. Menschen mit dem sogenannten Migrationshintergrund und auch Muslime selbstredend mit einbezogen.

In Mustafas Schulzeit, die wie bei vielen migrantischen Jugendlichen auch nicht frei von Rassismus und Unterschätzung war, bestand sein Freundeskreis stets mehr aus Mädchen als aus männlichen Mitschülern. Dies hatte allerdings nie zur Folge gehabt, dass er deswegen gehänselt wurde. Auch dann nicht, als er sich für gemobbte und geoutete homosexuelle Mitschüler einsetzte. Es handelte sich dabei um zwei deutschstämmige und einen afghanischstämmigen Mitschüler. Sie wurden durch die Bank weg von sämtlichen Ethnien an der Schule als Schwuchteln beschimpft. Sein von der

---

12 Lesbian Gay Bisexual Trans Intersex Queer.

Großmutter gestärktes Selbstvertrauen, seine Beliebtheit bei den Mädchen sowie seine Leistungsfähigkeit beim Sport erzeugten einen breitgefächerten Respekt an der Schule. Niemand fragte ihn, ob er schwul sei. Obwohl es der eine oder andere womöglich schon ahnte, wie er heute sagt. Mit einem Highschoolfilm gesprochen: Er war Everybody's Darling. Bis zu seinem 17. Lebensjahr war er bei seinen Freunden nicht geoutet. Es fiel ihm zwar auf, dass er sich eindeutig eher zu Jungen hingezogen fühlte, er unterdrückte aber seine Gefühle. Trotzdem kam es einmal vor, dass er nach dem Sport hinter der Schule mit einem Mitschüler geknutscht hatte, wie er verschmitzt erzählt. Er nennt es »Ausrutscher«. Er habe sich all die Jahre verstellt. Mit siebzehn Jahren zog er während seiner Ausbildungszeit zum Friseur mit seiner neunzehnjährigen deutschen Freundin zusammen. Doch die Beziehung ging in die Brüche. Sie war fremdgegangen.

Bis heute lebt er ein Doppelleben, was seine sexuelle Identität angeht. Seit fast drei Jahrzehnten verbiegt er sich bewusst. Vor allem, weil seine Mutter das wünsche. In der Schule ging er entsprechend keine intensiven Freundschaften ein. Er verstellte sich und mimte den Hetero. Wenn es nach ihm gegangen wäre und seine Mutter diese Neigung bei ihm nicht so unterdrückt hätte, erklärt er, dann wäre er auch gerne in femininer Kleidung oder geschminkt zur Schule gegangen. Grundsätzlich passte er sein Verhalten stets wie ein Chamäleon an die jeweilige Clique an. »Je nach Gruppierung versuchte ich mitzuhalten. Bei den Coolen war ich cool. Bei den bösen Jungs war ich böse. Bei den femininen Jungs war ich ganz normal und hab mit denen rumgeschäkert. Da war ich ein bisschen ich, aber trotzdem auf Distanz, damit das nicht so auffällt.« Er empfand es als anstrengend. »Du musstest immer mehr oder weniger vorsichtig sein.« Und das geht bis heute so. Bei seiner Familie ist er bis heute nicht geoutet. Dabei würde er gerne endlich zu sich selbst stehen. »Aber ich habe mit den Jahren mehr oder weniger herausgefunden, dass meine Mutter wirklich Schwulenhasserin ist.« Auf meine Frage, ob er sich das erklären kann, verneint er erst und schiebt dann doch eine Erklärung hinterher. »Ich vermute, es hängt damit zusammen, dass der nachfolgende Mann meiner Mutter bi-sexuell war und das aufgeflogen ist.« So offen seine Großeltern auch sind, so sehr schweigen sie über Mustafas offensive Neigung in der Kindheit, und sie glauben, dass er bald eine Frau heiraten und Kinder bekommen werde. »Es sind ja einige Jahre vergangen. Ich hatte mich auf die normale Schiene begeben, hatte eine Freundin mitgebracht. Da ist das wohl in den Hintergrund gerückt.« Das bedeutet aber auch, dass er zu Hause den Coolen mimt. Er lässt sich ganz klischeehaft bedienen. »Ich bin ich. Aber halt Mann. Nicht schwul.«

Dabei hatte er sich vor einem halben Jahr dennoch fast dazu durchgerungen, dem Versteckspiel ein Ende zu bereiten und sich gegenüber seiner Mutter zu öffnen. Doch er machte einen Rückzieher. Denn kurz zuvor hatte sich einer ihrer Brüder geoutet. »Damit kommt sie nicht klar! Ihre anderen Geschwister gehen hingegen locker damit um.« Eine Familie, die fast alle Strömungen in sich vereint: konservativ, weltoffen, tolerant und intolerant und verleugnend in einem.

Der Tod seines Vaters vor einem halben Jahr hatte ihn auch über den Islam neu nachdenken lassen. »Ich habe den Glauben mehr oder weniger verloren. Wenn ich mir das alles anschaue, ich lebe nur ein einziges Mal. Ich bin jetzt hier. Es hat nur was mit mir zu tun, nicht mit der Religion.« Die Heuchelei, die unter dem Deckmantel der Religion stattfinde, empfinde er als unaufrichtig. Wenn er in der Moschee, bei Beerdigungen oder Hochzeiten anwesend sei, werde ihm das regelmäßig vor Augen geführt. Plötzlich würden Nettigkeiten vorgegaukelt, wo man sich vorher noch das ganze Jahr über gegenseitig bekriegt habe. Das alles führe ihm immer wieder vor Augen, dass er sich nicht zugehörig fühle. »Ihr spielt euch doch alle was vor. Der betrügt die und die. Der macht mit dem und dem rum. In der wahren Welt, in der Realität läuft das ganz anders.« Kurzum: mehr Schein als Sein. »Allein durch meine Verkleidung und meinen Job. Ich habe viele Leute bedient. Auch zum Beispiel aus dem Bekanntenkreis meines Schwagers. Die haben mich niemals erkannt. Ich habe tatsächlich diese Leute bedient, die strenggläubig sind, die Schwule hassen. Die auf Partys am liebsten losfahren möchten und Schwule abstechen wollen. Das sind letztendlich die größten und gestörtesten Menschen, die es da draußen gibt.«

Selam Transenmutti

Mustafa reiht sich in einer Vielzahl von Menschen ein, die ihre sexuellen Dienste in Rechnung stellen. Auch mäßig gebuchte SchauspielerInnen, TV-Sternchen oder Callboys stehen für alle Geschlechter und Bedürfnisse zur Verfügung. Allein rund 3,7 Prozent aller Berliner Studentinnen und Studenten sind laut einer Studie[13] als Sexarbeiter tätig. Sei es im Escortbereich, um als Begleitung dem Kunden oder der Kundin einen schönen Abend in einem Restaurant zu bescheren, oder für gewisse Stunden, um sexuelle Bedürfnisse oder Feti-

13 http://www.studienkolleg-zu-berlin.de/files/ProjektEuropa_nebenjob_prostitution.pdf

sche zu befriedigen, oder auch alles zusammen. Diesem Segment sind kaum Grenzen gesetzt. Sowohl Männer wie Frauen und, wie bei Mustafa, auch Transidente sind Teil dieses Dienstleistungsgewerbes.

Jeder und jede Einzelne hat eine eigene Geschichte. Aber die meisten führt der Verdienst in dieses Geschäft. Auch Mustafa. Er war es leid, jeden Cent dreimal umzudrehen. Das Ausbildungsgehalt war mickrig und reichte kaum zum Leben aus. Es musste irgendwie ein Job her, der sich mit seinen Ausbildungszeiten kombinieren ließ. So sollten eine unerwartete Begegnung und seine Faszination für Make-up sein Nebenjob-Schicksal besiegeln. Denn eines Tages bemerkte er auf der Straße eine Dragqueen mit auffällig geschminktem Gesicht. Mustafa ging auf sie zu und sprach sie an. Im Gespräch fiel ihm aber noch etwas anderes auf. »Ich dachte dann: Moment mal! Ich hab ihn mir ohne Schminke vorgestellt. Ich kannte sein Profilbild als Junge aus den Gay-Portalen. Und hab ihn dann gefragt: ›Warum schminkst du dich überhaupt? Du siehst doch eigentlich als Junge gut aus.‹ Er hat dann einen Schock gekriegt, weil er dachte, ich sei einer seiner Arbeitskollegen. Weil er auch einen normalen Job hatte.« Der Gesprächsaustausch mit der Transenmutti, wie er sie heute nennt und die, während wir das Gespräch führen, dem Besuch in seiner Wohnung Gesellschaft leistet, entfesselte letztendlich sein Bedürfnis, seine lange unterdrückte feminine Seite wieder auszuleben. »Ich dachte mir dann, wenn ich mich schon so zurechtmache, dann kann ich dafür auch ein Taschengeld nehmen.« Wie das aber alles vonstattenging, musste er nun noch lernen.

»Da ich nicht wusste, wie das überhaupt funktioniert, habe ich es mir erstmal angeschaut. Ich bin zunächst als Travestiekünstler mit ihr rausgegangen. Ich habe mich bei ihr zu Hause fertig gemacht, und sie nahm mich dann mit auf die Straße. Sie ging auf der Straße arbeiten. Und am Anfang habe ich mir das einfach nur angeschaut.« Vom ersten Moment an haben ihn auch schon Freier angesprochen. Doch er weigerte sich zunächst, sie zu bedienen. »Wir sind auch regelmäßig feiern gewesen. In verschiedenen Städten, hier und da. Und dadurch habe ich dieses Milieu, diesen Job kennengelernt. Ich bin ein Mensch, der gerne beobachtet, ich höre gerne zu, aber ich war auch schon immer so, dass ich einfach nur vorsichtig bin.« Dann war es so weit. »Irgendwann bin ich über meinen Schatten gesprungen und hab's dann wirklich einfach gemacht. Da war ein Kunde, der interessiert war, und ich dachte mir, das machst du jetzt mal. Vom Typ her war der okay. Ich machte ihm meinen Preisvorschlag, und er hat das sofort akzeptiert. Ich habe gemerkt: Okay, es ist angenehm. Und dann habe ich damit angefangen.«

Mustafa geht nun seit elf Jahren dieser Tätigkeit nach. Und das stimmt ihn auch nachdenklich. »Es sind so viele Jahre. Es ist so viel geschehen. Ist schon Wahnsinn. Gott sei Dank ist uns noch nix Schlimmes passiert. Dass wir noch gesund sind und leben … Man hat vieles gehört von anderen, und man hat auch viel mitbekommen. Viele verlieren den Verstand. Du kannst dir nicht vorstellen, was ab einer gewissen Uhrzeit alles abgeht. Ich nenne das ›Dritte Welt‹. Es ist krass, wie sich Charaktere und Menschen umstellen und verstellen können. Man fragt sich manchmal schon: Was stimmt denn mit deiner Erziehung jetzt nicht?« Zu seinen Beobachtungen und Erfahrungen macht er sich durchaus tiefergehende Gedanken. »Ich komme letztendlich immer wieder auf dasselbe Ergebnis. Dass das alles tatsächlich an der Unterdrückung der eigenen

Sexualität liegt. Das führt die dazu, dass sie wirklich pervers werden und durchdrehen. Die wollen ihre Grenzen überschreiten, alles ausleben, was sie nicht machen konnten und durften.«

Zwischen devot und Machoallüren

Zu seinen Kunden oder Gästen, wie Mustafa sie bezeichnet, zählen vorrangig Männer arabischer, türkischer, jezidischer, maghrebinischer und kurdischer Herkunft. Er arbeitet mittlerweile europaweit. Nur rund dreißig Prozent seien Europäer, Russen, Japaner und Chinesen. Und es gibt durchaus Unterschiede im Umgang und in den Erwartungen. »Ich habe die Erfahrung gemacht, dass die Araber in Deutschland verklemmter sind als die Araber in Frankreich. Hier übernehmen sie erstmal gerne den dominanten machohaften Part.« Sie seien aktiv-passiv, meint er, was ich nicht verstehe. »Ich gebe dir mal ein Beispiel. Ich bin im Club und stehe als transsexuelle Frau an der Tür. Dann kommt ein Araber und spricht mich an, spielt den Macho und sagt: ›Du hast eine geile Figur. Du siehst geil aus. Du siehst aus wie eine Frau.‹« Dabei würde nicht jeder Kunde erkennen, dass er es mit einem Mann zu tun hat. Manche würden aber auch ihre Verwunderung über seinen Penis im Zimmer nur vorgaukeln. »Dann sagen sie: ›Ja okay.‹ Und spielen dann diesen machohaften Mann und sagen: ›Ich nehme dich richtig ordentlich durch.‹ Und zack, nimmst du das Geld an, und das sind die Ersten, die sich umdrehen, aufs Bett legen und dann von dir richtig dran genommen werden möchten, und sie sind total devot.« Bei irakischstämmigen Sunniten und Jeziden gebe es sogar einen Standardspruch: »Der Gefickte ist schwul. Der Ficker ist nicht schwul. Wenn die sich ficken lassen würden, würdest du ihren Stolz ficken, letztendlich. Die sind da ein bisschen anders«, erklärt Mustafa. In Frankreich sei es ganz anders. Die Männer seien maskuliner, direkter und würden sich nicht verstellen. Dabei seien auch sie vorsichtig, um nicht erwischt zu werden. So manchen Kunden hätte auch er nicht als homosexuell vermutet. Auch nichtgeoutete Europäer oder Aleviten würden ihre maskuline Ader beibehalten und entspannter sein, während die sunnitischen und schiitischen Kunden zum Beispiel eher auf devotes Verhalten umschalteten. Seiner Ansicht nach liegt das in der Religion begründet. »Das ist der Glaube. Auf der ganzen weiten Welt ist das so. Ob in Kanada, in Lateinamerika oder in Australien oder Japan oder Indien, das liegt an der Religion.« Dabei liegt er nicht ganz daneben. Auch in der Sexualforschung geht man davon aus, dass eine unterdrückte Geschlechtlichkeit und eine moralisierende Hemmung zu psychischen Störungen führen können. Neben aggressivem Verhalten und Verklemmtheit kann es auch zu Sadismus fühlen. Denn die unterdrückte Sexualität sucht eine Ersatzbefriedigung.

»Bei den Christen heute ist es viel lockerer. Wenn du nicht in die Kirche gehst, dann bist du kein schlechter Christ. Aber wenn du mal nicht in die Moschee oder beten gehst – Unglaube!« In der Tat wird dank der Umtriebe des Salafismus und Islamismus einem quasi im Sekundentakt aus den unterschiedlichsten Gründen die Zugehörigkeit zum Islam abgesprochen. Dabei war Mustafa ein regelmäßiger Moscheebesucher, und er hat es sehr gemocht. Doch mit zunehmendem Alter musste er feststellten, dass die Gläubigen doch ziemlich bigott sein können. »Entschuldige, wenn ich das jetzt so sage …«, holt er etwas gereizt aus: »Da ist zum Beispiel der

Vater meines Freundes, der Nutten ficken geht oder im Umkreis mit einer Nutte was am Start hat, aber voll den Gläubigen gespielt und die Kinder in die Moschee geschickt hat. Und er selber ist abends – wir haben ihn beobachtet – zu ihr hochgegangen und gibt am nächsten Tag vor der Familie den Superheiligen.« Die Prostituierte wohnte in der Nähe und empfing ihre Freier auch bei sich zu Hause. Seine Kinder habe er hingegen unterdrückt, führt Mustafa aus. »Seine Kinder MÜSSEN in die Moschee, aber er hat sein verhurtes Leben ausgelebt und sich ausgetobt.« Über die Jahre habe er sich seine eigene Welt mit seinen eigenen Vorstellungen aufgebaut. Und er schrecke auch nicht davor zurück, an seine Kunden ein paar klare Takte weiterzugeben. »Ich klär die auf. Nach dem Motto: Ich bin kein Dreck. Das, was du machst, ist auch nach deinen Vorstellungen. Und wenn ich Dreck bin, dann bist du auch Dreck.« Nicht alle nähmen diese direkten Worte ohne weiteres an. »Sie fühlen sich ertappt, schämen sich oder werden sehr merkwürdig.« Dabei muss er sich auch auf der Straße beim unscheinbaren Bummeln bewähren. »Ein Vorfall in der Altstadt. Da hat mich ein Typ vor seinen Jungs beleidigt und mir auch vor die Füße gerotzt. Ich bin ja als Frau rausgegangen.« Am späten Abend liefen sie sich allerdings wieder über den Weg. Dieses Mal war der junge Mann alleine unterwegs. »Ich dachte: Scheiße, der will mir bestimmt was antun. Dann kam er auf mich zu und meinte: ›Hey, tut mir leid, ich wollt mich entschuldigen.‹ Und da habe ich gemerkt, das ist so ein Devoter. Der will was machen. Ich habe ihn dann am Automaten Geld ziehen lassen. Extra das Doppelte. Aus Prinzip habe ich mich von ihm nicht passiv regieren lassen. Sondern er hat mir einen geblasen. Danach, als er fertig war, hab ich mich wieder angezogen und ihn angeschaut.

›Noch mal zu deinem Spruch vorhin, wer ist nun von uns beiden schwul? Ich oder du?‹ Er hat sich so geschämt und ist einfach verschwunden.«

Aber nicht nur in Menschlichkeitsfragen gibt er Nachhilfe, sondern auch schon einmal in islamisch-theologischen Auslegungen. Denn auch Imame gehören zu seinen regelmäßigen Klienten. Vom alten Imam mit Rauschebart, der sagt, dass ihn der Teufel zu Mustafa führe und sich nach dem Sex der rituellen Waschung hingibt und umgänglich ist, gibt's auch den Thirtysomethings-Jet-Set-Imam. Frisch zurück aus Mekka, ist da auch schon einmal ein Anruf für Mustafa reserviert. »Ich habe ihm gesagt: Du weißt schon, dass du, wenn du zu mir kommst, laut deinem Glauben nicht mehr clean bist. Er hat gemeint: Ja egal, ich hab mir das richtig überlegt. Ich brauch das jetzt. Er hat mich gebucht«, erzählt Mustafa. Er hält kurz inne, bevor er weitererzählt. »Das hat ihn irgendwie geil gemacht, dass er in Mekka war, dass er gekommen ist, das Sexuelle ausgelebt hat und dass er was Verbotenes gemacht hat. Das hat ihn geil gemacht.«

Auch die Fetische sind breit gestreut. So gibt es Kunden, die ihn als Frau rauben wollen und ihm entsprechend ein Messer an den Hals legen. Andere möchten ausgepeitscht werden. Wiederum andere, und dies kommt nicht selten vor, wünschen sich von Mustafa Rollenspiele mit ihm als kopftuchtragende Mutter oder Schwester. Aber es gab auch verheiratete Ehemänner, deren Ehefrauen Kopftuch trugen, und Mustafa in seiner weiblichen Rolle mit Kopftuch wünschten.

Einen Rat an die Ehefrauen und Freundinnen da draußen hat Mustafa auch. Die Frauen sollten auf ihr Bauchgefühl hören. Denn viele muslimische und jezidische Ehemänner würden bei anderen Prostituierten oder Transidenten nicht verhüten wollen und stecken damit auch ihre Ehefrauen mit Geschlechtskrankheiten an. Frauenärzte und nichtsahnende und vor allem verdrängende Ehefrauen können davon ein Lied singen. »Teilweise sind viele Ehefrauen gar nicht gebildet und kommen aus Dörfern und kennen kein Gummi. Oder der Ehemann sagt: Schneide dir einen Schwamm zurecht und schieb dir das rein, das saugt das Sperma auf, du wirst nicht schwanger. Die Frauen tun mir nur leid. Ich fühl mich zwar als Frau, aber ich möchte nicht als Frau auf die Welt gekommen sein. Das ist wirklich nicht einfach. Ich als Typ, als Transsexuelle, kann mich verteidigen. Gerade in diesen Kreisen und in dieser religiösen Welt. Ich kann nur mitgeben: Stärker werden!«

Was sein Privatleben angeht: Auch er möchte sesshaft werden mit einem liebevollen Partner an seiner Seite. Dabei hält er es wie Aziz: »Kein Ausländer! Egal wie kalt die Deutschen auch sind, wenigstens sind sie ehrlich! Unsere Leute sind Verkäufer und Lügner und wollen an dir immer profitieren!«

4. Die Abkehr

Wer an Konvertiten denkt, hat meist Menschen vor Augen, die zum Islam übertreten. Wer an Muslime denkt, die sich einer anderen Religionsgemeinschaft zuwenden, dem kommen nicht selten Bilder von Auspeitschungen oder Steinigungen in den Sinn. Dass beides auch anders geht, zeigt die Geschichte von Aktürk. Mit vierzig Jahren beschloss er, einen Schritt weiter zu gehen und Bahai zu werden. Als Konversion würde Aktürk seinen Übertritt aber nicht bezeichnen. Denn seinen Ausführungen zufolge ist ein Muslim nichts weiter als ein gläubiger Mensch, der sich Gott unterwirft. Falsch liegt er damit sicher nicht. Denn schließlich bedeutet Islam Unterwerfung, auch wenn Vertreter von islamischen Vereinen medienwirksam gerne etwas anderes erzählen wollen. Die arabische Sprache bietet viele Möglichkeiten der Wortspiele, aber auch die Mehrheit der Muslime geht von der ursprünglichen Bedeutung aus. Aus diesem Verständnis heraus stellt auch die Mehrheit der hier lebenden Muslime bei Umfragen den Islam und die Scharia über das Grundgesetz. Das hört sich in Zeiten, in denen man dem Islam hierzulande kritisch gegenübersteht, nicht attraktiv an. »Islam bedeutet Frieden« klingt da schon wesentlich freundlicher.

Wer Aktürk zuhört, stellt schnell fest: Der Mann hat sich die letzten Jahre tatsächlich intensiv mit allen Weltreligionen auseinandergesetzt. Er zitiert ganze Passagen aus verschiedenen Glaubensschriften aus dem Effeff. Neben vielen anderen Themen reden wir am ausführlichsten über seinen Weg zu den Bahai und zur Religion allgemein. Was er von seinen Erfahrungen und über sein Aufwachsen erzählt, beweist wieder einmal, warum vor allem reaktionäre und konservative

Muslime Neugier, Logik und kritisches Fragen zu verhindern versuchen. Ihr Wissen um die Gefahr der Abkehr ist ihnen mehr als bewusst, auch die damit einhergehende Bedeutungslosigkeit ihrer selbst. So erklärt mir Aktürk gleich zu Beginn unseres Gesprächs, was es mit dem Fälschungsvorwurf auf sich hat, den Muslime immer wieder dem Juden- und Christentum gegenüber erheben. Dabei gehe es um gewisse Aussagen der Christen, die sie aus der Bibel entnehmen und zitieren: »Jesus hat dies gesagt, Jesus hat jenes gesagt.« So habe also Jesus im Matthäusevangelium gesagt: Himmel und Erde werden vergehen, meine Worte aber werden nicht vergehen. Und im Johannesevangelium heiße es: Niemand kommt zum Vater, denn durch mich – und, und, und. »All diese scheinbar finalen Aussagen von Jesus kann man aus muslimischer Sicht nicht verstehen. Weil man sagt: Jesus muss doch gewusst haben, dass Mohammed kommt. Wie kann er dann sagen: Nicht ein Buchstabe wird verdreht werden, dieses Gesetz, das ich euch bringe, hat ewig Gültigkeit. Wie kann er das sagen, wenn wir doch wissen, dass 600 Jahre später ein Koran kommt, der an gewissen Stellen tatsächlich eine Gesetzesänderung bringt? Wer lügt hier?! Jesus? Dann ist er kein Prophet, Gott behüte! Oder hat etwa Gott seine Meinung geändert? Das geht auch nicht! Also, was bleibt übrig? Die Bibel ist gefälscht! Man sagt also: Nun gut, das hat er alles gar nicht gesagt. Und im Koran gibt's tatsächlich Passagen, in denen steht: Sie haben die Schriften gefälscht. Einem logisch mitdenkenden Menschen eröffnet sich hier aber ein Problem. Denn wenn Jesus tatsächlich von Gott kommt – und das sagt der Koran – und wenn Jesus auch Rechtleitung bringt und seine Worte den Menschen helfen sollen, wenn zudem im Koran steht, dass Gott seine Gesandten immer mit einem Buch schickt, Jesu Worte aber de facto nicht auffindbar sind, dann ist der Christ ohne Rechtleitung. Den Koran kann er ja noch nicht annehmen. Der ist ja keine Autorität für ihn.« Daher sei Islam die Eigenschaft einer Religion, nicht der Name der Religion. »Es kann keine Religion geben und von Gott kommen, die nicht Gottergebenheit empfiehlt.« Festgefahrene Muslime und Christen werden sich hier beim Lesen wohl empört die Haare raufen und Atheisten sich in ihrem Lesesessel kichernd denken: Wir haben es immer gewusst, Religionen sind Quatsch. Wer dieses Buch also noch nicht empört gegen die Wand geworfen hat, kann nun weiter über Aktürks Werdegang lesen.

Kindermund tut Wahrheit kund

Aktürk und ich verabreden uns für unser Gespräch in einer Bibliothek, die zur Bahai-Gemeinde gehört. Das Erste, was mir auffällt, als ich den Ort betrete, ist, dass es hier sauberer und geschmackvoller eingerichtet ist als in vielen Moscheen, allen voran die sanitären Einrichtungen. Dieses mehrstöckige Gebäude ist auch der Ort der Zusammenkunft und Gebete. Wie die Mehrheit der islamischen Vereine sind auch die Bahai nicht als Körperschaft des Öffentlichen Rechts anerkannt. Sie finanzieren sich über Mitgliederspenden. Hier wird wieder einmal deutlich: Wer will, kann sich auch ohne staatliche Hilfe organisieren. Geschmackvoll obendrein. Allah liebt ja bekanntlich das Schöne.

Mit den Bahai habe ich mich zugegebenermaßen nie wirklich beschäftigt. Mein Wissen besteht vor allem darin, dass ihre Anhänger in zahlreichen muslimischen Ländern – allen voran in Iran – verfolgt und unterdrückt werden und ihnen im Gegensatz zu den monotheistischen Zoroastriern und den abrahamitischen Juden und Christen Grundrechte wie Bildung zum Beispiel verwehrt bleiben. Ich werde dieses Gespräch nicht nur mit vielen neuen Eindrücken und Gedanken verlassen, sondern auch vollgepackt mit Broschüren und kleinen Heftchen, die ich dankend annehme, während ich mich innerlich frage, wann ich das alles neben meinem Berg an Romanen und Sachbüchern noch lesen soll. Aktürk hingegen hat viele Jahrzehnte damit zugebracht, sich mit Religion zu befassen. Er selbst stammt, wie er sagt, »aus einem stinknormalen türkisch-anatolischen Haushalt«. Seine Eltern waren durch die Grundschule alphabetisiert und kamen als sogenannte Gastarbeiter in den 1970er-Jahren nach Deutschland. Sie praktizierten stets den Islam. Aktürk ist im Gegensatz zu seinen Geschwistern in Deutschland geboren. Er absolvierte ein BWL-Studium und arbeitete in verschiedenen Branchen. Seine Jugend war von Breakdance geprägt und von Freunden, die teils auch in die Kriminalität abrutschten. Seine Eltern habe er als viel toleranter und reflektierter erlebt als diejenigen seiner türkischen Freunde. Er durfte an Klassenfahrten teilnehmen oder Hobbys nachgehen. Die anderen Kinder sollten doch besser in die Koranschule statt zum Fußball. Er erklärt diese abwehrende Haltung damit, »dass das Kind mit einer sehr weltlichen Sache beschäftigt wird und intensiv Zeit dafür investiert, statt vielleicht in Koranstunden zu gehen«. Trotz ihrer Offenheit seien seine Eltern dennoch aufgrund ihrer soziokulturellen Herkunft in Teilen selbst in alten Denkmustern gefangen gewesen. »Sie haben zum Beispiel auch gedacht, dass es außer unserer Religion keine andere geben kann.« Seine religiöse Unterweisung erfuhr er wie viele andere in der Moschee. Doch seine Eltern betonten stets auch, dass Spiritualität vor allem im Herzen stattfinde. »Wenn die nicht da ist, kann man in der Moschee übernachten, und es bringt nichts«, erklärt er. Fünf Jahre sei Aktürk ein interessierter und fleißiger Schüler gewesen. Wie andere meiner Gesprächspartner erzählt auch er mir, dass das Schlagen im Koranunterricht mit dazu gehörte. Er erntete aber nicht nur Schläge, sondern auch viel Lob vom türkischen Imam. Dabei gehörte Aktürk zu den Auffälligeren. Denn er bohrte immerzu nach. »Auf viele Fragen hatten sie gar keine Antworten, und ihre konservative Haltung hat gewisse Fragen kategorisch abgelehnt, weil sie als Ketzerei gelten. Wie zum Beispiel: Wer hat Gott erschaffen?« Ich ertappe mich selbst dabei, dass mich diese Frage überrascht. Mir kam sie nie wirklich in den Sinn. Wie er damals auf diese Frage kam, möchte ich von ihm wissen. »Das weiß ich noch ganz genau. Das ist eine meiner einschlägigen Erinnerungen. Der Imam wollte uns beweisen, dass alles, was es gibt, einen Macher haben muss. Das war so die kindliche Sprache. Könnt ihr euch vorstellen, dass diese Tasse nicht von jemandem gemacht wurde? Nein! Alles, was es gibt, muss jemand gemacht haben, und das ist die Begründung, warum es Gott geben muss. Daraus entsteht natürlich die Frage: Wenn es Gott gibt, muss es auch jemanden geben, der IHN gemacht hat.« Logisch! Und so herrlich ehrlich und direkt, wie Kinder nun einmal sind, wenn man sie in ihrer neugierigen Natur nicht bremst. Das sei im Alter von zwölf Jahren gewesen. Seine Kumpels haben diese Frage geteilt aufgenommen. »Einige fanden das mutig von mir, andere meinten: ›Ja, stimmt, wer hat denn Gott gemacht?‹ Und wieder andere fanden: ›Hä, warum fragst du das?‹« Aktürk fragte zwar viel, lernte aber auch das, was man ihm vorgab. Er fragte nach, wie welches

Wort und welcher Vers korrekt ausgesprochen wird, wie er das Rezitieren verbessern könne, und er wollte auch verstehen, was er da Jahr für Jahr in arabischer Sprache auswendig lernte. Eines Tages fragte er den Imam: »›Ich würde den Koran gerne auf Deutsch oder Türkisch lesen.‹ Das war aber nicht angemessen. Er sollte auf Arabisch gelesen werden. Und der Imam meinte: ›Ich sage dir, was da steht.‹ Darauf sagte ich zu mir: ›Aber das ist, was er versteht. Ich will das selber verstehen.‹ Doch er meinte: ›Das ist egal. Das ist Arabisch, und das ist heilig und bringt Segen, auch wenn du es nicht verstehst.‹ Darauf ich: ›Ist das Gottes Buch?‹ Er: ›Ja, kein Zweifel!‹ – Gut! Wenn das Gottes Buch ist und nicht irgendeines und wenn ich sogar irgendwelche Bücher in einer Sprache lese, die ich verstehe, wie kann es dann sein, dass ich ausgerechnet ein GÖTTLICHES Buch, das ja über allem steht, nicht verstehen soll? Soll es egal sein, dass ich es verstehe?«, erklärt Aktürk sichtlich ergriffen. Das habe er sich in dem Moment gedacht. Aber: »Das kannst du natürlich nicht äußern. Ich hatte schon genug Schläge bekommen, ich wollte nicht noch mehr, aber ich sagte: ›Ich meine, das ist Gottes Buch, das müssen wir doch verstehen!‹ Da hat er gesagt: ›Ja, deswegen gibt's ja uns. Ihr müsst uns fragen.‹« Plötzlich erscheint vor meinem inneren Auge der junge Aktürk, wie er leicht frustriert neben seinem Imam steht und leise vor sich hin denkt: »Nee, du sagst, was DU verstehst, du kannst mir nicht sagen, was Gott versteht. Das kann nur ich machen.« Seine ganze Fragerei habe dann Folgen gehabt. »Irgendwann rief mich der Imam in sein Zimmer, ganz alleine, und er sprach mit mir. Er meinte: ›Du bist ein guter Schüler, aber du musst aufpassen. Das liegt daran, dass ihr wahrscheinlich in der Familie die Sache nicht ernst nehmt. Wo kommt ihr überhaupt her? Aus welcher Stadt?‹ Als ich es ihm sagte, antwortete er: ›Ah! Das ist typisch, da sind die Türken immer so.‹ Und damit machte er mein Elternhaus indirekt verantwortlich für meinen ungesunden freien Geist, den ich mitbrachte. Ungezügelter Wissensdurst und Respektlosigkeit gegenüber göttlicher Autorität? So war ich ja gar nicht. Aber ich führte mir vor Augen: Dieser Imam ist ein Mensch wie ich.«

Die Beziehung zu seinem Vater ist so innig, dass der Aktürk eine Woche nach diesem Erlebnis in die Moschee begleitet. »Er ist gleich rein zum Imam und sagte: ›Warum machst du das? Was soll das? Hier ist ein junger Mensch, der sich auf den Weg zu Gott macht, und ihr erschreckt ihn. Wegen eurer Engstirnigkeit vergrault ihr die Jugend und wundert euch, dass keiner mehr in die Moschee kommt.‹« Aktürk war sehr froh darüber gewesen, dass sein Vater die Dinge ansprach, die er dem Imam gerne selbst gesagt hätte. »Er war immer für mich da«, sagt Aktürk rückblickend über seinen Vater. Mit vierzehn Jahren suchte er den Koranunterricht nicht mehr auf. Zu vielen seiner alten Kameraden hat er aber noch heute Kontakt. Etliche unter ihnen seien von der Religion enttäuscht und würden aufgrund ähnlicher Erlebnisse nicht mehr glauben. Andere seien heute sehr konservativ bis islamistisch.

Die Suche nach Spiritualität habe letztendlich den Motor in ihm in Gang gesetzt, sich intensiver mit dem Islam zu befassen. »Bedeutet Religiosität das blinde Nachahmen von irgendwelchen Traditionen, die sich in diese göttliche Wahrheit vermengt haben? Ist das Religiosität? Oder bedeutet Religiosität das selbständige Denken, Hinterfragen einer mit Vernunft begabten Seele, die den Auftrag von seinem Schöpfer hat, anders zu sein als der Rest der Schöpfung? Nämlich zu reflektieren. Im Koran gibt's drei oder vier Stellen dazu, die ich paraphrasiere: Es gibt nichts Niedrigeres als Menschen, die nicht nachdenken, schlimmer als Tiere sind sie. Benutzt euren Verstand!«

Suchen und Finden

In der Zeit zwischen seinem 16. und 35. Lebensjahr sei die Religion immer mehr in den Hintergrund gerückt. Von Jahr zu Jahr habe er sie weniger praktiziert, und er habe auch Alkohol getrunken. »Mit 35 war die Spitze der gottlosen Zeit erreicht.« Seine Suche habe auch mit seinem schlechten Gewissen zu tun gehabt. Darüber zum Beispiel, dass er in seinem damaligen Beruf als Gastronom Alkohol ausschenkte und auch über die Wirkungen des Alkohols, die er bei seinen Gästen beobachten konnte. Er wechselte in eine andere Branche, die islamkonform war. Allerdings ging es da nicht weniger sündhaft zu. »Im Gastronomiebereich war es ja offensichtlich. Aber dann habe ich erlebt, dass auch in anderen Geschäftsbereichen, die oberflächlich gesehen ehrenhaft sind, betrogen wird, unter den eigenen Landsleuten, unter religiösen Leuten. Und ich habe mir gesagt: Ey, weißt du was, der Betrug hier findet zwar anders statt, aber es ist trotzdem auch Betrug.« Neben Etikettenschwindel musste er Tricksereien wie Steuerhinterziehung und Schwarzarbeit erleben. Das habe ihn desillusioniert. »Das war die ganz normale Marktpolitik dort: Intrigen und auch üble Nachrede. Alles Dinge, die im Islam nicht erlaubt sind. Und dann sagte ich mir: Der Sache musst du auf den Grund gehen.« Er wechselte in einen anderen Bereich der Branche und widmete sich in der Zeit zwischen seinem 35. und 37. Lebensjahr neben seiner Familie, die er inzwischen gegründet hatte, intensiv den religiösen Quellen. »Mit 37 kam wieder eine Kehrtwende. Ich fragte mich: Inwieweit ist meine religiöse Überzeugung objektiv? Wenn es einen Gott und wenn es eine Wahrheit gibt, dann muss sie objektiv zugänglich sein – für jeden Menschen. Sie kann nicht subjektiv sein.« Dabei spielen seine Lebenserfahrungen eine entscheidende Rolle. Da geht es ihm wie vielen, die in gewissen Phasen ihres Lebens neu über sich nachdenken. Zwei Jahre lang habe er intensiv in drei Sprachen und im Austausch mit anderen Gläubigen seine Koranstudien vertieft. Und einiges habe bei ihm für Überraschungen gesorgt. Manche Dinge hatte er so nicht gewusst. Was er vor allem nicht beschönigen könne, seien die Strafen, die im Koran niedergeschrieben sind, und die nicht gleichberechtigte Rolle der Frau. Benachteiligte Musliminnen stehen bekanntlich seit eh und je im medialen Fokus. Deshalb möchte ich von ihm wissen, wie er unter diesen Umständen die Berichterstattung über Islam und Frauen und deren Benachteiligung empfand. »Ich glaube, in ganz jungen Jahren habe ich das als gerechtfertigt gefunden. Es ist so, wie in der Schwebe.« Man gehe den Traditionen nicht auf den Grund, meint er. Nachdem er alles eigenständig recherchiert habe, habe sich auch seine Haltung gegenüber diesen patriarchalen Positionen verändert. »Gut, selbst wenn das nicht so gemeint ist. Fakt ist: Das ist Realität. Entweder versteht kein Muslim den Koran, was dann auch interessant wäre, oder aber sie verstehen ihn, was ja ihr Anspruch ist, und sie machen das, was der Koran sagt, nämlich die Frau so zu behandeln, wie sie in ALLEN islamischen Ländern vorrangig behandelt wird.« Ich erwähne, dass auch gendergerechte Interpretationen des Korans existieren. Doch die überzeugen ihn nur bedingt. »So begrüßenswert die Reformen auch sind, wenn man etwas kritisch ist. Ich freu mich natürlich, dass die saudischen Frauen jetzt Auto fahren dürfen. Da kamen auch so muslimische Freunde zu mir, die wissen, dass ich Bahai bin, und seitdem pieken die auch ein bisschen und sagen: Ha! Du sagst doch immer, Koran ist sozusagen nicht mehr das gültige Wort Gottes, weil Baha'u'llah[14] gekommen ist.« Es seien nicht die korrigierten Worte Gottes, sondern sie seien angepasst an die heutigen Gläubigen und ihre Lebensumstände. »In den Bahaischriften heiratet man nur noch eine Frau. Die Frau IST gleichberechtigt.« Ich weise ihn darauf hin, dass auch Teile der Islamisten die Polygamie als obsolet betrachten und somit die Ablehnung der Polygamie keine Garantie für Gleichberechtigung darstellt. »Es geht ja nicht anders.« Laut Aktürk merke jeder Muslim beispielsweise irgendwann einmal, dass sein Buch nicht konform mit der Wirklichkeit ist. »Dann hat er vier Möglichkeiten. Er zweifelt an dem Buch und sagt: Das Buch ist nicht von Gott. Oder er sagt: Ich mach's genauso, wie es da steht, und er wird Salafist. Oder er sagt: Da muss danach noch irgendwas anderes gekommen sein, und er fängt an zu suchen. Oder man sagt: Man muss es neu interpretieren«, erklärt er mir. Deswegen schicke Gott auch immer göttliche Reformatoren. Schließlich spreche jede monotheistische Religion davon, abgeschlossen und letztgültig zu sein. Daher sieht er auch die historische Kontextualisierung kritisch. »Wenn das erlaubt wäre, würde sich folgender Rückschluss ergeben: Wenn es das grundsätzliche Wesensmerkmal von Gottes Wort ist, dass es von Zeit zu Zeit immer wieder neu interpretiert werden muss oder darf, dann hätte uns ein Buch gereicht, das die Mensch-

14 Religiöser Ehrentitel von Mirza Husain-'Ali Nuri, dem Religionsstifter des Bahaitums.

heit seit 6000 Jahren immer wieder neu interpretiert.« Dabei gebe es im Koran so viele Hinweise, die nicht von einer Finalität sprächen. »Jede Religion erkennt das göttliche Konzept, das bis zu seinem Offenbarer da ist, und argumentiert auch so.«

Aktürk ist eine hochgradig sympathische Person, und es macht Freude, sich mit ihm zu unterhalten. Wenn ich an Dialogveranstaltungen denke, an denen vermeintliche Islamvertreter mit christlichen oder jüdischen Gemeinden teilnehmen, kommt mir der Gedanke, dass ein Dialog zwischen den Gläubigen einer Religion viel nötiger wäre. Ein Mitdiskutant könnte Aktürk sein, der eloquent und mit Esprit sogar über mehrere Innenansichten verfügt. Diesen Gesprächen möchte ich lauschen. Aktürk, der Vater von zwei Kindern ist und mit seiner Frau zusammenlebt, die nicht Bahai wurde, aber einen jüngeren Bruder hat, der Salafist wurde, konnte Aktürk von seiner weiteren Radikalisierung abhalten. Deradikalisierung im Kleinen sozusagen.

5. Ustad Viagra – Potenz für den Halal-Sex

»Der Dealer, dem die Imame vertrauen« – so könnte eine RTL-Vorabendserie heißen, die im Berliner Moscheemilieu spielt. In der Hauptrolle Uniabsolvent und Potenzfachmann Ustad Viagra, der die Bedürfnisse seiner frommen Glaubensbrüder kennt.

Als ich zum ersten Mal von ihm erfahre, hocke ich im BIKINI-HAUS, einem Einkaufszentrum mit einem hippen Club und diversen Lokalen in Charlottenburg. In einem Veganerlokal, das so bepflanzt ist, dass wir Gäste glauben, im Urwald zu sitzen. Ich nuckle am Strohhalm meines Mango-Ananas-Limetten-Smoothies. Und mein Gegenüber erzählt mir von einem Mann, der neben seinem Job ab und an Potenzmittel dealt. Dass es so etwas gibt, auf die Idee wäre ich niemals gekommen. Die Abnehmer seiner kleinen Wunderpillen sind auch Imame aus einschlägigen Berliner Moscheen. Plötzlich ist mein köstlicher Smoothie zweitrangig, ich löse mich vom Strohhalm und muss laut drauflos kichern. Bigotterie hat schließlich nicht nur ein Teil der katholischen Kirche für sich allein gepachtet. Die schmutzigsten Sex-and-Crime-Storys finden Muslime noch immer in ihren eigenen Moscheegemeinden oder islamistischen Vereinen. Die Opfer werden verhöhnt und im Stich gelassen, die Täter gedeckt und geschützt. Ebenfalls bekannt und ein Klassiker: der Griff in die Spendenkasse. Ich habe aufgehört zu zählen, wie oft mir Betroffene schon auf meinen unzähligen Veranstaltungen und privat davon berichtet haben. Organisierte Religion bleibt auch bei Muslimen nicht frei von Doppelmoral, Gier und Machtstreben. Das Vertuschen dieses Verhaltens stärkt allerdings stets die Strukturen und Täter – und die Hemmschwelle, das kriminelle und ungezügelte Verhalten der Akteure zu korrigieren.

Es sind ein paar Monate vergangen, bis ich Moussa, den studierten BWLer und Pharmazie-Autodidakten schließlich in einem Backshop-Café zum Interview treffe. Er ist um die vierzig und in Berlin geboren und aufgewachsen. Sein Vater kam im Rahmen der Gastarbeiteranwerbung nach Deutschland zum Arbeiten. Dass neben Imamen auch Obdachlose und Arbeitslose für das Schäferstündchen zum Kundenstamm diverser Dealer gehören, verdeutlicht den Querschnitt einer ängstlichen und potenzorientierten männlichen Gesellschaft.

Muslime und Viagra: Am meisten interessierte mich, warum diese Männer nicht einfach in die nächstbeste Apotheke gehen. Von den Nebenwirkungen mal abgesehen, die ohne ärztliche Beobachtung auftreten können. Wer weiß unter solchen Umständen schon, was einem da alles verkauft wird? Im harmlosesten Fall Placebopillen, im schlimmsten landet der Konsument in der Notaufnahme und darf seiner Ehefrau später umständlich erklären, warum er da jetzt mit erigiertem Penis, angeblichem Zuckerschock, Bluthochdruck oder Herzkasper eingeliefert wurde. »Männer haben's schwer, nehmen's leicht!«, würde vielleicht auch Dr. Grönemeyer diagnostizieren. Aber von Anfang an.

Ein Imam kommt selten allein

Wir setzen uns in eine etwas ruhigere Ecke des Cafés. Um uns herum befinden sich nur wenige Gäste. Bevor er zu erzählen beginnt, nimmt Moussa einen großen Schluck seines Cappuccinos. Er fragt, ob es mich stören würde, wenn er raucht. Ich schüttle den Kopf und bereite die Aufnahme vor. Er ist ein

Berliner Gewächs und gibt seine Geschichte im feinsten Berlinerisch zum Besten.

Er erzählt, wie er eines Tages von einem Kumpel gefragt worden ist, ob er diese Pillen bei ihm erwerben möchte. Persönlich hatte er kein Interesse daran, auch weil er Drogen grundsätzlich ablehne und sie nicht konsumiere. Seine Schwäche seien die Zigaretten und guter Whisky. Doch seine Neugier war geweckt, was es mit diesem Geschäft auf sich hatte. Kurzerhand kaufte er ihm also einige der Pillen ab und brachte sie selbst in Umlauf. Es begann damit, dass er erst einmal darüber nachdachte, wo er sie verkaufen könne. Er musste dorthin, wo niemand sonst das Feld beackerte. »Ich wusste, dass in Kneipen oder in Shisha-Bars auch andere rumfragen.« So landete er ziemlich schnell bei den Moscheen. Wer dort alles ein- und ausgeht, weiß er selbst nur zu gut. Als Freitagsgebetsverrichter kannte er sowohl die frommen Besucher als auch so manchen Prediger und Imam. Beim Gedanken daran kriecht die Enttäuschung in ihm hoch. »Was ich alles hinter den Fassaden kennengelernt habe – da wurde mir kotzübel. Ich bin selber auch Muslim, alhamdulillah. Aber so habe ich meine Religion nicht kennengelernt. Ich habe gemerkt, dass viele ihre Position und die Schwäche der anderen ausnutzen.« Seine jahrelangen Erfahrungen mit den Gemeinden haben ihm stark zu denken gegeben und auch über andere Aspekte des Lebens neu reflektieren lassen. Sein Veränderungsprozess habe vor rund fünf Jahren begonnen. Darüber ist er froh. Die »Gehirnwäsche«, wie er das bei den jungen Menschen nennt, sieht er mit zunehmender Sorge. Wie auch allgemein den Zustand vieler Kinder und Jugendlicher arabischstämmiger Familien.

Mit ironischem Unterton führt er weiter aus: »Wir sind ja nicht wissend, sie sind wissend. Da ist einer gerade mal zwanzig, und dann hat er da so einen Bart. Er denkt, er kennt den Koran auswendig, hat zwei Suren gelernt und ist jetzt der Imam von Mekka! Er kann einfach alles. Und ich? Ich bin vielleicht liberal, oder ich bin auf jeden Fall nicht so und so, und deswegen bin ich schlecht. Und er will mir was vom Leben erzählen. Aber er ist gerade mal zwanzig. Denen wurde das Gehirn gewaschen. Die gehen in diesen Koranunterricht rein, und dann werden sie auf eine bestimmte Linie gebracht. Und so kommt es dann.« Er erklärt weiter, dass die Kinder und Jugendlichen, die in diese Moscheen und Islamkurse gehen, teilweise kaum oder gar kein Arabisch lesen und schreiben können und sich damit schlicht auf das verlassen und glauben, was ihnen diese Prediger erzählen.

Sein Weg in die Moschee war daher nur der logische nächste Schritt. »Ich wusste, dass ich da ein noch größeres Geschäft machen kann.« Nachdem er in der Runde bei Gesprächen nach dem Freitagsgebet etwas insistierte, reagierten die Männer entweder amüsiert locker oder dezent vorsichtig auf sein Angebot. »Dann hieß es: Komm mal kurz mit, nachher, in mein Büro. Irgendwann stand ich vor so einem Imam. Und dann kam der andere, und dann der andere, und dann der andere.« Und da stand er nun also. Umringt von mehreren Imamen, war Ustad Viagra, der Retter ihrer Potenz.

Imam bedeutet unter anderem Vorbild und Vorsteher. Warum diese Vorbilder nun bei ihm und nicht in der Apotheke anstanden, erklärt Ustad Viagra kurz und knapp: »Das Problem bei denen: Die haben dann plötzlich Scham und wollen nicht zum Arzt.«

Keine Scham haben sie allerdings jenen Frauen gegenüber, die sie nach Moscheeritus ehelichen. Diese sogenannten islamischen Ehen, die durch einen Imam geschlossen werden, sind in keinem muslimischen Land staatlich anerkannt. Und von einem deutschen Standesamt schon gar nicht. Allein die standesamtlich geehelichten oder im Ausland offiziell geschlossenen Ehen sind rechtlich anerkannt. »Frauen sind das schwache Glied in dieser Gesellschaft, und sie suchen Schutz. Den Schutz suchen sie zuerst in der Moschee.« Auf der Suche nach einem Ehepartner, als Geschiedene, Witwe oder Unverheiratete, wenden sich diese Frauen an andere Frauen in der Gemeinde oder an den Imam. Der Druck, diesen Schritt zu gehen, wird auch aus der Gemeinde selbst erzeugt. Die soziale Kontrolle und das Gerede über ledige Frauen sind enorm. Die unmöglichsten Dinge werden diesen Frauen nachgesagt. Nicht wenige wünschen sich auch schlichtweg einen freundlichen und wenn möglich zärtlichen Partner an ihrer Seite.

Unter den Kandidaten, auf die sie hier treffen, wurden und werden sie allerdings nicht fündig. Denn die Kunden von Ustad Viagra zeigten ein ganz besonderes Engagement. »Es gibt Bewerbungen für Frauen, die geschieden sind und muslimische Männer zum Heiraten suchen, Frauen, die zu alt sind und so weiter. Angeblich will er sie für andere vermitteln. Aber dann sagt er: Ach Mensch, hier und da, und es wirkt wie eine Gehirnwäsche, und dann heiratet er diese Frauen selbst. Aber das ist eigentlich nur auf das Sexuelle bezogen. Gar nicht auf etwas anderes. Diese Frauen sind alleine und werden ausgenutzt.« Gerechtfertigt wurden diese Ehen oft damit, dass der jeweilige Imam, auch wenn er offiziell keine Ehefrau hatte oder bereits verheiratet war, diese Frauen ja unterstütze.

Zu den Imamen gesellten sich noch jene Männer, die sogenannte Zeitehen eingingen. Das seien viele libanesisch-schiitische Männer gewesen. Für ihn sei das nichts anderes als eine andere Form von Zuhälterei. Wieder sind es die Imame, die diese Ehen schließen. Und für jeden springt am Ende des Kreislaufs etwas Geld heraus. Und die patriarchale Auslegung, gepaart mit skrupelloser Verantwortungslosigkeit, bietet für diese Machenschaften den perfekten Nährboden. Wer sich als Muslim oder Muslimin allerdings lautstark dagegen wehrt und das öffentlich kritisiert, dem wird, je nach Dreistigkeit, die Religionszugehörigkeit abgesprochen, und man wird als Verräter oder Opportunist beschimpft.

»Das hat nix mit Liebe zu tun. Oder mit irgendwelchen Gefühlen. Das kennen die ja sowieso nicht. Es geht nur um das eine. Hauptsache Spaß, und dann ist gut. Alles andere kennen die nicht.«

Was mich im Laufe des Gesprächs allerdings wirklich schockiert, ist, dass bereits Minderjährige Potenzmittel kaufen. Er würde ihnen keine verkaufen, andere hätten da hingegen weniger Skrupel. Warum überhaupt Jugendliche auf die Idee kommen, sich so etwas einzuwerfen, kann er sich nur mit der Neugier der Jungs erklären. Für sie sei Alkohol nichts Ungewöhnliches. Das Kiffen habe das Zigarettenrauchen ersetzt. Sie testeten ihre Grenzen aus, das sei ein Problem bei allen Jugendlichen, egal ob sie Migranten, Deutsche oder Muslime seien, meint Moussa. »Die Eltern sind ja teilweise hoffnungslos überlastet. Oder verloren, oder alleinerziehend. Oder die Mutter ist überfordert, was der Klassiker ist.« Da heiße es daheim oft: »›Geh raus. Ich will meine Ruhe haben. Ich kann nicht mehr.‹ Die haben ihre eigenen Probleme. Die einfachste Methode ist doch: Kind quengelt, Fernseher an, setz dich da hin, komm, sei ruhig. Telefon wird eingeklemmt. Am besten unterm BH. Dann blablabla, und dann wird abgewaschen und nebenbei gekocht. Was das Kind macht, ist völlig egal. Es hat Langeweile, aber das kriegt keiner mit. Weil sie es gar nicht anders kennengelernt haben. Sie sind den ganzen Tag nur zu Haus, und die Kerle arbeiten irgendwo schwarz in irgendwelchen Restaurants.« Wenn diese Männer dann nach Hause kämen, ginge es oft heftig zu, er habe das selbst bei seinen Nachbarn erlebt. Da wird dann gebrüllt, und Gegenstände fliegen durch die Wohnung. »Er denkt, wir sind eben Kerle, und die sind halt so, wie sie sind. Ist natürlich schade. Mangelnde Bildung, mangelnde Zuwendung. Aber sie sind selber so erzogen worden: Großfamilie, Kinder sind unwichtig, Hauptsache, sie machen irgendwas, der wird schon irgendwas arbeiten.«

Daher könne er auch nicht mehr tun, als auf die Jugendlichen einreden. Er weist sie darauf hin, dass solche Mittel Herzrasen erzeugen.

Moussa ist eine ambivalente Person, was auch mit seiner eigenen Sozialisation zu tun hat. Sein Weg war nicht linear. Da geht es ihm wie jenen Muslim Girls der ersten und zweiten Stunde, die ihr Leben selbst in die Hand nehmen und versuchen, das Beste aus ihrer Ausgangslage zu machen. Er sieht viele Fehler aufseiten der Familien heutiger Erwachsener und Jugendlicher. Doch auch der deutschen Politik attestiert er in der Vergangenheit Fehler. Er verdeutlicht es am Beispiel seiner Stadt Berlin. »Als die Leute nach Berlin kamen, hieß es immer, ihr dürft nur im Wedding wohnen oder nur in Kreuzberg. So fing das an. Daraus wurde dann Kleinistanbul. Warum sollten die Leute sich dann integrieren? Der Gemüsehändler hat plötzlich Türkisch gesprochen, mein Arzt, mein Anwalt, jeder spricht meine Sprache. Jetzt kann die zweite Generation auch kein Deutsch. Und da wundert ihr euch! Ihr habt die doch alle da eingepfercht. Die durften ja nicht nach Steglitz.« In der Tat wurde dies aufgrund der Arbeitsstellen so gehandhabt. In vielen Städten Deutschlands lebten sowohl die heimischen als auch zugewanderten Arbeiter in unmittelbarer Nähe ihrer Arbeitsplätze. Im Ruhrgebiet stellten die Zechen sogar die Wohnungen. Dass aus einem Provisorium schnell eine Gewohnheit wird, kennen wir alle. Mit der unangenehmen Begleiterscheinung, dass diese zur Gewohnheit erwachsene Situation gewissen Folgen hat, die vor allem die jüngere Generation ausbaden muss. Meines Erachtens ist es nicht relevant, in welchem Viertel Menschen leben, entscheidend ist, was sie aus dem Viertel machen, wie die Nachbarn miteinander umgehen, wie sie das Eigentum anderer behandeln und welche vernünftigen Werte Eltern ihren Kindern mitgeben. Das ist eine Frage der Haltung statt des Geldes.

Viele Fehler der Vergangenheit würde man heute wiederholen. Und Moussa macht deutlich, dass ohne die zahlreichen freiwilligen Helfer, die all den Geflüchteten geholfen haben, das Chaos ausgebrochen wäre. Auch wenn einige Personen, darunter Mitglieder krimineller arabischer Großfamilien, die Geflüchteten für ihre Zwecke ausgenutzt hätten. Ihnen wurden überteuerte Unterkünfte angedreht, sie wurden erpresst, oder die Frauen wurden in die Prostitution gedrängt – durchaus angeworben von anderen arabischen und muslimischen Frauen.

Moussa gibt aber auch zu bedenken, dass er lange viele Missstände in der eigenen Community und im eigenen Leben anders gesehen habe. Irgendwann sei er jedoch zu dem Schluss gekommen, dass das Leugnen zu nichts führe. Früher oder später hole einen alles ein. Vieles beruhe mehr auf der Mentalität als auf der Religion. Zum Thema Jungfräulichkeit sagt er: »Beim Mann wird's eher verziehen, bei der Frau ist das alles scheiße!« Das sei ein armseliges Menschenbild. Er gibt

Beispiele. »Die Frau ist nur ein Stück Fleisch.« Oder: »Jeder darf gucken, aber die Frau darf nicht gucken. Aber warum darfst du denn gucken? Die fremde Frau ist nackig, und alle gucken. Boah! Aber die eigene Frau? Hast du dir was Vernünftiges angezogen? Nee! So läufst du mir aber nicht rum!« Ich will wissen, woher dieses Verhalten und Denken kommen. »Eifersucht! Das entwickelt sich ganz früh. Wenn die Leute in der Pubertät nicht gegenhalten und die Erziehung im Elternhaus nicht dagegenhält, dann läuft das aus dem Ruder. Das muss man lernen!« Sein Rat an die jungen Männer: »Gucken, inwieweit man vertrauen kann. Wenn du Vertrauen aufbauen kannst, dann lass los. Die Dinge entwickeln sich. Und alles andere zeigt sich. Und das sollte gegenseitig sein!« Dem ist nichts hinzuzufügen.

6. Vom Geflüchteten zum Gesetzeshüter

Spätestens seit 2015 dominieren Menschen mit Fluchtgeschichte unser Bild von muslimischen Männern in Deutschland. Seit der Gründung der Bundesrepublik gab es immer wieder Menschen, die aufgrund von Krieg und Vertreibung ihre Wohnorte oder Heimatorte verlassen mussten und in der Bundesrepublik eine neue Heimat fanden. Die Geflüchteten heute fügen sich ein in die lange Reihe von Menschen mit böhmischen, kurdischen oder iranischen Wurzeln. Sehr viele von ihnen sind mittlerweile ein selbstverständlicher Teil unserer deutschen Gesellschaft geworden. Und sie sind der Demokratie und dem Rechtsstaat loyal zugewandt. Auch anderen Geflüchteten gewährte Deutschland eine sichere Zuflucht, etwa politisch verfolgten Muslimbrüdern aus Tunesien, Ägypten oder Syrien. Anstatt aber die Werte von Freiheit, Emanzipation und Demokratie anzunehmen und zu verinnerlichen und sich dadurch in diesem Land emanzipatorisch weiterzuentwickeln, investierten sie wie ihre Brüder im Geiste in Ländern wie Marokko, Algerien oder Saudi-Arabien, die ihnen ebenfalls einen sicheren Zufluchtsort boten, ihre Energien in die islamistische Missionierungsarbeit – aufgrund von aktuellen politischen Interessen mitunter auch mit staatlicher Unterstützung. Andere arabische Geflüchtete fallen der freiheitlich-demokratischen Grundordnung hingegen nicht in den Rücken. Ganz im Gegenteil. Sie stärken den Rechtsstaat und sorgen für Recht und Ordnung im deutschen Alltag. Wie auch der 32-jährige Hamza. Er flüchtete im Jahr 2000 mit seinen Geschwistern und Eltern aus dem Irak nach Deutschland. Doch bevor er unser »Freund und Helfer« im Polizeidienst wurde, schloss er erst einmal ein Wirtschaftsinformatikstudium ab und ließ sich für einen Bundeswehreinsatz sogar in einem Krisengebiet einsetzen. Es ist sein Abenteuerdrang, der ihn zuerst zur Bundeswehr und dann zur Polizei lockte!

»Mir hat das Spaß gemacht!«

Hamza beschreibt sein Herkunftsland Irak als ein Land, das mehr oder weniger im Dauerkriegszustand war. Der Iran-Irak-Krieg in den 1980ern, der Irak-Kuwait-Krieg in den 1990ern, und nach dem Sturz Saddam Husseins im Jahr 2003 fiel das Land endgültig in den Zustand der Destabilisierung. Da waren Hamza, seine Geschwister und seine Eltern allerdings schon längst in Sicherheit. Seine Eltern hatten im Jahr 2000 beschlossen, gemeinsam den Irak für ein besseres Leben zu verlassen und nach Deutschland zu gehen. »Weil das Leben in Deutschland einfach besser ist und die Arbeitssituation im Irak nicht so gut aussah«, sagt er ohne Umschweife. Damit trifft er mit großer Wahrscheinlichkeit den Hauptantriebsgrund der meisten Ausreisewilligen heute wie damals. Hamza war zwölf Jahre alt, als sie alle den Weg in Richtung Deutschland betraten, zuweilen ganz wortwörtlich zu Fuß. Seine jüngste Schwester war damals gerade einmal sechs. Als er davon erzählt, wie er sie teilweise getragen hat, bin ich ganz gerührt. Ich bin schon einigen geflüchteten Kindern begegnet, die mir ihre tragischen Erlebnisse geschildert haben. Und ich war immer wieder tief getroffen von dem, was sie als so junge Menschen bei Wind und Wetter und der unsicheren Lage auf all ihren Stationen erleben mussten. Als Arbeiter- oder Gastarbeiterkinder führten uns unsere Wege entweder direkt durch den Geburtskanal in die deutschen Krankenhäuser samt einem gesicherten Aufenthaltsstatus, oder wir kamen auf legalem Weg per Zug, Auto, Bus oder Flugzeug ins gelobte deutsche Land. Hamzas Augen glänzen. Ein breites Grinsen zeichnet sich in seinem Gesicht ab. »Für mich war der ganze Fluchtweg spannend, schon damals. Ich hatte keine Angst.« Da hatte offenbar jemand von Haus aus schon eine gesunde Portion Selbstvertrauen im Persönlichkeitsgepäck dabei. »Ich kann mich noch an eine Situation erinnern, als wir über eine Grenze gelaufen sind. Nach so einem Fünf-Stunden-Marschweg. Ich war immer ganz vorne mit dabei, bei dem Schleuser. Mir hat das Spaß gemacht, abwechselnd meine Schwester und meinen Bruder tragend«, sagt er sichtlich gut gelaunt. »Und dann gab es irgendwann eine Stelle, wo die Schleuser gesagt haben: ›Jetzt muss ich kurz gucken, ob die Polizei da ist. Alle ruhig, geht mal nach unten.‹ Und ich kann mich noch erinnern: Er hatte ein Nachtsichtgerät dabei und er wollte es irgendjemandem geben. Man hat sich nur mit Körpersprache verständigt.« Doch die anderen wollten offenbar das Gerät nicht in die Hand nehmen. Das war die Chance für den jungen Hamza! »Ich: Ja! Gib her, gib her! Dann nehme ich das, ich gucke, und auf einmal sehe ich, dass alles grün ist.« Er erzählt es mit einer solchen Begeisterung, dass ich den kleinen Jungen von damals regelrecht vor meinem inneren Auge sitzen sehe. »Ja, das war so interessant für mich als Kind. Du wusstest nicht, dass so was existiert.« Daraufhin ging es wohl ziemlich schnell. Der Schleuser habe kurz telefoniert, und ein Auto holte die Truppe ab, um sie über die Grenze zu schaffen. »Für mich war der ganze Weg spannend. Ich hatte immer Spaß.« Das Abenteuer war allerdings nur von kurzer Dauer. Nach fünf Tagen waren sie in der bayerischen Provinz eingetroffen. Ich staune nicht schlecht, dass eine fünfköpfige

Familie mit Kleinkindern von Bagdad nach Bayern nicht einmal eine Woche benötigte. Andere schaffen in der Zeit oft nichts anderes, als ergebnislos vor sich hin zu prokrastinieren, doch Hamza und seine Familie bewegten sich innerhalb von fünf Tagen auf zwei Kontinenten und legten den Grundstein für ein neues Leben!

Willkommensklasse Fehlanzeige

Die Prozedur des Asylantrags und die Wohnsituation sollten so sein wie die vieler. Auch Hamza und seine Familie lebten zunächst auf engsten Raum und mussten auf die Bewilligung ihres Antrags warten. Und dabei mussten sie in der Anfangszeit auch die Unterkünfte wechseln. Von einer Wohnortbeständigkeit für die Kinder konnte nicht die Rede sein. In der ersten Unterkunft – einem Gefängnis, das zu einer Flüchtlingsunterkunft umfunktioniert worden war – wohnten sie einen Monat. »Da hatten wir eine Zelle. Aber natürlich offen!« In der nächsten Unterkunft waren sie rund ein Jahr. Nach einer gerichtlichen Nachverhandlung erhielten sie schließlich eine Aufenthaltserlaubnis für drei Jahre.

Hamza gehört im Irak zur sunnitischen Bevölkerungsgruppe. Wie so oft bei der Immigration verändert sich mit der Flucht auch die soziale Stellung in der Gesellschaft. Im Irak gehört seine Familie zur gehobenen Mittelschicht. Seine Eltern sind beide Akademiker und waren berufstätig gewesen. Das änderte sich in Deutschland schlagartig. Die Sprachkenntnisse mussten erst erworben werden, und die alten Privilegien waren futsch. Sein Vater und seine Geschwister sind nicht religiös. Im Gegenteil: Seine Geschwister und auch einige Cousins sind eher überzeugte Atheisten. Oft ist hierzulande die Rede davon, dass sich Familien und Kinder in der Diaspora der Religion zuwenden, dass Mütter plötzlich beginnen, Kopftuch zu tragen, dass Väter öfter die Moschee aufsuchen und auch mit ihren Kindern strenger umgehen, besonders mit den Töchtern. Dies ist bei Hamzas Familie und auch den weiteren Angehörigen, die in Deutschland leben, nicht der Fall. Wohl auch deshalb, weil sie aus eigenem Antrieb ihren Platz in der Gesellschaft gefunden haben. Nur war das bei Hamza nicht immer so einfach.

Es ist vor allem seiner Mutter zu verdanken, dass er sich in der Schule nicht gehen ließ, und sie war es auch, die seine Antriebslosigkeit nicht tolerierte. Sie setzte sich immer wieder mit ihm hin und sorgte dafür, dass er nicht vom Ausbildungsweg abkam. »Die Schule war für mich sehr anstrengend. Mit dreizehn hatte ich gar keine Lust, die deutsche Sprache zu lernen. Auch erst in eine Hauptschule gesteckt zu werden, wo nur Deutsche sind … In dem Dorf waren nur Deutsche. Diese Flüchtlingswelle gab's ja noch nicht. Und so existierten auch keine extra Schulklassen für die Flüchtlinge, wo man erstmal die Grundlagen der deutschen Sprache lernt. Ich wurde einfach in eine ganz normale Schule gesteckt. In dieser Schule war ich der einzige Iraker, und sie haben mir keine Grundlagen beigebracht. Das war sehr, sehr schwierig.« Dabei war er sehr gewillt, irgendwie den Zugang zu finden. »Das war eine Hauptschule, und die deutschen Kinder konnten nicht so wirklich gut Englisch.« Das sollte nach der Abenteuerzeit erst einmal für Frust sorgen. »Dann bist du da. Und du verstehst nichts, keiner versteht dich, du hast keine Freunde. Die ersten zwei Jahre war es für mich echt schwierig.« Seinen jüngeren Geschwistern, die in der Grundschule ihren Start im deutschen Bildungssystem hinlegten, fiel es leichter. Bei Hamza sollte sich das Erlernen der deutschen Sprache sogar noch einmal verschieben, ein Schulwechsel war der Grund. Dafür lernte er erst einmal eine andere Sprache. »Irgendwann bin ich in eine Übergangsklasse gekommen, in der nur Russen waren, und ich war der einzige Iraker. Und da habe ich erst mal Russisch gelernt.« Heute ist von den russischen Sprachkenntnissen nicht mehr viel übrig geblieben. Grundsätzlich hatte er sich sehr gerne eine Übergangsklasse gewünscht. Allerdings eine ethnisch durchmischte. »Wenn da nur Araber gewesen wären, weiß ich nicht, ob ich mich so entwickelt hätte. Für den Anfang war es für mich sehr, sehr schwierig, weil ich niemanden hatte. Aber das war auch der Grund, weswegen ich mich so entwickelt habe, ich war nur mit Deutschen unterwegs. Mittlerweile merke ich, dass das eigentlich auch schade ist, denn ich habe das Gefühl, dass ich mich von der arabischen Kultur immer weiter distanziere. Weil ich keine arabischen Freunde habe, weil ich mit dieser Kultur immer weniger zu tun habe«, erklärt er nachdenklich. Zu Hause stießen seine Beschwerden über die Schule auf kein Verständnis. »Meine Mutter hat mich angeschrien, zur Schule zu gehen. Ich hatte keine Chance«, sagt er lachend. »Und ich muss zugeben, dass etwas aus mir geworden ist, der Dank geht da echt an meine Mutter. Denn ich wollte nach der Hauptschule nur irgendeine Ausbildung machen. Mir war es scheißegal, ich hatte keinen Bock. Aber sie war immer hinterher. Sie ist oft zur Schule gekommen.« Dabei war sie selbst der deutschen Sprache noch nicht allzu mächtig. Aber für die Elternsprechtage sah sie sich verantwortlich. »Kurz vor dem Ende der 9. Klasse ist sie nochmal zu meiner Lehrerin gegangen und hat mit ihr besprochen, dass ich weitermachen soll. Die Lehrerin meinte zwar: ›Nee, seine

Noten reichen nicht aus. Es geht nicht, er kann nicht die Mittlere Reife machen.‹« Aber seine Lehrerin erkannte auch das Potenzial in ihm. »Sie kannte einen Direktor einer anderen Schule.« Der habe ihr wohl noch einen Gefallen geschuldet, und so durfte er an der anderen Schule die 9. Klasse wiederholen und erreichte die Mittlere Reife. »Danach hatte ich wieder keinen Bock auf die Schule. Ich wollte wieder eine Ausbildung machen. Und dann hat meine Mutter noch einmal richtig Druck gemacht, sodass ich die Fachoberschule absolvierte. Da waren meine Deutschkenntnisse immer noch nicht so gut. Wir waren erst fünf Jahre in Deutschland.« Während er von dieser Odyssee erzählt, mag Mensch das kaum glauben. Der einzige Akzent, den er hat, ist der eines fränkischen jungen Mannes. Der Druck, den seine Mutter auf ihn ausübte, habe ihn stets genervt. »Aber irgendwie habe ich immer auf sie gehört.« Sein Vater hatte in dieser Konstellation eher eine passive Rolle eingenommen. »Der wusste, meine Mutter macht das.« Die Fachoberschulzeit war die nächste frustrierende Etappe, seine Deutschkenntnisse reichten noch immer nicht dazu aus, dass er dem Unterrichtsstoff gut folgen konnte. »Und weil es für mich schwer war – ich kam ja aus der Hauptschule, und in Bayern ist es tausendmal schwerer –, wurde ich wieder gezwungen, und ich habe die 11. Klasse wiederholt.« An dieser Schule lernte er auch seinen ersten arabischen und irakischen Mitschüler kennen. »Ich hatte mit ihm nicht groß Kontakt.« Das Bedürfnis nach arabischen Freunden war nicht mehr vorhanden. Sein Freundeskreis war ein bunter Haufen mit polnischem, russischem und türkischem Migrationshintergrund. Und beim Thema Freundeskreis blieben die Adleraugen seiner Mutter auch weiter ziemlich wach. Auch weil beide einen offenen Umgang miteinander pflegten. Er ließ sie eines Tages wissen, dass einer seiner Freunde Drogen nahm. Bei Hamzas Mutter schrillten sämtliche Alarmsignale. »Ich hab ihr eigentlich fast immer alles erzählt.« Seine jüngeren Geschwister profitierten indes nicht nur von ihren besseren Startbedingungen, sondern auch von Hamza selbst. Denn er lernte mit ihnen und betreute sie bei ihren Hausaufgaben. Der große Wandel kam, als sich auch seine Deutschkenntnisse verbesserten. Endlich kam Freude am Lernen auf.

»Im Nachhinein wünsche ich mir, wir hätten weiter im Irak gelebt. Eine Schule mit all meinen Kumpels, mit all meinen Verwandten. Weißt du, ich habe keine Freunde fürs Leben. Ich habe gelernt, damit umzugehen, ich habe gelernt, dass Kumpels immer kommen und gehen. Richtige Freunde habe ich nicht. Weil wir so oft umgezogen sind, warst du immer gezwungen, dir neue Freundschaften aufzubauen.« So traurig das klingt, er erkennt auch Positives daran. »Ich bin sowieso ein optimistischer Mensch, ich sehe immer das Positive in allem. Das Gute ist, dass du überall Freunde hast, wenn du irgendwohin verreist. Ich habe kein Problem damit, in neue Kreise zu kommen. Ich habe meinen Beruf immer wieder gewechselt. Und es war für mich kein Problem, irgendwo neu anzukommen, neue Leute kennenzulernen und neu anzufangen. Ich kann schnell mit Leuten in Kontakt kommen, ich kann mich schnell integrieren.« Oft kommt ihm der Gedanke, in einem wärmeren Land zu leben, wo die Kultur zwar der arabischen ähnelt, aber auf jeden Fall europäisch ist. Diese Melange wünschen sich einige Eingewanderte und so mancher Nachkomme. Da geht es ihnen wie jenen Deutschen, die sich mit dem Savoir vivre Frankreichs oder dem Dolce Vita Italiens verbundener fühlen, als mit der durchaus vielschichtigen deutschen Kultur. Wie so oft im Leben können wir alle nicht alles haben. Sonst wäre wohl Deutschland zu gut und zu paradiesisch, um wahr zu sein.

Islam – Suche nach Wurzeln

Hamza fehlt einfach das Gefühl des Verwurzeltseins. Da geht es ihm wie vielen Migrantenkindern. Selbst jene, die hier in Deutschland geboren wurden, plagt dieses Gefühl. »Ich spreche mit einigen Leuten, die hier in Deutschland geboren sind, und denke: Alter, hör mir auf! Du bist mehr deutsch als jeder Deutscher, was laberst du?! Aber ich glaube, die haben einfach einen Konflikt damit, vielleicht, weil das von den Eltern geprägt ist.« Da heiße es zu Hause oft, man sei Bosnier, Türke oder Algerier. »Und dann sind sie einmal im Jahr in der Türkei, und sie fühlen sich dort als Türke, aber eigentlich sind sie richtig deutsch. Und sie haben trotzdem Probleme mit der Identität. Wo gehöre ich hin, wer bin ich usw. Und das verstehe ich nicht.« Seine Suche nach Gruppenzugehörigkeit führte auch dazu, dass Hamza im Gegensatz zu seinen Eltern eine sehr religiöse Phase durchlebte. Trotz seines deutschen und nichtmuslimischen Freundeskreises. Wenn im Fernsehen eine Liebesszene lief, blickte er bewusst weg. Er betete täglich, er fastete, trank keinen Alkohol. Selbst wenn ihn einer seiner Freunde darum bat, einmal kurz fürs Schuhe-Zubinden das Bier zu halten, weigerte er sich, es zu tun. Dabei hatte er auch schon einmal Alkohol probiert. Als kleiner Junge, noch im Irak, bot ihm sein Vater Whisky an. Gut, dass seine Mutter die Erziehungszügel in der Hand hielt. Wer weiß, auf welchen Saufgelagen ich ihn für dieses Gespräch angetroffen hätte. Aber diese Whisky-Erfahrung, wie ich feststellen sollte, hatten einige Jungen mit ihren Vätern erlebt. Nicht nur atheistische Väter, sondern auch manche religiösen Väter glaubten, dass diese Erfahrung beitrage zur Echter-Mann-Werdung. Mit 21 war die religiöse Phase vorerst beendet. Da feierte nämlich einer seiner Freunde Geburtstag, und Hamza beschloss, das erste Mal bewusst Alkohol zu trinken. Reaktionäre Muslime werden sich an dieser Stelle bestätigt fühlen, was die Frage eines durchmischten Freundeskreises anbelangt. Der führe die Muslime nur weg vom Islam – der ignoranten Version wohlgemerkt. Auch erklärt er, wie er das seither mit dem Islam und den Propheten so sieht. Er bringt es lachend mit einem Beispiel zum Ausdruck. »Klingt jetzt lächerlich und komisch, aber der Islam sagt ja, Adam und Eva sind die ersten Menschen.« Die Wissenschaft sieht das etwas anders. Da spielen Affen eine größere Rolle, was Hamza zu folgender Schlussfolgerung führt. »Ich glaube einfach, dass Adam und Eva Affen waren«, sagt er lachend. Doch vor einem Jahr kehrte das Gefühl des Verlorenseins zurück. Es fiel in eine Zeit, als er wieder einmal einen Neuanfang in einer anderen Stadt bewerkstelligen und die Trennung von seiner damaligen Freundin bewältigen musste. »Dann habe ich wieder angefangen zu beten.« In der Zeit habe er auch den Kontakt zu Muslimen aufgebaut und sei mit ihnen regelmäßig in die Moschee gegangen. »Ich hab gespürt, das ist eine Sache, die mir fehlt.« Nach ungefähr vier Monaten war damit aber Schluss. »Ich mach immer wieder die gleiche Bewegung, ich sage immer wieder das Gleiche, irgendwie ergibt das keinen Sinn. Und dann hab ich aufgehört.« Einschlägige Fatwa-Webseiten, wo orientierungslose Gläubige für Außenstehende die absurdesten Fragen stellen, oder andere Gläubige würden ihm jetzt vorwerfen, der Teufel rede ihm das alles ein und er nehme den Islam nicht ernst. Doch er habe sich vermehrt Fragen gestellt. Und das ist besonders für Islamisten die reinste Existenzbedrohung. »Du darfst im Islam vieles nicht hinterfragen. Es waren so komische Fragen. Wieso muss ich diese Bewegung machen, wenn ich das sage. Wo steht das? Was ergibt es für einen Sinn? So grundlegende Sachen.« Trotzdem findet er es schade, dass viele Menschen in Deutschland nicht an Gott glauben. »Ich habe, ehrlich gesagt, das Gefühl, dass selbst die Religionslehrer nicht an Gott beziehungsweise an die Religion glauben.« Wir müssen lachen. Offenbar hat das Bedürfnis nach Religion und Glaube und vor allem nach eindeutigen Regeln auch immer etwas damit zu tun, wie sehr ein Mensch in seiner eigenen Mitte ruht.

7. Ein Qualitätsbeauftragter mit Durchblick

Dass einem Muslim Man mit dem Namen Oussama nicht nur eine Karriere im florierenden Terrorbusiness vorbehalten sein muss, zeigt die Geschichte dieses 34-Jährigen mit marokkanischen Wurzeln. Er hat sich für den Wachstumsmarkt der alten Menschen entschieden. Wer die deutsche Alterspyramide kennt, der weiß: Jackpot! Neben Terror, Hasch und Taschenraub können Marokkostämmige nämlich auch vernünftige Berufsfelder beackern.

Nach einer Ausbildung zum Krankenpfleger und einigen Weiterbildungen arbeitet er heute als Qualitätsbeauftragter für unterschiedliche Pflegeeinrichtungen und führt mit seiner griechischstämmigen Geschäftspartnerin eine Pflegepersonalfirma. Dass er den Pflegeberuf wählte, hat nicht bei allen seinen marokkostämmigen Bekannten für Anerkennung gesorgt. Aber das sieht er gelassen. »Ich gebe ja nichts auf so einen Quatsch!« Was die meisten nicht wissen, bei all dem Frauenüberschuss im Pflegebereich: »Als Pfleger in Einrichtungen zu gehen – da wirst du als Mann total gefeiert. Von den zu Pflegenden wie auch vom Personal.« So sieht es auch einer seiner ebenfalls marokkostämmigen Kollegen. Wer aus seinem alten Kinder- und Jugendtagen ihm aber mit dem Spruch kommt, warum er seine Firma nicht mit einer »von uns« gegründet habe, erntet gleich eine Klarstellung. »Sie ist fünfmal so viel Mann wie du. Was die am Tag performt und abreißt und wie engagiert die ist! Und du schläfst bis um zwölf!« Dabei handelt es sich um jene alten Kindheitsfreunde, deren Wege sich eher in die andere Richtung entwickelt haben. »Den ganzen Tag bei Tchibo, ey! Konferenzen halt«, sagt er lachend. »Eigentlich sind das liebe Menschen.

Ich hatte ihnen vorgeschlagen einzusteigen. Wir zahlen fair. Der eine meinte: ›Was soll deine Kollegin dann machen?‹« Da staunte auch Oussama nicht schlecht. »Der hat gesagt: ›Okay, aber was soll sie dann machen? Wir müssen gucken, wie wir die da wegkriegen!‹« Da sah sich jemand ohne Job und Ausbildung in der Geschäftsführung. »Okay, tschüss! Allah y 'aoun[15]!«, sagt Oussama und muss schallend lachen.

Auch wenn er über so manche Verhaltensweise staunt, lässt er sich von kaum etwas die Laune verderben. Sein Lachen ist kräftig und laut, und ich muss zugeben, meine Sympathie ist stark von der Tatsache beeinflusst, dass er mich mit seiner Art an meinen Vater erinnert.

Er ist der Bruder meiner Freundin und damit auch die einzige Person aus meinem privaten Umfeld, der in diesem Buch mit Klarnamen Raum gewährt wird. Obgleich ich Oussama genau genommen beinahe nur aus der hinteren Sitzbankperspektive und von Familienfotos kenne. Ich bin ihm rund dreimal persönlich begegnet. Meist pickte er seine Schwester und mich irgendwo im Ruhrpott auf und kutschierte uns mit seinem Auto von A nach B. Dennoch ist mir Oussama nicht fremd. Ich habe seine Partnerin kennengelernt und kenne ihn vor allem durch die zahlreichen Anekdoten meiner Freundin. Fast immer sind sie amüsant und zeigen einen Charakter, der mit Zuversicht und Güte auf die Welt und seine Mitmenschen blickt. Als sein Namensvetter dafür gesorgt hatte, dass das World Trade Center dem Boden gleichgemacht wurde, erlaubte er es sich als Reaktion auf den plötzlich misstrauischen Umgang mit vielen Muslimen, dass er sich fortan am Telefon mit Oussama Bin Laden meldete. Oussamas Geschichte ist

15 Allah möge dir helfen.

auch gerade deswegen in diesem Buch, weil er zu jenen Muslim Men in Deutschland und Europa gehört, die in unserem allgemeinen Diskurs über muslimische und praktizierende Männer kaum eine mediale Wahrnehmung erfahren. Oussama vereint in sich seine Herkunftskulturen – denn auch die marokkanische ist von einer großen Vielfalt geprägt – und die vielschichtigen Kulturen, die in Deutschland heute anzutreffen sind. Er ist ein wachsamer und kritischer Geist mit einer Lebensfreude, die Mut macht und vor allem jungen Muslim Boys und Men Inspiration sein dürfte. Denn wie bei vielen Gastarbeiterkindern waren auch seine sozialen Startbedingungen nicht die idealsten. Es hätte ihm wie seinen alten Freunden ergehen können. Wenige haben den sozialen Aufstieg geschafft.

Er ist kein Freund der einfachen und bequemen Antworten. Während er manchmal den Eindruck hat, dass man als muslimischer und migrantischer Zuschauer in Talkshows fast ausschließlich als Barbar dargestellt wird, empfindet er einige Rassismusvorwürfe seiner Generation ebenfalls zu einseitig gestrickt. Selbst sein Umzug in ein hessisches Dorf und die dortigen Erfahrungen haben nichts an dieser Haltung geändert. Doch ein regelmäßiger Besuch eines familiengeführten Supermarkts führte ihm zumindest eines vor Augen: »Es gibt noch ein anderes Deutschland außer meinem Ruhrpott und meinem Schalke.« In dem Geschäft habe selbst der Urgroßvater noch mitgeholfen. »Die Kunden haben nicht mit Geld bezahlt, die haben aufgeschrieben«, erzählt er fasziniert und amüsiert. Das Erlebnis seiner Freundin ist diesem Buch vorangestellt. Als er nämlich eines Tages von der Arbeit nach Hause kam, erlebte er eine konsternierte Verlobte am Esstisch sitzen. »Was ist los?«, habe er sie gefragt. »Ich war eben bei Edeka. Weißt du, was die heute gemacht haben? Da kam der

Junior-Junior-Junior auf mich zu und hat mich gefragt: Der Herr, der Mann, der Junge, der mit Ihnen war, hält der Sie gegen Ihren Willen fest? Wir holen die Polizei, wir können Ihnen helfen, bleiben Sie hier, wir holen die Polizei! Sie sind sicher hier!« Oussama konnte es kaum glauben. Und so sind beide zum Supermarkt gegangen und haben das Gespräch beim Geschäftsführer gesucht. »Entschuldigen Sie, aber was sollte das gerade? Was ist denn hier los?«, fragte Oussama damals. Der Geschäftsführer, peinlich berührt, entschuldigte sich damit, dass sie es nicht besser wussten. Aber man passe in der Gemeinde nun einmal aufeinander auf. Es habe übrigens drei Jahre gedauert, bis Oussama überhaupt gegrüßt wurde oder man ein Pläuschchen mit ihm hielt und ihn auch mal fragte, wie es um sein Wohlbefinden steht. Heute lache er darüber, und man ziehe sich mit dieser Erfahrung gegenseitig auf. »Dat ist hier schon eine ganz andere Welt.« Auch von der Hingabe, mit der sich die Einwohner dem katholischen Passionstag widmen, erzählt er mit einer Mischung aus Faszination und Staunen. Ein Wohnungsumzug im Ort samt seiner zur Unterstützung angereisten Geschwister und Freunde sorgte für einen Eklat. »Da standen dann zehn Schwarzköpfe auf der Straße.« Dies hatte zur Folge, dass die Nachbarn die Polizei riefen und alles abgesperrt wurde. Während Oussama diese Anekdote erzählt, liegt er vor Lachen fast auf dem Boden. »Aber das sind hier Omis und Opis in der Nachbarschaft. Die haben Angst. Man muss das auch ein bisschen verstehen. Die haben, glaube ich, noch nie einen Ausländer gesehen. Das ist wirklich ein ganz anderes Deutschland.« In Darmstadt, Frankfurt oder Wiesbaden, wo er auch gelebt hat und arbeitet, sei das ganz anders. Und auch die Jüngeren im Dorf seien entspannter und aufgeschlossener. »Die drücken schon mal ein Auge zu. Ich bin einmal ohne Motorradhelm gefahren, da hielt mich der Polizist an und meinte: ›Zieh mal den Helm an zu deiner Sicherheit und fahr weiter!‹« Allgemein erheitern ihn eher gewisse Umgangsformen. »Ich bin mal um drei Uhr morgens nach Hause gefahren, habe etwas im Handschuhfach gesucht und bin auf die Gegenfahrbahn gekommen. Ich habe noch schnell rübergelenkt. Zehn bis fünfzehn Kilometer später kam die Polizei. Und sie halten mich an.« Die Polizei sei angerufen worden, stellt sich heraus. Oussama erklärte, wie es zum Ausschwenken kam. »Da sagt er zu mir: ›Trinken Sie? Nehmen Sie Drogen?‹ Ich: ›Nee, ich trink keinen Alkohol, nehme keine Drogen, ich bin Muslim.‹ Da sagt der: ›Wissen Sie, wie oft ich das gesagt bekomme? Aussteigen!‹« Oussama fällt in lautes Gelächter.

Jeder ist für sich selbst verantwortlich

Oussama ist nach seinem Bruder und meiner Freundin das dritte von vier Kindern. Meine Freundin ist in einem Jungshaushalt groß geworden, wovon vor allem die Brüder hinsichtlich ihres künftigen Frauenbildes am meisten profitieren sollten. Sie ist als Einzige in Marokko geboren worden. Ihre Intelligenz und Strebsamkeit begründen ihre Brüder gerne mal scherzhaft damit, dass sie als Einzige von ihnen als Neugeborenes die hohe Flugzeugluft zwischen Nordafrika und Europa einatmen durfte. Unter anderen Umständen wäre das wohl umgekehrt gedeutet worden. Meister und Meisterinnen fallen bekanntlich nicht vom Himmel. Oussama und seine Brüder lernten aber vor allem eins: Eine Frau und Muslimin ist nicht allein bestimmt für die muslimische Version der abendländische Alliteration der drei Ks – Kinder, Küche, Kirche, auf muslimisch also zwei Ks und ein M: Kinder, Küche, Moschee. Im Falle meiner Freundin war es so, dass sie von Anbeginn unter Beweis stellte, was kleine Muslim Girls erreichen können. Bester Abitur-Durchschnitt seit Gründung der Gesamtschule, bester Jahrgangsabschluss im Studienfach, Doktorarbeit mit summa cum laude samt Fachauszeichnung – so eine Schwester setzt Maßstäbe, wenngleich der älteste Bruder den Anfang an der Uni machte. Womit wir zwei Persönlichkeiten haben, die für Oussamas Lebensweg noch entscheidend sein sollten.

Schulzeit und Kindheit beschreibt Oussama als eher unbeschwert. Papa Bergmann, Mama Hausfrau. Sein Umfeld ist ethnisch durchmischt und sozial homogen. Arbeiterkinder wohnten und spielten zusammen und gingen gemeinsam in dieselbe Schule. Die Klassenstruktur von der 5. bis zur 11. Klasse beschreibt er sehr amüsiert wie folgt: »Zwei Deutsche, ein Marokkaner und 27 Türken!« Allgemein belief sich die ethnische Zusammensetzung laut seiner Wahrnehmung an der Gesamtschule auf ca. achtzig Prozent Türkeistämmige, zehn Prozent Marokkostämmige und die restlichen zehn Prozent aus einem Gemisch aus griechisch-, polnisch-, russisch- und deutschstämmigen Schülern. Das Thema Rassismus sieht er hier nicht existent. Er erklärt es sich zum Teil damit, dass sie in einem sozialen Brennpunkt lebten: »Jeder war wie du. Du bist wie jeder andere. Du bist nie aufgefallen. Im Ruhrpott war das nie ein Thema.« Das sahen zwar andere Schüler durchaus anders, doch Oussama interpretierte dies bereits damals auf seine Weise. »Es ist halt auch immer so, dass die Leute das verwechseln. Wenn die sich unmöglich verhalten haben und der Lehrer sie ermahnte, dann hieß es: ›Du bist ein scheiß Nazi!‹ Oder: Wenn ich jedes Mal zehn Minuten zu spät komme oder gar nicht, darf ich mich nicht fragen, warum ich anders wahrgenommen werde als andere. Dann überleg doch mal warum? Du verhältst dich doch selber schlecht, und dann heißt es, der Lehrer ist ein Rassist. Mir ist schon früh aufgefallen, dass diese Opferrolle das Einfachste ist, sich hinzusetzen und zu sagen okay, ich mach gar nix, da muss man sich nicht durchkämpfen. Ein Freund von mir ist Arzt geworden, und wenn wir uns über früher unterhalten, kommen wir beide zum selben Ergebnis.« Wie er und sein Freund sich ihre eigene Einstellung erklären, die so völlig im Gegensatz zu der der anderen steht, möchte ich von ihm wissen. Vor allem vor dem Hintergrund desselben ethnischen und sozialen Hintergrunds. »Von zu Hause haben wir viel mitbekommen. Gewisse Werte: andere zu respektieren und Respekt vor dem Leben! Wenn man was macht, dann muss man es richtig machen und sich wie zu Hause benehmen. Ich will jetzt nicht sagen, dass wir was Besonderes sind und andere das nicht gemacht haben, aber anders kann ich mir das nicht erklären. Papa hat das auch oft gesagt, dass wir Muslime sind, dass wir uns benehmen und alles und jeden mit Respekt wahrnehmen sollen. Ich hatte aber auch das große Glück, dass ich meinen älteren Bruder und meine Schwester hatte. Die waren, glaube ich, gerade fertig mit Abi, und es war noch gar nicht üblich, dass Ausländer Abitur gemacht haben.« Aber neben dem Elternhaus und den vorbildlichen älteren Geschwistern spielte auch der Sport für seine Entwicklung eine entscheidende Rolle. Wie auch schon bei seinem älteren Bruder. »Ich bin im Fußballverein großgeworden. Seit ich vier bin, spiele ich Fußball. Da war noch mal eine ganz andere Disziplin. Wenn ich heute darüber nachdenke, dann war das vor allem diese Mischung.« Dabei ist auffällig, dass seine ebenfalls marokkostämmigen und verhaltensauffälligen Mitschüler mit eben jener Opferhaltung keinen geregelten Freizeitaktivitäten oder Hobbys nachgingen. Sie hätten nur hin und wieder mal mitgekickt. »Relativ früh, mit zwölf oder dreizehn, haben sie schon angefangen, Drogen zu nehmen, haben sich Drogen beschafft, sind auf die falsche Bahn gekommen.« Das war nicht einfach für ihn. So manche Träne ist im Kinderzimmer deswegen geflossen. Und es sollte noch die schmerzhafte Trennung von eben jenen engen Weggefährten erfolgen. Schließlich habe man in derselben Straße gewohnt, jeden Tag habe man zusammen gespielt, sei in dieselbe Schule gegangen und sei im selben Koranunterricht gewesen. »Bis ich mich endgültig distanziert habe, hatte ich keine deutschen Freunde. Mit sechzehn oder siebzehn habe ich mich dann komplett distanziert, weil das einfach nicht mehr zu mir passte, was sie gemacht haben.« Er blickt durchaus gerne auf die gemeinsame Zeit zurück. Er freut sich, wenn er beim Familienbesuch in der Stadt auf die alten Weggefährten trifft. Aber es sind durchaus emotionale Begegnungen. Über einen alten Freund sagt er, »Es tut mir im Herzen weh! Der ist genauso alt wie ich. Von seinem bisherigen Leben war er siebzehn Jahre im Knast.« Auf meine Nachfrage, wie dessen Familie strukturiert gewesen sei, erzählt er, dass er etwa sechs Geschwister habe und sie alle einen ähnlichen Lebensweg eingeschlagen hätten. »Früher habe ich das etwas strenger gesehen, habe es bewusst verurteilt, und ich habe ihm das auch gesagt.«

Eigenverantwortung war für Oussama früh ein entscheidendes Thema. »Ich habe früher für mich gesagt: Jeder ist ab einem gewissen Zeitpunkt für sich selbst verantwortlich.« Daher ließ Oussama ein schwieriges Elternhaus schon damals nicht als Ausrede gelten und vertrat die Haltung, dass man spätestens ab der 10. Klasse für sich selbst sorgen könne und einfach mal Gas geben müsse. Das deckt sich wohl auch mit Mustafas Einstellung, der nicht darauf wartete, dass ihn jemand aus den einengenden Verhältnissen heraushalf.

Wir reden viel über die Familien und das Aufwachsen in diesem Umfeld. Ich versuche, mit ihm zusammen sein Erfolgsrezept zu ergründen. Es zeigt sich immer mehr, was helfen kann, die eigene Zukunft nicht zu verspielen. Eine umsorgende, gewissenhafte Mutter, zwei vorbildliche Geschwister – und auch deutlich weniger Kinder. Außerdem eine authentische Wertevermittlung, die von den Eltern auch vorgelebt werden muss. Denn Kriminalität nur oberflächlich zu kritisieren, ist wenig hilfreich. Gerade bei jenen, die ins kriminelle Milieu abdrifteten, sah man in der Familie das nach Hause gebrachte Geld nicht wirklich als problematisch an. »Manche marokkanische Familien haben das begrüßt.« Bereits mit vierzehn Jahren hätten einige schon rund 50 000 D-Mark in der Tasche gehabt. »Die meinten: ›Hier, 20 000 Mark, nimm! Ist für dich!‹« Worauf er nur erwidern konnte: »Bist du bescheuert, willst du mich verarschen?!« Am Ende hätte jedes Jahr einer von ihnen alles verloren und war zu Gefängnisstrafen verurteilt worden. Alles hätten sie verloren, auch die Immobilien, die sie sich gekauft hatten. Die Eltern hätten gewusst, dass das Geld haram verdient worden sei. »Die Eltern, die das Geld genommen haben – da bin ich völlig arrogant und sage: Die sind definitiv schuld daran. Es gibt Eltern, da ist der Vater das ganze Leben arbeitslos, hat nie gearbeitet, hat aber drei Kinder, fährt eine C-Klasse nach der anderen, und sie kaufen sich in Saïdia[16] für 120 000 Euro eine

16 Saïdia liegt im Rif-Gebiet im Nordosten Marokkos. Das Rif-Gebiet ist berüchtigt für den Cannabisanbau und Vertrieb. Die Mehrheit der hier lebenden Marokkaner stammt aus der Region.

Villa.« Wenn er das in der Community unter den Freunden anspreche, heiße es allerdings schnell: »Ach, du bist doch ein Deutscher!« Dazu Oussama: »Ich war in der Schule, habe eine Ausbildung gemacht, habe Projekte laufen. Und das ist es eben, was mich immer ein bissl ärgert. Was für ein Maßstab! Für andere Familien ist das eine Katastrophe, wenn du keinen Abschluss, keine Ausbildung hast, und die sagen Alhamdulillah.« Und so komme es oft zu wilden Konstellationen in den Familien. »Von fünf Kindern sind zwei Anwälte geworden und drei kriminell.«

Damit kritisiert er den Großteil der Generation seines älteren Bruders. Sie seien auf der Straße oft keine guten Orientierungspunkte gewesen. »Ganz im Gegenteil! Die Älteren waren da eher so: ›Hast du was zu rauchen? Nein? Hier! Bau dir ne Tüte, komm. Mach fertig!‹ Die Älteren haben einen eher noch gepusht, gewisse Sachen zu machen.« Obwohl bei allen Eltern Drogen verpönt sind, hielt es einige nicht davon ab, zuzugreifen. Von Oussama will ich wissen, was bei ihm anders war. »Ich muss sagen: Mein Bruder war für mich als Heranwachsender ein sehr gutes Vorbild. Der hat alles richtig gemacht. Der ist zur Schule gegangen, hat sein Abi gemacht, hatte einen guten Ruf in der Community. Das hat mir ganz Vieles vereinfacht.« Er glaubt deshalb auch, dass er unter anderen familiären Umständen den Verlockungen erlegen gewesen wäre. »Du musst dir das so vorstellen: Du wirst hier groß und wirst mit so vielen Sachen konfrontiert. Es ist egal, wie stabil du als Jugendlicher bist. Ich glaube, irgendwann kommt der Moment, in dem du einfach mal sagst, okay, die ganze Welt macht das, alle deine Freunde machen das. Warum also nicht? Das kann doch gar nicht so falsch sein.« Er unterbricht kurz, um nachzudenken, und fügt hinzu: »Du verhältst dich zu Hause, auf Feiern, Vorträgen in der Moschee ganz anders, als wenn du dann unterwegs bist.« Rollenspiele, die auch die Muslim Girls zur Genüge beherrschen, gehörten offenbar auch zum Großwerden der heutigen Muslim Men.

»Als Jugendlicher verstehst du das nicht«

Wir kommen im Laufe unseres Gesprächs auch auf die Rolle der Väter zu sprechen. Gewalt in der Erziehung kannten fast alle seine Freunde und auch alle, die ich im Laufe meiner Recherchen interviewt habe. Wer den Vater in seiner Ruhezeit störte oder in der Schule oder anderweitig negativ auffiel, hatte schneller Schläge kassiert, als Sohnemann A sagen konnte. »Damals war das voll normal. Kommt ein Brief von der Schule nach Hause, dann brauchst du gar nicht mehr nach Hause zu kommen. Safi[17]!«

Abwesende Väter, die im Schacht und in Schichtarbeit tätig waren, gehörten eher zum Standard, als dass sie die Ausnahme gewesen wären. Obgleich es diese Ausnahmen durchaus gab. Und die haben im Falle von Oussama neben seinem ältesten Bruder auch auf seine Entwicklung Einfluss genommen. So war es sein Bruder, der dafür sorgte, dass er regelmäßig beim Sport erschien. »Seit ich vier bin, trete ich vor den Ball. Er hat das mitgetragen. Ich habe dann auch zwei Jahre auf Schalke gespielt. Bei Papa, da haste nicht erwartet, dass der zum Spiel kommt. Damals waren das andere Zeiten.« Vaterfiguren sind für die Entwicklung von Jungen von großer Bedeutung. Ohne sie finden sie nur schwer ihre Rolle als Mann in der Gesellschaft und auch in der späteren Partnerschaft. In Oussamas

---

17 Marokkanisch: »Das wars!«

Umfeld gab es Väter, die teilweise ein halbes Jahr ihre Zeit einfach in Marokko verbrachten und damit auch physisch nicht anwesend waren. Einige Väter waren durchaus lockerer im Umgang mit ihren Söhnen, andere strenger. Bei Oussama und vielen anderen seiner Generation war klar, dass ihr Leben viele Rollen beinhaltet, die sie zu erfüllen hatten. »Du wusstest, zu Hause ist Papa Hitler. Was er sagt, wird gemacht. Fertig! Da konntest du tun, was du willst. Aber mit dreizehn, vierzehn entdeckst du irgendwann, dass die Stadt riesengroß ist und dass du die einfach erforschen und deine Grenzen testen willst. Und in dieser Phase weißt du, dass dein Vater, der dir jeden Tag zu Hause sagt, mach dies und das, dir in dem Moment nicht hilft. Der hilft dir einfach in gewissen Situationen nicht.« Oussama erzählt von seinem Fußballalltag. Die Mischung aus väterlicher Sorge, fehlendem Verständnis für die Jugend und dem täglichen Rein und Raus der Kinder. »Der hat auch nicht verstanden, was ich da mache. Er sagt: ›Wo willst du hin?‹ Ich sag ihm: ›Ich hab Training!‹ Er sagt: ›Geh, setz dich!‹« Es sollte etwas dauern, bis sein Vater begriff, welch ein Segen der Sport für seine Söhne eigentlich war. Denn seine Kinder drifteten nicht ab, im Gegensatz zu den Gleichaltrigen ohne die Struktur des Fußballvereins. »Wenn du drei bis vier Mal die Woche eine Aufgabe hast und du dich darauf freust, hilft das. Und wenn du nicht trainierst, spielst du am Wochenende nicht. Da gibt es vom Verein Vorgaben.«

Dass es sich lohnt, ein anwesender und auch durchaus lockerer Vater zu sein, das zeigte sich am Vater seines guten Freundes. Der war als Fabrikarbeiter tätig. Aus seiner und der Erziehung der Mutter sind hervorgegangen: eine Psychologin, ein Immobilienmakler, ein Pilot und ein Arzt. Ihr Vater zeigte in vielen Kleinigkeiten Präsenz, wie Oussama heute rekapituliert. »Zum Beispiel wenn es darum ging, draußen zu bleiben, mit der Schule wegzufahren, sich mit Mädchen zu treffen oder auf Veranstaltungen zu gehen, ins Stadion oder auf die YOU-Messe[18].« Diese Offenheit teilte Oussamas Vater nicht. »Sein Vater hat uns immer gefahren. Oder auf dem Sportplatz, da war der ständig mit dabei. Ich habe mir immer gewünscht, dass Papa auch zuschaut. Ich war elf, zwölf, und ich war einer der Leistungsträger! Alle Kinder waren supportet. Als Jugendlicher verstehst du das nicht.«

Er macht seinem Vater deswegen aber keinen Vorwurf. Auch dann nicht, als eine professionelle Fußballkarriere zum Greifen nahe schien und sein Vater dafür weder Verständnis aufbrachte noch die große Chance erkannte, die darin lag. Andere Väter hätten sich schon die guten alten D-Mark-Scheine zählen sehen. Sein Vater hingegen war ein Mann der soliden Dinge. Die Enttäuschung darüber ist heute lange verflogen, und Oussama würdigt ihn für andere Dinge. »Er hat ganz viel richtig gemacht. Er ist nach Deutschland gekommen, hat mehrere Leute ernährt. Das erreicht nicht einmal jemand mit einer abgeschlossenen Ausbildung und ehrlicher Arbeit. Mega! Der kann nicht lesen und schreiben. Und was ist aus seinen Kindern geworden! Mega! Das ist eine ganz andere Generation. Der hatte mit so vielen Dingen zu kämpfen, damit es uns gut geht. Er musste in Marokko so viel finanzieren und hochziehen. Und auch hier. Es hat uns an nichts gefehlt, außer an Verständnis und Zeit. Aber wenn man mal fair ist, dann muss man sagen: Was der abgerissen hat – Wahnsinn! Es ist ganz egal, ob er Entscheidungen getroffen hat, die sinnvoll sind oder nicht.«

18 Europäische Jugendmesse. In den 1990er-Jahren im Ruhrgebiet. Ab 2000 auch in Berlin.

Oussama muss mit seiner kräftigen und tiefen Stimme laut lachen. »Wir sitzen immer noch zusammen und müssen lachen. Er weiß bis heute nicht, dass ich in einem Profiverein gespielt hab. Und er würde das heute wieder genauso machen. Wenn ich ein Angebot aus Istanbul bekäme und es wäre die Chance meines Lebens, würde er sagen: ›Ach geh und setz dich zu Hause hin und geh zum Freitagsgebet! Wehe, du gehst nicht in die Moschee!‹ Aber sagen wir es mal so: Wenn ich Inschallah Kinder habe, dann werde ich es anders machen!«

Wir müssen beide herzlich lachen. Ein Satz, der Kinder weltweit über alle Konfessionen, Nationalitäten oder sozialen Klassen hinweg verbindet. Je nachdem, glückt dieser Vorsatz mal mehr, mal weniger. Bei Oussama bin ich mir sicher, dass seine Kinder einen anwesenden Vater mit Herz und Humor an ihrer Seite haben werden, der mit Ehrgeiz und positiver Einstellung sein Leben lebt.

Jene Freunde aber, die den kriminellen Weg einschlugen, hielten es laut Oussama nirgends lange aus, weder im Jugendzentrum noch beim Sport. Für sie galt es, in kürzester Zeit viel Geld zu verdienen, und zwar mit wenig Aufwand. Auch heute noch gilt: »Fünf Minuten für 3000 Euro, statt einen Monat für 1500 Euro arbeiten.« Dieses Verständnis von Gelderwerb ist gefühlt in jedem zweiten Gangsta-Rap-Song dokumentiert. Die Sozialisation mitsamt der Werte erfolgte ausschließlich über die Straße. »Ein Freund von mir, ein Chinese, musste sich nach der Ausbildung beim Jobcenter arbeitslos melden. Da setzte sich ein Türke neben mich. Den habe ich acht, neun Jahre nicht mehr gesehen. Er: ›Oussama, Bruder! Lange nicht mehr gesehen, wie geht's dir?‹ Ich frage ihn: ›Was los mit dir?‹ Er: ›Ich saß jetzt sieben Jahre im Knast.‹ Wir reden so, und er sagt, er ist vorgestern erst entlassen worden. Und dann:

›Oussama, weiß du was, ich habe zehn Handys, die ich verkaufen will.‹ Da sage ich zu ihm: ›Bist du bescheuert?! Du hast drei Jahre Bewährung, kommst gerade aus dem Knast, was ist los mit dir?‹ Dann guckt er mich an und sagt: ›Ich kann nur das, Oussama! Ich kann nichts anderes.‹ Und er tat mir so leid. Aber auf der anderen Seite war ich so wütend auf den! Das in einem so tollen Land, wo du immer die Möglichkeit hast, zur Schule zu gehen, egal, wie alt du bist. Alle Möglichkeiten kostenlos.« Als wäre deren Situation nicht schon tragisch genug, reiht sich noch der Alkoholismus dazu. »Da schließen sich die Misserfolge aneinander. Die Schule war schlecht. Und es war auch immer ein Erwachsener dabei, der Alkohol gekauft hat. Da ist das eine mit dem anderen einhergegangen. Sind nicht zur Schule gegangen, dann waren sie zu betrunken, dann war ihnen das zu wenig, und sie mussten mehr trinken. Das ist so ein Teufelskreis. Ich krieg das auch hier im Rhein-Main-Gebiet extrem mit. Da kann einer gerade laufen, und schon ist er ganz tief im Drogengeschäft.« Zwei Lehrer, die mit ihm heute im Fußballverein kicken, haben ihm kürzlich noch erzählt, was manche Schüler später beruflich werden möchten. »Es gibt immer noch Kinder, die sagen: ›Ich scheiß auf die Schule, ich werde Drogendealer. Ich mach das wie mein Cousin, der hat in Marokko drei Häuser!‹ Da muss man sich jede Familie einzeln anschauen!« Oder, um mit Johann Wolfgang von Goethe zu sprechen. »Man könnt' erzogene Kinder gebären, wenn die Eltern erzogen wären.« Oussama und viele andere Muslim Men sind ein gutes Beispiel dafür, dass dies nicht immer nur eine Frage der schulischen Bildung und sozialen Herkunft ist, sondern der Herzensbildung und Haltung!

8. Vom Data-Analysten lernen, heißt, sich durchbeißen lernen

Die Geschichte von Zain ist die eines Mannes, der sich selbst aus der größten Krise einen Spaß macht. Der 39-jährige Unternehmensberater und Data-Analyst stammt aus der marokkanischen Hauptstadt Rabat. Sein Ankommen in diesem Land war kein Spaziergang, und er hätte viele Gründe gehabt, sich als Opfer zu inszenieren. Aber Zain ist ein Kämpfer und Macher, der selbst über Krisen lachen kann. Als mir eine Freundin von ihm und seinem Gefängnisabenteuer erzählte, war klar, diese Marokkaner muss ins Buch. Denn die Welt besteht schließlich nicht nur aus Nafris!

Zains Eltern waren bis zu ihrer Pensionierung Soldaten beim Militär. Sie gehörten in Marokko lange zur unteren Mittelschicht. Als Kind war Zain hyperaktiv. Als besonders begabter Schüler erhielt er mit zwölf Jahren ein Stipendium für ein Internat in Casablanca, wo alle sozialen Schichten zusammentrafen – Kinder wohlhabender Familien neben Kindern von Angestellten oder Arbeitern, die dank ihrer überdurchschnittlichen Leistungen aufgenommen wurden. Nach dem Abitur studierte er zunächst Industriewesen und IT, bevor er wegen Mobbings die Fakultät wechselte und Wirtschaft studierte. Als Surfer und Punk mit langen Haaren, Ohrringen und Metallica-T-Shirt gerieten er und seine Freunde mit den Schulleitern und später den Dekanen aneinander. »Das war ja was Neues in Marokko damals. Auch die Tatsache, dass man surfen geht. Das war eine Sache für Europäer oder Amerikaner, aber nicht für Marokkaner.« So war das in den 1990ern. Heute hat sich das in vielen Teilen der Gesellschaft geändert. Selbst erwachsene Frauen und Mädchen reiten mittlerweile die

Atlantikwellen. Da Zain und seine Kameraden trotz der Sabotageversuche vonseiten der Lehrkräfte, die alles daran setzten, sie schlecht zu benoten, überdurchschnittlich gut waren, kamen sie gut durch die Schulzeit.

An der Fakultät für Wirtschaft in Casablanca, auf die er nach einem Technikstudium später wechselte, fühlte er sich auch sichtlich wohler. »Die Uni war groß, sie war frei. Für mich war das nicht mehr diese Ausbildung mit dreißig, vierzig, fünfzig Leuten in der Klasse, wo man fokussiert ist. Da gab es einfach 30 000 Studenten, und es gab alles. Es gab die Bärtigen, es gab die Atheisten, es gab die Linken, die Rechten, es gab alles Mögliche. Ich habe mich sehr gut wiedergefunden. Das waren eigentlich die besten Jahre. Die Internatszeit war toll. Ich würde sie jedem Kind empfehlen, ich hab dort eine super Familie gefunden, und ich habe die Unizeiten in Marokko sehr, sehr genossen. Ich habe viel kennengelernt, krasse Schicksale erlebt, und vor allem war das die Realität.« Denn im Internat sei es deutlich behüteter zugegangen. Man sei vor allen schlechten Einflüssen von außen beschützt worden. Dass er sich dort aber auch behaupten musste, stellt sich noch im Laufe unseres Gesprächs heraus.

Gelegenheiten und Sehnsüchte

Seine Abnabelung vom Elternhaus hat früh begonnen. Seit seinem 12. Lebensjahr lebt Zain nicht mehr zu Hause. 1994 machte er sich zunehmend Gedanken über seine Zukunft. Auch die Schicksale an der Fakultät beschäftigten ihn nachhaltig. »Für mich war immer eine Sache klar. Menschen, die nicht reich sind, haben nur einen Weg, und zwar den Weg, zu studieren und parallel dazu zu gucken, wo man bleibt. Das

Studium ist der einzige Weg, um sich zu behaupten in so einer krassen Gesellschaft. Ob in Marokko oder überall. Das Studium ist das A und O.« Für ihn gilt auch nicht das Gerede jener Leute, die gerne erfolgreiche Uniabbrecher als ihre Vorbilder aufzählen. »Bill Gates, Mark Zuckerberg, wo kommen die her? Deren ganze Familie war doch gebildet. Die brauchen den Lappen nicht.« Zain lässt auch nicht das Argument des unterforderten Genies gelten. Denn das seien sie in seinen Augen nur bedingt. »Einer schafft's immer. Aber nur, wenn die Gegebenheiten gegeben sind. Wenn man weiß, dass Bill Gates' Mutter ihm freien Zugang zu dem einzigen Computer in dem Viertel verschafft hat, wo er seine ganze Kindheit lebte. Er hatte über 10 000 Stunden in seiner Jugend Zugang zu einem Computer. Das hatten 99 Prozent der Menschheit nicht. Und da ist es kein Wunder, dass er auf die Ideen kam.« Klingt logisch.

Zain geht dabei auch kritisch mit den eigenen Landsleuten ins Gericht, die er hierzulande kennt und die heute von sich sagen würden, sie hätten es aus dem Slum geschafft. Darüber könne er nur müde lachen. »Die feiern sich selbst. Ich finde das nur lächerlich. Du hattest Gelegenheiten, die du ausgenutzt hast, und andere hatten sie vielleicht nicht. Diese Selbstfeier! Vor allem die Marokkaner aus dem Ausland, die Doktoren, Professoren, Pipapo, die feiern sich selbst.« Wenn diese Leute sich dann beschweren, dass Marokko auf sie zugeht und Interesse an ihren Kompetenzen für den Weiteraufbau des Landes bekundet, dann hat Zain für diese Art der Koketterie wenig Verständnis. Nach dem Motto, jetzt erst nehmt ihr uns wahr. »Wen interessiert das? Du bist nichts! Du bist eine Ameise wie alle Ameisen.«

Allerdings erklärt er im Laufe unseres Gesprächs durchaus, woher der Gedanke rührt, sich selbst so zu überhöhen. Im Gegensatz zu den reichen Marokkanern, die zum Studium ins Ausland gingen und dort plötzlich mit Rassismus konfrontiert würden, sei das für die ärmeren Marokkaner eher der gelebte Alltag. Und zwar bereits in Marokko. Es handle sich um eine geistige Einstellung. Die reichen Marokkaner würden Marokko mit einem »easy Leben« verbinden, und sie würden deshalb auch nach rund zwei Jahren Berufserfahrung dorthin zurückkehren, während die anderen Marokko mit dem Kampf ums tägliche Überleben assoziierten und es vorzögen, im Ausland zu leben. »Endlich hat er was geschafft! Die Angst bei den meisten akademischen Marokkanern ist so groß, alles zu verlieren, dass sie hierbleiben. Und die haben die Eier dafür nicht«, schiebt er lachend hinterher. Doch er gibt auch zu bedenken, dass die kühle deutsche Mentalität hierzulande durchaus ihre Spuren bei dieser Einwanderergruppe hinterlässt. Die Sehnsucht ist dabei ein steter Begleiter, trotz der Härte des Überlebens in ihrer Jugendzeit.

So sollte auch Zains Weg nach Deutschland von Begegnungen und Zufällen, ebenjenen Gelegenheiten gepflastert sein. Die USA, Frankreich und Kanada waren wegen ihrer strengen Auswahlverfahren und finanziellen Sicherheitseinlagen aufgrund seiner sozialen Herkunft schnell aus dem Rennen. Eine staatlich subventionierte soziale Hängematte, wie man das hierzulande gerne schon einmal so nennt, gibt es in Marokko nicht. Und die sollte er auch in Deutschland nicht finden. Da Zain erst noch sein Studium in Marokko abschloss, war er der Letzte im Bunde seiner alten Internatsfreunde, die das Heimatland verließen. Er nahm mit seinen alten Freunden, die nun in Europa lebten, telefonisch Kontakt auf und fragte sie, wie es ihnen erging. Unter dem, was er zu hören bekam, waren viele Klagen, sagt er rückblickend. Eines Tages rief ihn aber ein alter Zimmergenosse an. Der lebte in Köln und erklärte ihm das Verfahren für Deutschland, das weniger kostenintensiv war. »Der meinte zu mir, wenn du hier bist, kannst du arbeiten. Ich bezahl alles. Ich geh Freitag, Samstag, Sonntag putzen, und ich kann alles bezahlen.« Da war für Zain klar: »Bingo! Das ist mein Land! Aber ich habe natürlich auch meine Hochachtung für Deutschland als Tekki[19]. Wir waren damals voll krasse Fanatiker von Mercedes, VW und von allem. Ein BMW-Motor lag immer in der Ingenieursfakultät in Rabat, und das war einer von dreien, und da haben 200 Leute studiert. Wir sind dorthin gepilgert! Und damals wurden Sachen vom Max-Planck-Institut gehandelt wie heiße Brezeln.« Gemeint sind damit Publikationen. Da habe man schon Einsatz gezeigt. »Du musst drei Stunden warten, bis du das Buch in die Hand kriegst.« Was nun noch auf seiner To-do-Liste für Deutschland stand, war eine Bürgschaft und das Erlernen der deutschen Sprache. Obwohl er einen Onkel in Köln hat, sollte der ihm weder eine Hilfe sein, noch ruhte sich Zain darauf aus, irgendwelche Ansprüche ihm gegenüber geltend zu machen. Ganz im Gegenteil. Auch nicht in einer sehr prekären Phase, die ihn in Deutschland noch erwarten sollte.

Erst einmal stand Deutsch-Pauken auf dem Stundenplan. Da war sein Ideenreichtum gefragt. »In meiner Zeit war das Goethe-Institut sauteuer! Also für mich! Das waren ungefähr 135 Euro pro Monat. Aber ich habe gefragt: Was kostet eine

19 Enthusiastischer Nutzer oder Erfinder von technischen Errungenschaften.

Bibliothekskarte. 100[20] Dirham! Und was ist mit der Prüfung? Was kostet das? Und jetzt kommt's: Die Prüfung hat 150 Dirham gekostet. Da hab ich gedacht: Okay, ich lerne alleine. Dann habe ich mich einfach durchgeschlagen bis zur vorletzten Klasse. In den letzten Kurs musste ich schließlich reingehen. Weil dort Vorbereitungen für die Prüfung getroffen werden, und das hab ich bezahlt.« Dafür brauchte er aber Geld. »Ich habe damals meine Mutter gebeten, mir eine ihrer Schmuckstücke zu geben. Das war das erste und letzte Mal, dass ich etwas verlangte. ›In drei Jahren, wenn ich rübergehe, gib ich dir das zurück‹«, habe er ihr versprochen. Das Schmuckstück hat ihm damals rund 800 D-Mark eingebracht. 400 D-Mark davon gingen für die Deutsch-als-Fremdsprache-Ausbildung drauf. Die Bürgschaft hat er indes einer alten Freundin zu verdanken, die mit einem Parlamentarier zusammen war. »Sie ist eine sehr gute Freundin von mir gewesen. Sie hatte drei Jahre mit mir studiert. Er hatte mehrere Posten und war wohlhabend. Sie hat mit ihm gesprochen.« Damit hatte Zain nun auch seinen Bürgen samt bestandener Deutsch-als-Fremdsprache-Prüfung.

Willkommen in Deutschland

Zain kann sich noch gut an seinen ersten Tag in Deutschland erinnern. »Ich bin am Donnerstag in Frankfurt gelandet. Um 10 Uhr war das. Ich hatte 360 D-Mark in der Tasche. Das war der Rest von diesem Schmuckstück. Dann bin ich nach Köln gefahren. Da hatte ich noch 220 Mark.« Dort erwarteten ihn bereits zwei seiner alten Internatsfreunde. »Wir haben ein

20 Je nach Wechselkurs ca. 10 Euro.

bisschen gefeiert, und sie haben mich bezahlen lassen. So nach dem Motto: Der kommt hier an mit dickem Geld. Ich glaube, ich hatte am Freitag noch 60 D-Mark.« Das war allerdings auch der Situation geschuldet, dass er noch keine Übernachtungsmöglichkeit hatte. Zwei Monate konnte er auf einer Matratze im Zimmer seiner Kumpel schlafen, bevor er vor die Tür gesetzt wurde. Denn sein Freund lernte eine junge Frau kennen, die einen weiteren Maghrebiner nicht mehr im Zimmer wünschte. »Der war total verliebt. Der hat sich dann nach Jahren entschuldigt. Irgendwann stand mein Rucksack draußen. Nach zwei Monaten in Deutschland war ich obdachlos. Das war auch lustig!«, erzählt er sichtlich erheitert. Niemand nahm ihn auf. Auch nicht sein Onkel, der diesen Punk-Zain als männliche Bedrohung für seine Töchter betrachtete. Da würde wohl so mancher Pegidist und AfDler ob der Nafri-Gefahr dem Onkel zustimmen. Während Zain diese Episode seines Lebens erzählt, krümmt er sich vor Lachen. Womöglich sind gerade der Humor und auch eine Prise Zynismus die Essenz, die ihn vor allem die Tiefpunkte haben überstehen lassen. Er hätte genug Gelegenheiten gehabt, in die Kriminalität oder auch in den Extremismus abzudriften. Gesetzt den Fall, dass es sich hierbei um einen automatischen muslimisch-migrantischen Mechanismus handeln würde.

Nach all den anderen Kosten rund um Fahrticket und Mittagessen waren es nach seiner Ankunft am Ende nur noch 20 D-Mark, die ihm blieben. »Am Freitagmittag habe ich meine Unterlagen abgegeben, denn es ging ja am Dienstag los mit der Sprachprüfung. Aber am Freitagabend war ich schon auf dem Kölner Ring und habe jedes Restaurant abgeklappert und nach Arbeit gesucht.« Bereits Samstagnacht hatte er eine Zusage in einem Restaurant, um in der Küche Hilfstätigkeiten wie Spülen und Putzen nachzugehen. »Von zehn Uhr morgens bis zehn Uhr abends, und um 22 Uhr schließt die Küche, und dann putze ich die Küche. Ich habe Samstag und Sonntag vierzehn bis sechzehn Stunden gearbeitet. Damals habe ich vier D-Mark gekriegt, pro Woche ungefähr 150 Mark. Ich habe manchmal durchgehend gearbeitet, und manchmal hab ich im Restaurant gepennt. Lohnte sich ja gar nicht, nach Hause zu fahren. Samstag und Sonntag hab ich da immer gepennt.« Auf meine Frage hin, ob er sich dafür jemals geschämt habe, antwortet er nur: »Ich war mir nie zu schade dafür. Toiletten putzen? Ich kann das immer noch. Gib mir das richtige Geld, ich putz alles, was du willst. Geld stinkt nicht. Damals ist man gekommen, um zu steigern. Ich habe nie gedacht, dass ich versage oder scheitere.« Er habe Bekannte gehabt, die sich wegen der harten Arbeit beklagten. »Ich war froh, endlich mein eigenes Geld zu verdienen. Ich war froh, von Anfang an meine Kosten abdecken zu können.«

In Deutschland wurde sein Abschluss nicht anerkannt. »Sturheit eigentlich. Du willst Informatik studieren und hast Wirtschaft studiert, also das geht nicht«, sagt er lachend. »Und es beginnt quasi alles von vorn. Studienkolleg machen. Und dann einen T-Kurs. Ich habe mich zu Tode gelangweilt. Danach durfte ich studieren. Das heißt, ich bin mit 21 Jahren gekommen, und mit 22 Jahren habe ich zu studieren angefangen.« Für ihn als »Zappelphilipp«, wie er sich selbst bezeichnet, war das eine »tödliche Zeit«. Denn es galt Anwesenheitspflicht. Im Souterrain der Universität mussten die zukünftigen Studenten erst einmal pauken oder, wie Zain es empfand, die Zeit still absitzen. »Da kamen irgendwelche gescheiterten Lehrer. Keine Ahnung, woher die kamen. Ich hatte immer das Gefühl, dass sie den völligen Burnout hatten und sie deswegen hierhin gesteckt wurden, zur Reha, um irgendwelche Chinesen und Marokkaner zu unterrichten. Die denken ja, wir bekommen das sowieso nicht hin. Auf jeden Fall waren das komische Lehrer und ziemlich langweilig. Aber ich hab es trotzdem durchgezogen.«

Das Ganze ging ein Jahr lang von 8 bis 14 Uhr. Nach zwei Monaten sollte aber die Obdachlosenerfahrung anstehen. »Aber das war auch okay. Ich war ein durchgeknallter Typ und habe nie gedacht, dass das so schlimm ist. Irgendwann nach fünf Jahren traf es mich wie ein Schlag. Auf einmal fand ich es total schlimm. Damals hab ich meinen Rucksack genommen und bin arbeiten gegangen. Und dann habe ich im Keller der Küche geschlafen, und am Sonntagabend dachte ich: Scheiße, wo soll ich hin? Da habe ich herausgefunden, dass es eine S-Bahn gibt, die durchgehend fährt, und zwar von Bonn nach Köln. Und ich saß einfach in der Bahn, ich hatte ja mein Studententicket. Irgendwann haben mich die Schaffner auch erkannt.« Er habe dort einfach durchgeschlafen. »Die Schaffner verstanden das auch. Zwei Wochen bin ich gependelt, abends, nach der Schule und nach der Arbeit. Ich war nur von Montag bis Donnerstag obdachlos, ab Freitagnacht bis Sonntag konnte ich im Keller des Restaurants schlafen. Und durchschnittlich hatte ich 600 Mark pro Monat. Das war cool! Auf einmal hatte ich Geld!«, sagt er erheitert und mit Stolz in der Stimme.

Als ein Freund von seiner Situation erfuhr, habe dieser ihn auf ein Sofa in einer Gemeinschaftsküche aufmerksam gemacht. »Ich pennte eine Nacht da und wurde verpetzt. Die dachten, ich bin ein Dieb, und haben die Polizei gerufen. Dann kam die Polizei, und ich erklärte denen meine Situation. Sie meinten: ›Wir können dich nicht hierlassen.‹ Und dann hab ich an dem Tag einfach im Polizeipräsidium in Köln gepennt. War auch in Ordnung.« Am nächsten Morgen habe die Polizei ihm gesagt, er könne gehen. »Darauf ich: Das ist problematisch, ich weiß nicht, wohin. Dann durfte ich im Präsidium nochmal da pennen. Drei Tage pennte ich im Polizeipräsidium, einmal, weil sie mich mitgenommen hatten, und zweimal, weil sie Mitleid mit mir hatten.«

Während Zain das alles erzählt, verschluckt er die Worte fast vor Lachen. Auch ich kann nicht anders. Das Leben schreibt auch 2018 bzw. 1996 die verrücktesten Geschichten. Damals sei wenig los gewesen, und die Nafri-Krise habe es auch noch nicht gegeben, erzählt er weiter erheitert. »Ich glaube, die haben sich damals gelangweilt, sogar in Köln-Brühl. Auf jeden Fall sagten sie mir: ›Wir kennen ein Asylheim, da kannst du vielleicht ein Zimmer haben.‹ Und dann war ich zwei Monate im Asylheim. War okay, ich lernte dort komische Algerier und Albaner kennen, das war lustig. Und nach zwei Monaten bekam ich endlich ein Zimmer im Studentenheim.« Zum Restaurantjob gesellte sich später noch ein Job im Stadtpark als Flaschensammler. »Es war in Deutschland nie ein Thema, Geld zu verdienen!« Davon ist Zain bis heute fest überzeugt.

»Ich konnte von Anfang an essen, Party machen, Saufen gehen.« Alles also, was auch ein muslimisches Studentenherz höher schlagen lässt.

Zwischen Fieberschüben und Tatendrang

Auf meine Frage, woher er sein Selbstvertrauen hat, antwortet er nur: »Ich weiß es nicht! Ich weiß nur, ich war immer ein Zappelphilipp.« Dabei war er ein sehr kränkliches Kind, wie er erzählt. Asthmatiker. Er lief bis zum achten Lebensjahr immer mit einer Pumpe herum. Auf Hyperaktivität folgten Fieberschübe. Die Kindergartenzeit beschreibt er als schlimm. Er wollte einfach nie schwach sein, sondern ein normales Kind, wie alle anderen. »Ich wollte immer dazugehören. Aber als ich dazugehörte, fand ich das langweilig.« Auch seine Mutter habe ihn stark beeinflusst. Wenn sie ein Gewehr zerlegte und wieder zusammenschraubte und putzte, beeindruckte ihn das. »Ich habe eine Mutter, die mich sehr, sehr geprägt hat. Sie hatte jede Menge Energie in sich und konnte sich immer wehren.«

Außerdem sei ihm früh etwas aufgefallen: Es habe ihn irritiert, wenn sich jemand als Opfer darstellte und jammerte. »Die Erwartungshaltung ist total bescheuert. Mich hat das genervt. Warum sind die immer Opfer und die anderen Macher? Aber sie sagen: Nein, können wir nicht. Die Gesetze, der Mensch, die Nacht, der Tag, die Nachbarn, es regnet, es ist trocken, es ist heiß, es ist immer irgendwas. Ich wollte nie Opfer sein. Ich wollte nie sagen, die anderen sind daran schuld, dass ich es nicht geschafft habe. Ich erinnere mich ganz genau. Mit zwölf kam ich ins Internat und war dort einer der Jüngsten und nicht gerade der Größte oder Breiteste. Ich war so ein Schwächling, und es war ein Kampf. Ich wurde zusammengeschlagen, aber irgendwann wussten sie: Wenn man Zain zusammenschlägt, dann kommt er nachts, und dann haben sie aufgehört.« Die Schläge waren so brutal, dass er sogar im Krankenhaus landete. »Im Internat hieß es: Entweder du schlägst ihn und er ist tot, dann haben wir alle Ruhe. Oder du schlägst ihn nicht, denn er wird sich rächen, und dann sind wir alle am Arsch. Ich habe im Internat einmal eine ganze Etage in Brand gesteckt. Komplett! Damals steckte ich in dieser Mentalität. Ein Überlebensinstinkt.« Er verdeutlicht diesen Kampf mit den Machtkreisen des Mathematikers Thomas Hobbes. Jeder müsse seine persönlichen Grenzen überall signalisieren. Das sei in allen menschlichen, tierischen und staatlichen Beziehungen der Fall. Bei ihm habe das rund drei Monate gedauert. Es sei seiner Meinung nach eine Illusion, dass es keine roten Linien gebe. Jeder und alles habe eine Linie, die nicht überschritten werden dürfe.

Von Zains äußerlichem Punk ist nichts mehr übriggeblieben. Er trägt perfekt sitzende Anzüge, hat kurzgeschnittene glatte schwarze Haare, einen fröhlichen Blick und berät Konzerne und Banken. Sein Punk steckt in seinem Lachen und in seiner Art zu denken. Ich kann mir den hyperaktiven Zain als kleinen Jungen sehr gut vorstellen, einen Jungen, der voller Neugier und Tatendrang war. Seine Neugier von einst ist in Deutschland gewachsen und kultiviert worden, durch all seine Erfahrungen und Begegnungen. Und durch Bücher. Denn als er erfuhr, dass er in der Uni-Bibliothek Bücher für vier Wochen ausleihen darf, habe er die Bibliothekarin zehn Mal gefragt, ob es wirklich vier Wochen seien. »Es war paradiesisch! Ich habe als Kind immer gelesen.« Fußball habe ihn nie interessiert. »An diesem ersten Tag habe ich vierzig Bücher mitgenommen, weil ich dachte, vielleicht ändern sie ihre Meinung!« Deutschland – Land der Dichter und Denker. Für Zain auch ein Wissensparadies!

9. Ein Gastarbeiter und das Recht auf Liebe

Die öffentliche Auseinandersetzung mit der Sichtbarkeit von homosexuellen muslimischen Männern hat in den vergangenen Jahren teilweise zugenommen. Besonders Muslime aus dem reaktionären Spektrum werfen muslimischen LGBTQ-Aktivisten vor, sich den sogenannten Mainstream-Medien anzubiedern. Sie wollten angeblich nur der Mehrheitsgesellschaft gefallen. Egal wie die Aktivisten es drehen und wenden würden, es bliebe haram. Also sollen sie schweigen, sich weiter verstecken oder sich heilen lassen. Dafür gibt es ja schließlich berufsmuslimische Teufelsaustreiber. Wie Homophobe überall, hängen auch manche Muslime dem Denken an, dass Homosexualität krank sei und es dagegen Behandlungsmöglichkeiten gebe.

Die theologischen Meinungen gehen hierbei durchaus auseinander. Progressive und liberale Kräfte bewerten die theologischen Schriften nicht als homophob. Für Salafisten und Islamisten hingegen sind die theologischen Texte eindeutig gegen das Ausleben der homosexuellen Neigung gerichtet. Konservative Muslime schauen eher weg, getreu dem Motto: Was ich nicht weiß, macht mich nicht heiß. So trifft wieder einmal die Theorie auf eine völlig anders geartete Wirklichkeit, und zwischen diesen Polen werden vor allem die Betroffenen ohne Rücksicht auf Verluste zerdrückt. Ein Doppelleben können und wollen nicht alle führen, und gerade Unterdrückungsmaßnahmen auf psychischer, sozialer und sexueller Ebene können zu Amokläufen, Selbstmord oder zur Unterdrückung anderer führen.

Wie unbarmherzig selbst die eigenen Kinder sein können, zeigt die Geschichte von Bilal. Er gehört zu den ersten Gastarbeitern aus der Türkei. Ein Rentner, der, wie so viele fürsorgliche Väter, für seine Frau und Kinder in einer Fabrik arbeitete. Einer, der, wie so viele fromme Muslime, bis heute zum Freitagsgebet in die Moschee geht. Denn wie viele andere aus der ländlichen Türkei sei auch er religiös erzogen worden. Wie er sich seine Zukunft damals ausgemalt habe, möchte ich wissen. »Ein buntes Leben mit Kindern und guter Arbeit«, sagt er. Wie viele andere ausländische Arbeiter habe auch er über Jahrzehnte hinweg Rassismus am Arbeitsplatz und im Alltag erleben müssen. Dennoch besteht sein Freundeskreis heute mehrheitlich aus Deutschen. Nüchtern muss er feststellen, dass nichtmuslimische Deutsche mehr Verständnis haben. Viele alte Freunde haben ihm die Freundschaft gekündigt. Denn als er vor kurzem sein ICH nicht mehr verleugnen wollte, outete er sich bei seiner Frau und Freunden. »Ich hatte Schuldgefühle, aber ich konnte meine Gefühle gegenüber Männern nicht mehr verstecken.« In Schweigen hüllte er sich, seit er zwanzig ist. Seine Frau habe laut Birol jahrelang nichts gewusst, aber sie habe sich emotional und sexuell von ihm vernachlässigt gefühlt. Damit geht es ihr wie vielen anderen Muslimen, Atheisten oder wie auch immer Gläubigen. Gefühle und sexuelle Orientierungen sind konfessionsunabhängig. Seine Kinder hätten ihn seit seinem Outing abgelehnt. Das mache ihn unfassbar traurig. Denn genau das war seine größte Sorge. Aber es erfülle ihn mit Glück, wenn es seinen Kindern gut gehe. Für die Zukunft wünsche er sich wieder einen guten Kontakt zu seinen Kindern und mehr Toleranz für Homosexuelle unter seinen Landsleuten. Ich wünsche es ihm von Herzen und hoffe, dass bei unseren Wiedersehen er mir davon erzählt, wie eine Annäherung stattgefunden hat. Seine Geschichte und Offenheit berührte mich von allen meinen Gesprächspartnern am meisten. Jede*r hat das Anrecht auf Liebe und Geborgenheit ohne Rechtfertigung. JED*ER! Liebe kann niemals Sünde sein!

Analyse

Von Männlichkeit und Ehrenbildern

Drei Jahre, nachdem ich das Frauenmagazin »Gazelle« gegründet hatte, veröffentlichten wir dort im Jahr 2009 einen Artikel über die Männlichkeitsbilder von türkeistämmigen Jungen in Deutschland. Verfasst wurde der Text von Birol Mertol. Er ist Erziehungswissenschaftler mit Schwerpunkt Interkulturelle Pädagogik und Mitarbeiter der Fachstelle Gender NRW, kurz FUMA. In seinem Artikel schrieb er über eine Studie, die er mit fünf türkeistämmigen Jungen im Alter von 17 bis 22 Jahren durchgeführt hatte, die allesamt in Deutschland geboren waren. Ein Junge gehörte zur zweiten, die vier anderen zur dritten Nachkommenschaft der aus der Türkei Eingewanderten. Aufgrund des sozialen und wirtschaftlichen Hintergrunds ihrer Eltern zählen sie zur Unter- und unteren Mittelschicht. Im Fokus der Studie stand, die Geschlechterkonzepte der jungen Männer zu erforschen. Interessant war, dass alle Jungen von der klassischen Vaterrolle abrückten, die den Mann als alleinigen Hauptverdiener und Ernährer sieht. Auch von der Vorstellung, dass Väter eine untergeordnete Rolle in der Erziehung der Kinder spielen und vor allem als Kontroll- und Bestrafungsinstanz zu verstehen sind, distanzierten sich die Jungen. Die Vorstellung von

Vaterschaft gegenüber Söhnen und auch Töchtern pendelte sich bei ihnen zwischen den Polen freundschaftlich-partnerschaftlich bis hin zu emotional-leistungsorientiert ein. Zwei der Jungen sprachen sich allerdings für eine autoritäre Linie aus, die auch Unterschiede in der Erziehung von Mädchen und Jungen vorsieht. Erklärt wird dies vor allem mit dem sozialen Druck, der von außen auf die Familie ausgeübt wird. Der Ruf der Familie und auch die sogenannte Ehre (Namus) lastet mehrheitlich auf den Schultern der Mädchen. Eine derart ausgeprägte Reflexion über die Geschlechterrollen ist in diesem Milieu durchaus beachtlich, nicht zuletzt, wenn man bedenkt, dass es sich hierbei um Jungen handelt, die zumeist als bildungsfern gelten und aufgrund ihrer Türkeistämmigkeit zu einer ethnischen Gruppe gehören, die stark vom Stigma des Machos und Unterdrückers geprägt ist – sowohl in der Selbst- wie auch in der Fremdwahrnehmung. Kurzum: In stark patriarchalen Kreisen mit sozialem Kontrolldruck wäre es mit Sicherheit einfacher, jenen Pfad zu betreten, den zuvor bereits die Väter, Onkel, Brüder oder Freunde gegangen sind. Dass diese Jungen aber durchaus in der Lage sind, aus diesem Konstrukt eigene, neue Schlüsse zu ziehen, zeigt auch, dass die Fähigkeit zum kritischen Hinterfragen nicht automatisch von der Ethnie und Religion abhängig ist.

Was es allerdings ohne Zweifel braucht, sind Neugier, Mut und vor allem Impulse von außen. Impulse, die neue Perspektiven im Geiste der Gleichberechtigung aufzeigen können. Diese Impulse treten vor allem durch vielfältige Medieninformationen oder einen vielschichtigen Freundeskreis und ein ebenso vielschichtiges Wohnumfeld auf, die im Idealfall bereits in der Schule, am Arbeitsplatz oder in der Nachbarschaft anzutreffen sind. Die Denkanstöße helfen dabei, das eigene Leben und Denken zu hinterfragen und es nicht als in Stein gemeißelt oder gar als völlig unveränderbares, von Allah vorgegebenes Schicksal zu verstehen. Und damit helfen sie, aus der Passivität in die aktive Gestaltung des eigenen Lebens zu treten.

Dafür braucht es aber wiederum wichtige Impulse in frühster Kindheit. Nämlich das Gegenteil von: »Das ist unsere – türkische, arabische oder islamische – Kultur.« Denn es sind vor allem die patriarchalen Unterdrückungsstrukturen, die von emanzipierten Türken, Iranern, Indonesiern, Arabern oder Maghrebinern vehement abgelehnt und in ihrer Eindimensionalität und Klischeehaftigkeit nicht akzeptiert werden. Diese Form von Männlichkeit gehört für sie – seien sie nun männlich oder weiblich – mitnichten zu ihrer gelebten und definierten Kultur. Für emanzipierte Menschen ist es daher keine besondere Leistung, den Weg der Emanzipation weiterzugehen und zu leben. Für die oben genannten jungen Männer und andere ihrer Klasse, wie wohl der französische Soziologe Pierre Bourdieu ihre Zugehörigkeit beschreiben würde, ist es hingegen ein großer Schritt in ein auch psychisch gesünderes und ausgeglicheneres Leben. Wenngleich vor allem zu Beginn des neuen Weges eine große Willensstärke vonnöten sein wird, um sich immerzu dem sozialen Druck zu widersetzen. Im Idealfall wird dieser neue Weg gemeinsam mit Freunden, Geschwistern oder Partnern angetreten. Daher sollten diese Emanzipationsprozesse so früh wie möglich unterstützt und durch offene Gespräche begleitet werden. Im Idealfall in der Kernfamilie.

»Männer haben's schwer, nehmen's leicht – außen hart und innen ganz weich – werden als Kind schon auf Mann geeicht«. Diese Zeilen sang Herbert Grönemeyer inbrünstig 1984 in sein Mikro und landete damit nicht nur einen der bekanntesten deutschen Hits, sondern beschreibt zudem, in welchen Spannungsfeldern Männer sich oftmals auch heute noch bewegen. Ob sie nun Kriege führen, schon als Baby blau sind, ob sie Pfeife rauchen oder Raketen bauen: Männer sind auf jeden Fall schlau. Und sie machen alles ganz genau. Dabei singt Grönemeyer zwar ganz allgemein von Männern, aufgrund seiner Herkunft und seines Umfelds wird er aber dennoch beim Komponieren und Texten mit großer Wahrscheinlichkeit vor allem Männer seinesgleichen vor Augen gehabt haben. Auch wenn im Ruhrpott Einwanderer das Straßenbild mitprägten, werden sie weder zu seinen Schauspielerzeiten in seinem Bochumer Theater im Publikum gesessen, noch werden sie im Musikstudio oder bei seinen Konzerten in Massen mitgegrölt haben. Wäre der Song wohl anders ausgefallen, hätte er ausschließlich muslimische Männer vor Augen gehabt beziehungsweise das, was man heutzutage unter muslimischen Männern versteht? Wäre der muslimische Mann nach allgemeinem Verständnis vom Muslim dann auch schon als Baby blau gewesen? Der Mohammedaner meidet ja laut verbreiteter Annahme den Alkohol wie der Teufel das Weihwasser. Wahrscheinlich ist es so: Grönemeyers Zeilen gelten genauso für viele muslimische Männer, wie sie für einige nicht gelten. Je nachdem, wen man vor sich hat. Doch im Gegensatz zu den 1980ern gibt es heute zahlreiche Musiker, die ihr Muslimsein und eine testosterongetränkte Männlichkeit in ihren eigenen Songs besingen und vor allem ausschweifend in ihren Musikvideos inszenieren – vor Potenz strotzend und muskulös.

Ein Musikgenre sticht dabei besonders hervor und macht regelmäßig von sich reden. Ein Genre, in dem sich Musiker mit einschlägigen arabischen, maghrebinischen, kurdischen oder türkischen Wurzeln nicht nur als Stars feiern lassen können, sondern nebenher immerzu ihr Muslimsein jedem auf die Nase binden. Ein Genre, in dem es völlig selbstverständlich ist, Mütter der Kontrahenten zu beschimpfen, antisemitische Klischees zu bedienen und materielle Güter ganz im Sinne des Kapitalismus zur Schau zu stellen. Ein Genre, dessen Videoclips jede Marketingabteilung der Luxuswaren- und hochpreisigen Automobilhersteller als willkommene Gratiswerbung empfinden dürfte, in dem aber auch die Zurschaustellung von Waffen nicht fehlen darf. Die Art und Weise, wie die schweren Geschütze präsentiert werden, kann bei so manchem Zuschauer den Eindruck erwecken, es handele sich eigentlich um eine Shoppingkanalwerbung für die Waffenlobby. Prunk und Plumpheit stehen hier im Vordergrund und nicht etwa Klasse. Bekanntlich kann sich ohnehin kaum noch jemand seine Kunden aussuchen. Geld stinkt nicht, und es kann auch nicht proletenhaft sein. Bestätigtes Klischee inbegriffen. Es geht ums Musikgenre Gangsta-Rap, inspiriert vom drastischen Alltag vieler Afroamerikaner in den Ghettos der weltbekannten US-Großstädte. In Deutschland wurde mit der Überidentifikation von Muslimen mit diesen US-amerikanischen sozialen Milieus die Musikbranche mit der höchsten Muslim-Gesangsknaben-Dichte ins Leben gerufen. Ein Genre, dem es gelang, bereits in den 1990er-Jahren Produktions- und Vertriebsstrukturen weitgehend eigenständig, ohne etablierte Plattenfirmen aufzubauen. Rapper und Gangsta-Rapper wie Eko Fresh und Bushido gehören zu den bekanntesten, die in den 2000ern von Sony und Universal unter Vertrag genommen wurden. Gerade der Vorleistung des logistischen und strukturellen Aufbaus der Produzenten ist es zu verdanken, dass die Mainstreammusikindustrie diesen Markt für sich entdeckte, sodass damit neben fanbasierten Medienformaten auch die breite Medienlandschaft einige dieser jungen Musiker kennenlernte. Gansta-Rap hat es aus der Schmuddelecke in die breite Öffentlichkeit und auch ins Feuilleton geschafft und ist in Deutschland spätestens dank einem Musiker wie Haftbefehl allen ein Begriff. Fans finden sich überall. Von Wohlstands- bis zu Prekariatskindern.

Doch wie wohlwollend Mensch diesen Underdog-Musikern gegenüber auch sein möchte: Die Aussage, dass es sich bei der drastischen Sprache und Darstellung allein um eine Kunstform handelt, täuscht nicht über das ungesunde Männlichkeitsbild hinweg, das vor allem für Heranwachsende mehr als problematisch ist. Zum einen ist der Gangsta-Rap schon lange Kommerz und kann sich der Verantwortung und Kritik nicht mit dem Stichwort Kunstfreiheit entziehen. Und zum anderen formt die Sprache das Denken und die Wirklichkeit, ganz besonders bei Heranwachsenden. Für viele junge Menschen aus bildungsfernen Elternhäusern ist ein reflektierter Umgang mit den Inhalten oftmals nicht möglich. Was ist hier Show, was ist Realität? Was ist Satire, Ironie oder Überhöhung? Da bleibt die Mehrheit vor allem jener muslimischen Jungen aus prekären Familien eher allein auf weiter Flur zurück. Bei wohlbehüteten Jugendlichen oder Erwachsenen mag Hip-Hop oder auch Gangsta-Rap anders empfunden werden und gar den Horizont erweitern. So wie es der Musikjournalist und Kenner der Szene Falk Schacht in einem Interview beschrieb: »Hip-Hop hat mir alles beigebracht, was ich über das Leben wissen musste. Das Nachdenken über die Rapmusik hat mich zu einem erwachsenen Menschen gemacht. In all dieser Kindlichkeit, die eigentlich mit Rapmusik zusammenhängt.«[21] Für Jungen aus prekären familiären Verhältnissen, wo auch archaische Männlichkeitsformen existent sind, wirken diese musikalischen Inhalte eher wie eine Versiegelungsmasse für den zukünftigen Mann. Zeilen von Rappern wie Massiv, der auch in »4 Blocks«, der mehrfach ausgezeichneten deutschen Erfolgsserie über kriminelle arabische Großfamilien, mitspielt, steuern zur Verfestigung einer frauenfeindlichen und aggressiven Geisteshaltung bei.

Auch wenn viele bekannte Rapper in Deutschland durchaus aus der (unteren) Mittelschicht oder aus bildungsnahen Elternhäusern stammen, wie zum Beispiel Eko Fresh, XATAR oder auch Bushido, eint es sie dennoch allesamt, als Migrantenkinder oder als Kind zumindest eines migrantischen Elternteils aufgewachsen zu sein, in welchem Wohnumfeld auch immer – meist aber eher aus der prekären und unterprivilegierten sozialen Klasse. Hinzu kommt, dass Gewalt in der Familie bei einem Großteil von ihnen Teil ihrer Biografie ist, und auch diese Erfahrung verbindet sie mit ihren Fans. Somit schafft auch die Wirklichkeit die Sprache und verrät mehr über ihre Sozialisation und auch ihre Schwächen und Ängste, als diese Musiker ihren Fans offenlegen möchten.

Der Kontakt zu Drogen und Kleinkriminalität ist nicht ungewöhnlich in Großstädten oder Vororten. Der Zugang zu

---

21 https://www.youtube.com/watch?v=Wgtb_kUZOKU

gutbürgerlichen Lebensverhältnissen gelang einigen Jungen meist erst durch wohlbehütete deutsche Freundinnen. So blieben viele Rapper als Kinder und Jugendliche lange nur Außenseiter und Träumer. Der Traum von jenem Status, der sie attraktiver und einflussreicher machen könnte, trotz Migrantenhintergrund, war und ist für viele unter ihnen ein wichtiger Antrieb. Endlich wer sein, auf den niemand mehr rassistisch herabblickt, mit dem sich niemand anlegt. Die Verlockung des schnellen Gelds durch kriminelle Aktivitäten ist daher oft attraktiver, als lange die Schul- und Ausbildungsbank zu drücken. Je nachdem, wie intensiv ihre kriminellen Erfahrungen ausgefallen sind, rappen sie also vom selbst Erlebten. Daher haben besonders jene keinen guten Stand in der Szene, die lediglich eine gewisse Nähe zur Kriminalität feiern und als »fake« gelten und sich ihr Gangsta-Image aus rein kommerziellem Interesse anlegen. Diese Kritik kommt besonders als Kritik an Plattenfirmen zum Ausdruck, sie findet aber auch – in homöopathischer Dosis – in Form von Selbstkritik Einzug in Texte: »Ihr ignoriert euch alle gegenseitig, Deutschrap – Kein Rapper dealt, jeder Rapper raucht sein Zeug weg.«[22]

Während die einen den Gangsta-Rap wegen seiner Inhalte kritisieren, kritisieren die Musiker wiederum ihre Kritiker und die Mehrheitsgesellschaft. Es wird in den Texten der Vorwurf erhoben, man blicke auf sie herab, auf die Ausländer, Muslime, Kanaken. Hinzu kommt, dass weder die Straße etwas für sie tue, noch liebe die Straße sie. Nur die Mutter kämpfe für sie, sei immer für sie da und weine um sie.

Dass der Gansta-Rap aber kaum einen Mehrwert für jene Kinder zu bieten hat geschweige denn sie liebt, erkennt

---

22 https://www.youtube.com/watch?v=MVm_FolFOPA

immerhin PA Sports. Der Rapper wurde 2017 einem breiteren Publikum mit einem kritischen Statement zu den Auswirkungen von Nationalismus, Rassismus und Fanatismus auf viele junge Menschen bekannt. Darin äußerte er sein Unbehagen über die Verbohrtheit vieler junger Menschen mit ausländischem Migrationshintergrund. In einem anderen Interview über »Rap und Glaube sind nicht unvereinbar« redet er über die Verantwortung als Rapper gegenüber jungen Fans. »Schau dir die Kinder auf der Straße an (...) richtig kleine Kinder (...). Ach du Scheiße, Alter, was hören die da alles? (...) Tut mir leid, wir können uns da von der Verantwortung nicht frei machen. Wir verdienen schönes Geld, haben viel Spaß, sind viel unterwegs, aber die werden behindert (...). Heutzutage hab ich das Gefühl, dass Rap die Kids dumm macht.«[23]

Vielleicht kommt es trotz des Erfolgsdrucks zu einer gewissen Nachsicht, gefolgt von mehr inhaltlicher Substanz oder einer Selbstverpflichtung, jugendgefährdende Titel nicht allgemein zugänglich zu machen. Vielleicht erlebt der Gansta-Rap auch eine gänzliche Umwandlung zum Schlager-Rap. Die wieder freundschaftlich vereinten Rap-Wegbereiter Eko Fresh und Bushido machen es vor. Jeweils ein Duett mit Schlagerkünstlern wie Karel Gott – wer kennt nicht seinen Biene-Maya-Evergreen – und Nino De Angelo, der 2018 seinen Abschied vom Schlager verkündete. Bekanntlich erliegen viele Mütter Schlagersängern, womit sich der Kreis um die Müttervergötterung auch wieder schließen würde. Womöglich muss die Mutter dann auch nicht mehr um ihren Jungen weinen, wie es Abusex alias King Zaza in MAMA rappt: »Ich

---

23 https://www.youtube.com/watch?v=mhDf0XmdB84

war kein guter Sohn, wieso musste Mama leiden – Sah mich hinter Gittern, immer musste sie losweinen – Jede Träne tat mir weh, wie ein Messer in mein Herz – Du bedeutest mir so viel, so unendlich dieser Schmerz.«

Falsche Götter und wie die Männlichkeit in die Welt kam

Bleiben wir noch einen Moment bei der Gangsta-Rap-Kultur. Im Vordergrund des sogenannten Battle-Raps steht zum einen die Rapfähigkeit des Kontrahenten als auch seine besagte Gangsta-Glaubwürdigkeit. Stets unterstrichen durch übernatürliche Potenz und eine ganze Menge an Gewaltmetaphern. Das zeigt, dass männliche Battle-Raps eine Kunstform des verbalen Schlagabtauschs sind, wo es nicht auf die körperlichen, sondern auf die verbalen Reimfähigkeiten und Techniken ankommt und man sich entweder disst, also diffamiert, oder prahlt, das sogenannte Boasting.

Selbstbewusstes Auftreten darf entsprechend nicht fehlen. So reagierte der 34-jährige Felix Blume alias Rapper Kollegah in einem Interview 2015 auf die Aufregung um Jan Böhmermanns »Ich hab Polizei« noch gelassen, bis 2018 seine Gelassenheit um die zunehmenden Antisemitismusvorwürfe in Nervosität umschwenkte: »Wir sind die stärkste Jugendkultur. Wir verkaufen mehr als die ganzen Hurensöhne in den anderen Branchen so. Wer will uns denn ficken?«[24] Besonders die frauenfeindliche und gewaltverherrlichende Sprache dieses Genres zelebriert ein primitives Männlichkeitsideal. Dabei ist es zweitrangig, ob es sich hierbei um eine reine Insze-

24 https://www.youtube.com/watch?v=sd-bM92nFvA

nierung handelt und insbesondere die Zuschauer und Fans in eine fiktive Unterhaltungswelt à la »Scarface« entführt werden sollen oder ob durch die Musik und die hochprofessionellen Videos auch ein bürgerliches und reflektiertes Publikum ein erhabenes Gefühl verspüren kann oder man sich schlichtweg nur gut unterhält. Letzteres Klientel ist aufgrund seiner Sozialisation und breitgefächerten Bildung in großen Teilen eher befähigt, diese Kunstform zu begreifen und einzuordnen. Denn jedes neue Battle-Stück ist eine weitere Episode in der Schimpansen-Rap-Dokusoap. Wie bei dieser Primatengattung üblich, gehören sexuelle Nötigung und eine von Männchen umkämpfte Hierarchie dazu. Ganz im Gegensatz zu den verspielten und ihr Geschlechtsteil herumzeigenden Bonobos. Diese sind weniger aggressiv, die Weibchen geben den Ton an, und die Konflikte werden mit Sex gelöst. Prototyp eines Bonobos im deutschsprachigen Rap-Game ist die erste Sex-Rapperin Lady Bitch Ray. Sie brachte nicht nur den Feminismus in den Rap, sondern lehrt als aufgeklärte und promovierte Linguistin und Pionierin seither der Branche das Fürchten.

Ohne Zweifel ist auch der Gangsta-Rap als Kanalisation von Wut und Frust im Leben allgemein irgendwelchen Tätlichkeiten vorzuziehen. Allerdings ist fraglich, ob junge Männer aus bildungsfernen und benachteiligten Schichten daraus etwas Sinnvolles für ihr Leben ziehen und ob damit patriarchale Verhältnisse aufgebrochen werden können. Ein Rapper wie Ben Salomo, der mit bürgerlichem Namen Jonathan Kalmanovich heißt und wie andere (Gangsta-)Rapper ebenfalls in bescheidenen Verhältnissen in Berlin aufgewachsen ist, sagt von sich selbst: »Hätte der HERR mich fünf Meter weiter links fallen lassen, wäre ich vielleicht in Gaza geboren.« Er zeigt, dass Mann auch ohne drastische Abwertungen dissen kann. Auch Rapper wie Samy Deluxe, Dendemann, die Antilopen Gang oder Teilzeitrapper POL1Z1STENS0HN a.k.a Jan Böhmermann stellen teilweise unter Beweis, dass Rap mehr kann, als der Gewalt, Frauenerniedrigung, den Drogen und einer verqueren Männlichkeit zu huldigen. Der politische Rapper Kaveh, der stellenweise recht verschwörungstheoretisch klingt und in seinen Raps die Ungerechtigkeit der Welt behandelt, merkt selbst in einem Interview[25] an, dass sich mit homophobem und sexistischem Gansta-Rap relativ einfach Geld verdienen lässt. Als wäre der Rap nicht ohnehin schon männlich genug dominiert, öffnet aber gerade der Gangsta-Rap mit seinem fixierten Männlichkeitskult Tür und Tor zu einer breit gefächerten Industrie, bei der vor allem die Jungs und Männer sich selbst zum Opfer eines Konstrukts machen und obendrein von einigen wenigen ausbeuten lassen. Egal wie sehr die Rapper und die Produzenten selbst den Westen, Die-da-Oben oder die Mainstreammedien für die Ausbeutung vieler Menschen verachten, sie sind selbst kein Deut besser.

Unbewusst sind all diese Gansta-Rapper nicht nur der Spiegel ihres labilen Selbst, sie sind auch der Spiegel ihrer sie nachahmenden Gefolgschaft. Eine Generation, eine Jugendkultur, die sich zwar nicht »ficken lassen« will, die jedoch längst ihre psychische Instabilität und ihr gestörtes Selbstbild zur Schau stellt und Zeugnis von ihrem Männlichkeitsverständnis gibt. Ohne Zweifel lassen sich mit nach einer Identität und nach Vorbildern suchenden Fans besonders gute Umsätze erzielen. Nicht erst seit es Rap gibt.

---

25 https://www.youtube.com/watch?v=1oHpnJ2WaCg

Es geht schon lange nicht mehr nur um die Musik, die aufregenden und kriminellen Geschichten rund um Nutten, Koks und Schlägereien. Der Körper ist längst ins Zentrum des Images gerückt und eröffnet dadurch neue Erlösquellen. Mit der Anzahl der Klicks auf allen Social-Media- und Videokanälen wachsen auch die Muskeln bei Gangsta-Rappern, die gestern noch eher körperlich schmächtig daherkamen. Und die Bizeps werden nicht nur zur Schau gestellt, sie werden auch besungen. »Von Salat schrumpft der Bizeps« trällerten und rappten unterhaltsam Kollegah & Majoe feat. Die Götzfried Girls. Aus den einstigen zierlichen und muslimischen Halal-Speckbubies sind Muskelpakete geworden oder, wie es Kollegah einmal beschrieb, eine »Anabolikabrustfront«. Der Adonis-Komplex lässt grüßen. In dieser Machismo-Jugendkultur dreht es sich stets darum, wer der Babo bzw. Boss ist, wer der Stärkste, Potenteste, Kräftigste und Mächtigste ist. Muskeln signalisieren für viele Männer jene Stärke und Erfolg.

Gerade hier bewegen wir uns auf einem kritischen Terrain, was heranwachsende Jungs betrifft. Viele sind aufgrund ihres familiären Umfelds unsicher und fühlen sich unvollkommen. Ihre Identität und ihr Charakter entwickeln sich noch, sie sind auf der Suche nach Orientierung und Halt. Dieses Besondere der Pubertät macht sie leicht beeinflussbar. Auf der Suche nach einer persönlichen Identität testen sie, was sich gut und richtig anfühlt. Fehlen vernünftige familiäre Vorbilder wie zum Beispiel Eltern, Onkel, Tante, Geschwister, aber auch Lehrer oder andere Nahestehende, locken schnell falsche Vorbilder: die Idole der überdrehten Medienwelt, und dazu gehören auch salafistische und islamistische YouTube-Prediger mit Kultstatus. Diese angehimmelten Vorbilder werden nur mit vermeintlich positiven und coolen Eigenschaften wahrgenommen, was mit der Realität nichts zu tun hat und keine vernünftige Persönlichkeitsentwicklung zulässt. Wenn dazu noch eine ungesunde Haltung zum Körper propagiert wird, beschädigt das nicht nur die Psyche des Heranwachsenden, sondern auch seine körperliche Entwicklung. Der Adonis-Komplex ist zudem ein neues Phänomen, mit dem gerade Fans des Gangsta-Raps heute konfrontiert sind. Gestern durch Bodybuilder Arnold Schwarzenegger, heute durch rappende Musiker.

Zwischen Adonis-Komplex und Homoerotik

Internationale Psychologen und Studien haben sich mit dem neuen Phänomen der Muskeldysmorphie, umgangssprachlich Adonis-Komplex, befasst. Dabei sind sie auch der Frage auf den Grund gegangen, was der Antrieb ist, sich so exzessiv geistig, körperlich und finanziell mit seinem Äußeren zu beschäftigen. Allgemein verbindet man Körperkult meist mit Frauen, die durch gesellschaftliche und mediale Schönheitsideale seit Jahrhunderten unter den Druck geraten, den unterschiedlichsten Idealen zu entsprechen, seien sie nun politischer, kommerzieller oder religiöser Art. Tonangebend ist dabei seit Jahrhunderten stets das Patriarchat. Bei Männern scheint der Adonis-Komplex nun durch das Bedürfnis hervorgerufen zu sein, andere Menschen – beiderlei Geschlechts – zu beeindrucken und von ihnen Bewunderung zu ernten. Tiefe Unsicherheit und Ängste vor sozialer Zurückweisung verbergen sich meist dahinter. Und auch sie sind gezwungen, sich dem Patriarchat unterzuordnen, ob Mensch das glauben mag oder nicht. Denn auch für den Mann gelten einige Regeln, um als Mann geachtet und bewertet zu werden.

Kanadische Psychologen nehmen an, dass gewisse Persönlichkeitsmerkmale wie zum Beispiel emotionale Instabilität und Perfektionismus eine Rolle spielen und ausschlaggebend für den Adonis-Komplex sein dürften. Traditionelle Geschlechterrollenstereotypen sind weitere einflussreiche Faktoren. Solche Männer und Jungen haben ein größeres Problem mit der Gleichberechtigung der Geschlechter. Sie versuchen diese Einstellung auch körperlich Ausdruck zu verleihen, indem sie vermeintlich männliche Merkmale überzubetonen. Bei einer Befragung von hundert Bodybuildern entdeckten die britischen Psychologen Dieter Wolke und Maria Sapouna von der Warwick Medical School, dass viele von ihnen als Kinder Opfer von Schikanen Gleichaltriger gewesen waren. Dies hatte nicht nur ihr Selbstwertgefühl erheblich beeinträchtigt, in ihnen ist auch der Wunsch gereift, möglichst stark und unverwundbar zu werden. »Viele Muskeln könnten auch dazu dienen, sich zu wehren und zurückzuschlagen«, sagen die Psychologen.

Die Betroffenen überspielen dies mit einer Überkompensation, was sich beispielsweise in fast jedem Gangsta-Rap-Video betrachten lässt. Diese Musikclips und Kurzfilme ließen sich durchaus als gefilmte ethnologische und psychologische Dokumentation bezeichnen. Auf die definierte Muskelpracht reagieren viele Männer im Fitnessstudio, in den sozialen Medien oder im Alltag mit Bewunderung. Männer tauschen sich über Trainingstechniken aus.

Umstritten ist allerdings, ob Muskeln à la Arnold Schwarzenegger das sexuelle Interesse bei Frauen wirklich wecken. Denn Psychologen der University of California stellten fest, dass Frauen so viel Muskelmasse eher skeptisch gegenüberstehen. Viele Frauen assoziieren unter anderem auch Gewaltbereitschaft und Untreue damit. Die neuen Muskeln steigern bei vielen Männern jenes Selbstbewusstsein, das zuvor so wenig ausgeprägt war wie die Muskeln. Seitensprünge und Ehebrüche, kurze Beziehungen oder häufige Partnerwechsel sind für viele Frauen – auch für muslimische Frauen – wenig ansprechend. Egal ob der muslimische Mann laut traditioneller Islam-Lesart vier Frauen ehelichen darf oder nicht.

Wer allerdings äußerst positiv auf muskulöse männliche Körper reagiert, sind die Männer selbst. Die Homoerotik ist mit der Antike und den alten Griechen also nicht untergegangen. Egal wie sehr und wie häufig muslimische Männer und Jungen Homosexualität auch von sich weisen und als ekelhaft, unnatürlich oder haram ablehnen, sie ist und bleibt Teil ihrer Lebensrealität. Wenn Gangsta-Rapper also sagen, sie seien nicht homophob, obwohl ihre Texte ein anderes Zeugnis abgeben und man dazu das sexuelle Privatleben einiger Rapper kennt, dann lässt sich das so zusammenfassen: Wer so bigott auftritt, lenkt mit großer Wahrscheinlichkeit nur von seiner eigenen Homosexualität ab. Die öffentlich verbreiteten Textzeilen über Homosexuelle werden vielen jungen Fans nicht dabei helfen, eine gesunde Sexualität geschweige denn eine sexuelle Identität zu entwickeln, die nicht davon lebt, andere sexuelle Identitäten abzuwerten.

Wer also will, dass Medien, Pädagogen, Eltern, Frauen und andere Gruppen die Macher dieser einflussreichen Jugendkultur ernst nehmen, muss auch Verantwortung übernehmen. Gerade wenn es hier schon lange nicht mehr nur um die Kunst von pubertierenden Sprachartisten geht, die ihre Wut in Rap-Zeilen umwandeln, sondern um knallharten Kommerz auf Kosten des ewigen Klischees: Muslime oder Kanaken gleich primitiv und kriminell. Nun ließe sich auch fragen, ob diese fehlende Einsicht schlicht den Nebenwirkungen der Muskeldysmorphie und denen der Muskelaufbaupräparate und in Teilen auch Anabolika geschuldet ist. Zu den Folgen neben Herz- und Leberschäden zählen nämlich auch Stimmungsschwankungen, erhöhte Aggressivität und kognitive Beeinträchtigungen. Von Potenzschwierigkeiten, die ebenfalls zu den Nebenwirkungen zählen, ganz zu schweigen, die wiederum die zuvor genannten Begleiterscheinungen hervorrufen.

Nach Einschätzung von US-amerikanischen Wissenschaftlern dürfte die Körperunzufriedenheit und Muskeldysmorphie epidemieartig die männliche Bevölkerung erfassen. Der Druck für Männer, gut auszusehen, steigt. Als Gangsta-Rapper mit einem propagierten Körperideal nebenher mit Muskelaufbaupräparaten und -programmen Gewinn zu machen, ist wenig moralisch. Da kann man noch so viel auf das kapitalistische Amerika, die auf einen herabblickenden Medien und Gesellschaft schimpfen und sich für die Brüder und Schwestern in Palästina und hierzulande einsetzen. Kurzum: Jung, brutal, gutaussehend ist nicht die Lösung, sondern das Problem. Erfolgversprechend sind hingegen Therapien, die sich mit den Emotionen befassen und das Selbstwertgefühl der Betroffenen aufbauen und darüber hinaus Rollenbilder reflektieren! Darüber ließe sich eine Menge rappen, und das Ganze wäre aufgrund der erlebten Erfahrungen sogar authentischer als die Inszenierung von kriminellen Unterweltenanekdoten.

Über männliche Rollenbilder und Konstruktionen reflektieren geht allerdings nicht, ohne den Ursprung allen Übels zu kennen. Dabei sind muslimische Jungen und Männer sowohl im Westen als auch in ihren Herkunftsländern mehr durch den westlichen Kulturraum geprägt und beeinflusst, als ihnen bewusst ist – selbst die größten Islamisten, Salafisten und Ablehner des ihnen als Urheber alles Bösen erscheinenden Westens. Sowohl ihre traditionell ausgelegte Religion des Islam als auch ihre Erziehung ist durchdrungen von einer universell patriarchalen Männlichkeitskonstruktion. Das Patriarchat ist und bleibt lästig, auch für muslimische Männer. Weder ist sie natürlich, noch hat sie erst durch die Beschneidung ihrer Vorhaut von ihnen Beschlag genommen. All jene Männer, die zwar das Patriarchat mit allen Mitteln verteidigen und, je nach Lebenslage, davon profitieren, sind nicht selten selbst Opfer diverser Auswüchse der vermeintlichen eindeutigen Männlichkeit. Was selbstverständlich im Umkehrschluss nicht bedeutet, dass Frauen die besseren Menschen sind. So einfach ist die Emanzipation auch nicht zu bekommen! Hirnmasse muss schon auch gefordert werden.

Wer einen Übeltäter braucht, kann sich postum bei den alten Römern dafür bedanken. Denn es ist den großen Imperatoren zu verdanken, dass wir nicht nur die Freuden der Dolce Vita kennen und lieben lernen durften, sondern auch, dass sie das schlichte Organ Penis mit der Vorstellung von Macht verknüpften. Mit diesem Phallus steht und fällt im wahrsten Sinne des Wortes einiges für die Männer. Bereits die Griechen der Antike besaßen Phallusfiguren, die vor allem Fruchtbarkeit symbolisierten. Man stellte sie aber auch, angelehnt an das übergroße Glied des Priapos, mal als eine Art Vogelscheuche auf Feldern auf. Priapos war der Sohn der Aphrodite, den diese wegen seines dauererigierten und mächtigen Glieds als abstoßend empfand und verstieß. Auch in der Frage der körperlichen Ertüchtigung unterschieden sich die Griechen von den Römern. Während die Griechen dem Körperkult frönten und Selbstkontrolle eher als Ideal erachten und sich dem Wettbewerb bei den Olympischen Spielen hingaben, ging es bei den Römern nicht nur sexuell deutlich freizügiger zu. Auch ihre Gladiatorenspiele waren wesentlich brutaler. Es galt nicht, dass der technisch Versiertere siegen möge, sondern der Stärkere, und das fiel nicht selten ziemlich brutal aus. Es verwundert daher nicht, dass das Blut der Gladiatoren auch als Potenzmittel verkauft wurde.

Potenz dominierte fortan die Männlichkeitskonstruktion, und dank des ausgedehnten Römischen Reichs wirkt nicht nur das fundierte Verständnis der Römer von Recht bis heute in unseren Gesellschaften, sondern auch ihr Verständnis von dem, was vermeintlich echte Männlichkeit ausmacht. Das Weströmische Reich erstreckte sich über weite Teile des heutigen Großbritannien, West- und Südeuropas sowie des Maghreb, das Oströmische Reich über Libyen, Ägypten, die Levante bis zum Euphrat, Griechenland sowie Südosteuropa und der Schwarzmeerküste und der heutigen Türkei. Es erstreckte sich also auch über eine Vielzahl von Ländern, die später durch die arabische Expansion islamisiert werden sollten und deren Nachfahren heute im Sandkasten spielen, unsere Kollegen sind oder schlicht unsere Nachbarn. Während viele europäische Gesellschaften seit Jahrzehnten die tradierte Männlichkeit öffentlich kritisch diskutieren und in ihrem Kampf gegen sie Durchbrüche erlangt haben, ist dieses

Ideal sowohl in rechtsextremen Gruppen wie auch sogenannten Ehrkulturen, in denen ein rigides und in Teilen auch archaisches Patriarchat vorherrscht. Übermännlichkeitskonzepte und die damit einhergehenden psychischen Folgen nagen nicht nur nachweislich an vielen Männern, sie werden sogar zu einem Tabu. Insbesondere rechte und archaische Gesellschaftsgruppen drohen bei einer kritischen Nahaufnahme zusammenzubrechen. Für Profiteure dieses Systems droht die eigene Abschaffung.

Die französische Philosophin Olivia Gazalé, Autorin des Buchs »Le Mythe de la virilité« – »Der Mythos der Männlichkeit« –, arbeitet heraus, wie Männer aufgrund eines konstruierten Männlichkeitsideals sich selbst eine Falle stellen. Mit vermeintlich wahrer Männlichkeit wird kulturübergreifend vor allem Erfolg, Mut, Gewalt sowie physische Kraft assoziiert – inklusive Muskeln. Kleine Jungen bekommen oft Sätze zu hören wie: »Ein Indianer kennt keinen Schmerz«, »Sei kein Mädchen« oder: »Echte Männer weinen nicht«. Unsicherheit oder gar Verletzlichkeit sind gleichbedeutend mit Schwäche und Angreifbarkeit, und die widersprechen den vom Patriarchat definierten Zuschreibungen der Männlichkeit. Hinzu kommen weitere Merkmale, je nach Klasse und Herkunft. Wie zum Beispiel Leistungsfähigkeit im Studium, Beruf oder Sport, Körpergröße und Aussehen. Vor allem den physischen Anforderungen kann Mann allein aus genetischen und biologischen Gründen nicht genügen. Wer 1,65 Meter groß ist, wird nie 1,90 Meter groß sein. Zu allem Überfluss krönt eine belanglose Erektionsstörung das männliche Elend zusätzlich. Darunter leiden neben dem Mann selbst auch jene in seinem Umfeld, die mit den Auswüchsen seiner daraus resultierenden Komplexe konfrontiert sind. Denn der Phallus ist eng verknüpft mit Potenz. Einer Potenz, die sich nicht nur auf das Schlafzimmer beschränkt, sondern darüber hinausgreift. Nach Simone de Beauvoirs Satz »Das Private ist politisch« ließe sich präzisierend auch sagen: »Die männliche Erektion ist politisch.« Ein Indikator der Potenz ist auch militärische und politische Macht. So wird aus einer Erektionsstörung Machtlosigkeit, und der Druck steigt, sich erneut der Männlichkeit zu vergegenwärtigen. Ein instabiler Gemütszustand ist die Folge. Dem gerecht zu werden, ist schwer möglich.

Laut Gazalé führt das zu einer Diskriminierung und Unterdrückung der Männer. Denn wer diesen Codes nicht entspreche, könne kein echter Mann sein. Dabei ist keiner dieser Maßstäbe natürlich. Es gibt entsprechend auch keine natürliche Überlegenheit. Alles, was als weiblich definiert wird – Schwäche, Weinen oder auch Schönheit sowie Verführung –, ist konstruiert und findet sich in allen patriarchalen Modellen wieder. Selbst einige Zitate von bedeutenden europäischen Denkern verweisen auf eine Abwertung von Weiblichkeit. »Das Weib ist stets ein wankendes und veränderliches Wesen«, sagte der römische Dichter Vergil, und der weltbekannte Friedrich Nietzsche war der Meinung: »Die Frau war Gottes zweiter Fehler.« Aber genau auf solchen Konstruktionen fußen patriarchale Gesellschaften, Ideologien und auch Religionen, wie der Islam. Er markiert die Frau als jenes Wesen, das einen Leumund benötigt, das sich einem Kleidungskodex unterwerfen muss und obendrein auch nicht außerhalb seiner Glaubensgruppe einen Partner wählen, geschweige denn lesbisch sein darf. Schon gar nicht wird der Frau zugestanden, ohne Abwertung promiskuitiv leben zu dürfen, wie das viele Männer tun. Genauso wie Männer nicht homosexuell sein dürfen, weil sie dann nicht nur als unmännlich betrachtet werden, sondern, wie es oft heißt, mit ihrer Homosexualität gar den Thron Allahs zum Beben bringen würden. Noch einmal: Es gibt keine natürliche männliche Überlegenheit, und dementsprechend kann keine Hierarchie dieser Art gebildet werden. Der gesellschaftliche Modernisierungsprozess, der hierzulande nach dem Zweiten Weltkrieg spätestens durch die 68er-Bewegung in Gang gesetzt wurde, hat die Männlichkeitsfalle sichtbar gemacht. Die vermeintliche Stärke und Dominanz des konventionellen Rollenmusters steht auch heute wieder und wieder auf dem Prüfstand. Frauen sind immer mehr auf der Überholspur und stellen – mal präsent, mal weniger präsent – seit Jahrhunderten ihr Können unter Beweis. Das wird auch unter Muslimen deutlich. Die Mädchen sind meist erfolgreicher und strukturierter als die Jungen. Jungen erfahren heute immer stärker den Widerspruch der traditionellen männlichen Überlegenheitsbotschaften. Auch, weil sich viele Jungen nicht automatisch nur innerhalb der binären Geschlechtsidentitäten wiederfinden möchten und können – je nach biologischer wie auch persönlicher Entwicklung und Neigung. Queere und transsexuelle Identitäten finden immer mehr Anerkennung in der westlichen Öffentlichkeit und in Teilen in muslimischen Gesellschaften wie im Libanon oder Marokko, was allerdings nicht automatisch mit einer breiten Akzeptanz im familiären Umfeld einhergeht. Trotz einer langen Präsenz und Existenz von queeren Identitäten in der sogenannten islamischen Welt bis weit in das 20. Jahrhundert hinein, ist eine solche Identität für die Nachkommen der nach Europa eingewanderten muslimischen Familien nicht akzeptabel und hat noch immer oft Ausgrenzung und Unterdrückung zur Folge oder wird auf eine angebliche Verwestlichung zurückgeführt. Wenn überhaupt, wird es in den Familien heimlich geduldet. Was wiederum zu einer psychischen Krise führen kann, zu Selbstverleugnung und Autoaggression, zu Gewalt gegenüber anderen und durchaus auch zu Selbstmord. Allgemein ist die Suizidquote unter Männern dreimal höher als bei Frauen. Es verwundert daher nicht, dass sich psychisch gestörte muslimische Männer ihren Freitod im Märtyrertum suchen. Denn das ist die einzige Form, um den Selbstmord mit Bedeutung zu füllen und sowohl dem eigenen Leben zu entfliehen als auch der Sünde Selbstmord.

Einfach ist es indes nicht, keine Frage. Heranwachsende Jungen werden früh mit widersprüchlichen Männlichkeitsbotschaften konfrontiert, besonders als muslimischer oder migrantischstämmiger Junge in einer freiheitsorientierten Gesellschaft wie Deutschland eine ist. Doch auch in ihren Herkunftsländern ist nicht bei allen Familien alles automatisch schwarz-weiß und traditionell und rückständig. Bei Pubertierenden ist die Persönlichkeit grundsätzlich noch nicht gefestigt. Der Wunsch wächst, »cool«, »männlich« und »stark« zu wirken, und nicht selten führen diese Ambivalenzen zu provozierendem Verhalten. Das pubertäre Gebaren männlicher Teenager ist oft Ausdruck der eigenen Unsicherheit, und es ist vielerorts auch bei erwachsenen Männern zu beobachten, besonders anschaulich bei totalitären Herrschern. Laut dem Psychologen Dr. Manfred Jens Foerster bleiben diese oft auf einer infantil regressiven Stufe ihrer Entwicklung stehen und kompensieren ihre Defizite im persönlichen Bereich durch brutales Machtverhalten. »Große und böse Männer behalten einige Charakteristika von mutwilligen polymorph perversen Kindern, deren Triebausrichtung unentschlossen, archaisch und noch keiner eindeutigen Identität verhaftet sind.« Weitaus schmerzlicher erscheine, »dass sie ihre persönlichen Marotten und psychischen Verwerfungen zum Zentrum ihrer Politik machen. Die politische Bühne bietet diesen Kreaturen die Möglichkeit, ihre innere Leere und psychische Schwäche in ungehemmte Macht zu transformieren. Gewissermaßen als ein Selbstheilungsversuch auf Kosten der Menschheit.«[26]

Das Fehlen geeigneter männlicher Vorbilder in der Kindheit und Pubertät kann also dazu führen, dass all jene als weiblich definierten Anteile ihrer Selbst abgewehrt und durch Brutalität, Härte und zuweilen Hass ausgeglichen werden, sei es nun im Gangsta-Rap, im Berufsleben, in der Familie oder Partnerschaft. Den Jungen bleiben letztendlich allein ihre Testikel (von griechisch testis: der Zeuge), also die Zeugen ihrer inszenierten Männlichkeit.

Keimzelle der Gesellschaft – Vater, Mutter, Sohn

Was haben Despoten und Diktatoren wie Saddam Hussein, Adolf Hitler, Josef Stalin oder Osama Bin Laden gemeinsam? Ihre Biografien sind geprägt von engen Bindungen zur Mutter und zu einem abwesenden oder brutalen Vater. Sie lassen sich durchaus als machohafte »Muttersöhne« bezeichnen. Wie oben beschrieben wird das Misslingen der männlichen Identität durch das Scheitern der Geschlechtsidentität während der Pubertät besiegelt.

Die Mutterbeziehung dieser Herrscher ist von einer destruktiven Ambivalenz geprägt. Alles Weiche wird mit Weib-

26 Manfred J. Foerster, Hitler und Speer. »Gesichter totalitärer Herrschaft«, Hamburg 2016, S. 21.

lichkeit und mit der Mutter assoziiert und als fremdartig erachtet und kompensiert. Im 1933 erschienenen Buch »Massenpsychologie der Massen« meint der Psychoanalytiker Wilhelm Reich eine wesentliche Voraussetzung für die Ausbildung sogenannter autoritärer beziehungsweise faschistischer Charaktere zu erkennen. Es entwickelt sich ein Gegenkonzept zur Liebe zum Leben. Schließlich schenken Mütter ebenfalls Leben, nämlich in Form von Neugeborenen. Stattdessen entsteht ein ungehemmter Drang zur Vernichtung und Unterordnung unter eine Führergestalt oder perverse Ideologie. Somit ist es kein Zufall, dass der Nationalsozialismus mit seiner rigiden Geschlechtermoral, dem Rassenwahn sowie seinen Großmachtphantasien jene vaterlose Generation des Ersten Weltkrieges anzog. Infolge dieser fehlenden Vaterbilder bildet der Faschismus jeglicher Ausrichtungen einen psychosexuellen Fluchtraum uneigentlicher Identitäten. Denn die verhassten und im männlichen Umfeld nicht geduldeten und als weiblich definierten Attribute können in diesen Gruppen durch pseudomännliches und auch martialisches Gehabe verdeckt und überspielt werden. Endlich unter Gleichgesinnten, kann Mann also heute wie damals mithilfe von Waffen, Gewalt, Uniformen, Gewändern, Bärten und der Vernichtung anderer den eigenen Minderwertigkeitskomplex kompensieren. NS oder IS – das macht da kaum einen Unterschied.

Der Schriftsteller Volker E. Pilgrim, der familiär selbst aus dem Umfeld des NS-Luftwaffen-Oberbefehlshaber Hermann Göring stammt, beschreibt in seinen Werken die weltgeschichtlichen Muttersöhne. Konkret zum Beispiel Hitler und Stalin. Bereits Hitlers Vater soll ein Muttersohn gewesen sein, Hitler selbst war ein uneheliches Kind und von Brutalität begleitet. »Hitler dilettierte, lebte ziellos herum, lernte nichts, studierte nicht, band sich nicht in Liebesbeziehungen, wohnte in einem Männerwohnhaus (…), kostümierte sich mit Männlichkeitszeichen: Schwellkörper Uniform, Versteifung rechter Arm in die Höhe, eindringendes Augenrollen, hin- und hertreibende Rede, multiple Ohnmacht des Höhepunktes bei jeder Massenveranstaltung. Er selbst blieb ein Jungferich.« Stalins Biografie ist ähnlich. Als Stalin fünf Jahre alt war, verließ der Vater die Familie und verstarb wenige Jahre später. Stalins Mutter war wohl die Einzige, die ihm Liebe schenkte. Wie Hitler wurde er in seiner Jugend gehänselt. Künstlerisches Dilettieren gehörte genauso zu seinem Leben wie ein gestörtes Verhältnis zu Frauen, Verfolgungsangst und Herrschaftstrieb. Anders Stalins Vorgänger Lenin: »Den jungen Wladimir Iljitsch begleiteten ein anwesender, gütiger Vater, der ein aufgeklärter Lehrer war, und eine gebildete, Menschen und Dingen zugewandte Mutter (…) Lenin war ein Liebender, Sich-Verbindender, alte Unterdrückungsformen Sprengender, dabei im Männergeschäft Revolution so bewandert, dass auch er Gegner umbringen ließ. Aber er hatte eine Idee, die er zu verwirklichen trachtete. Er war keine Mordmaschine. Sein Leben steht übersichtlich vor der Nachwelt«, beschreibt Pilgrim in seinem Buch »Müttersöhne«. Zahlreiche Beispiele dieser Art finden sich in unserer Menschheitsgeschichte. Von Nero, Alexander dem Großen über Napoleon oder Bin Laden sind sie fast überall in der Welt anzutreffen. Überall dort, wo Frauen unterdrückt werden, wächst und gedeiht der Männercharakter »Muttersohn«. Von den Formen und dem Ausmaß von Gewalt sowie der Staatsform und der sozialen Verfassung und politischen Kultur hängt vieles ab. Der Soziologe Norbert Elias hat daraus gar eine eigenständige Zivilisationstheorie entwickelt. Muttersöhne haben trotz alledem häufig eine verführerische Ausstrahlung und wirken auch auf Frauen. Es erscheint geradezu paradox, dass Faschismus und Despotismus in all ihren Facetten als eine brachiale Männerveranstaltung besonders auf jene zarten Muttersöhne eine besondere Anziehungskraft besaßen und noch heute besitzen.

Für extremistische Muslime füllt gerade der gewaltbereite Panislamismus in Form von al-Qaida oder IS diese Kompensationslücke vieler junger Männer. Die Ethnie rückt in den Hintergrund. Einer mit faschistoiden Ideen geformter Islam zieht heute zahlreiche junge Männer in den Bann – durchaus auch solche, die frisch aus dem Atheismus oder Christentum in den salafistischen Islam konvertiert sind. Mit Osama Bin Laden hätten wir indes ein muslimisches Despoten-Muttersöhnchen-Pendant. Lange bevor Osama Bin Laden zum meistgesuchten Terroristen von 9/11 wurde, war er nicht nur ein zartbesaiteter Junge und Mann, sondern auch Mamas größter Liebling und Partnerersatz, wie dies ehemalige Wegbereiter bezeugten. Khaled Batarfi, ein ehemaliger Nachbar und Freund Osamas, erinnert sich, wie Osama seiner Mutter oft zu Füßen lag und sie streichelte. Seine Mutter war noch ein Teenager, als sie ihn zur Welt brachte. Sie war bis zu ihrem ca. 18. Lebensjahr mit Muhammed Bin Laden, einem erfolgreichen und bekannten saudischen Bau- und Erdölunternehmer verheiratet. 22 Ehefrauen gebaren ihm insgesamt 54 Kinder. Nachdem sich ihr Mann von ihr scheiden ließ, vermittelte Muhammed Bin Laden höchstpersönlich ihre nächste Ehe. Osamas Mutter bekam mit dem neuen Ehemann weitere Kinder und Osama damit vier Stiefgeschwister. Osama fand weder in der neuen noch in der alten Familie jemals richtig seine Rolle. Seinen leiblichen Vater sah er unregelmäßig. Als zukünftiger Erbe Bin Ladens war er in der neuen Familie seiner Mutter ein Ausgeschlossener. In Teilen lästig, aber aufgrund seines einflussreichen und vermögenden Vaters auch gebraucht.

Osama sei laut seiner Mutter und seinen Schulzeugnissen ein freundliches, hilfsbereites, scheues und ruhiges Kind und ein durchschnittlicher Schüler gewesen. »Ich bemühte mich, ihn Gottesfurcht und Liebe zu Gott zu lehren, auch Respekt und Liebe für die Familie und im Umgang mit Nachbarn und Lehrern«, erklärte seine Mutter.

Bei Besuchen seines Vaters trug Osama ihm auch Gedichte vor. Der Tod seines Vaters 1967 traf ihn wohl so sehr, dass Osama immer mehr die Nähe seiner Mutter suchte. Batarfi glaubt, dass der Verlust seines Vaters zu einer stärkeren Bindung an die Mutter geführt habe. Sie sei das Einzige gewesen, was ihm von seinen leiblichen Eltern geblieben war. »Er war ihr so sehr ergeben.«

Die fehlende Vaterfigur sollte er allerdings bald als Teenager auf einer Privatschule in Dschidda antreffen. Und zwar in der Person eines syrischen Sportlehrers. Viele Lehrer in Saudi-Arabien stammten nicht nur aus dem westlichen Ausland, sondern auch aus den palästinensischen Gebieten oder aus Ägypten und Syrien. Und nicht selten handelte es sich bei diesen Lehrern um in ihren Ländern verfolgte, aber studierte Islamisten, genau genommen um Anhänger der Muslimbruderschaft. Sie fanden nicht nur in Saudi-Arabien Zuflucht, sondern zum Beispiel auch in Europa oder Nordafrika. Ihr Missionierungseifer sollte kein Land unverändert zurücklassen. Der charismatische Sportlehrer Osamas gab, wie unter Islamisten sehr häufig anzutreffen, bei sich daheim Islamstunden, zu deren regelmäßigen Teilnehmern künftig auch Osama gehörte. Der Koranunterricht wurde garniert mit »Geschichten, die wirklich gewalttätig waren«, erinnerte sich ein Schulfreund. »Es war faszinierend.« Fortan nahm Osamas Radikalisierung ihren Weg. Der Rest seiner Geschichte ist uns hinlänglich bekannt. Osama Bin Ladens Beispiel zeigt auch sehr deutlich, dass die vermeintlich plausible ökonomische Begründung des islamistischen Terrors nicht sonderlich zielführend ist. Viele der Attentäter stammen aus finanziell abgesicherten Familien und hatten sogar Universitätsabschlüsse. Umgekehrt müsste die Schlussfolgerung lauten, dass es weltweit aufgrund des sozialen Hintergrunds und der mangelnden Bildung immer mehr Attentäter muslimischen Glaubens geben müsste. Das ist allerdings nicht der Fall.

Söhne – Faszination und Partnerersatz

Die Mutter-Sohn-Beziehung birgt kultur- und länderübergreifende Risiken. »Studien haben gezeigt, dass die Bindung zwischen Mutter und Sohn besonders eng ist«, sagt Martina Wirtz, Ärztin und Familienberaterin aus Aachen. Jungs werden häufig länger gestillt und bekuschelt als Mädchen. Was nicht unbedingt bedeuten muss, dass Söhne grundsätzlich bevorzugt werden. »Die Beziehung zwischen Mutter und Tochter kann genauso intensiv sein, sie gestaltet sich aber anders«, erklärt Wirtz. »Jungs verhalten sich in vielen Dingen anders als Mädchen – darin liegt für viele Mütter eine große Faszination«, erklärt darüber hinaus der Diplom-Psychologe Roland Kopp-Wichmann. Die Abnabelung von der Mutter wird aber häufig eher von den Müttern selbst verhindert. Dabei hängen die Mütter häufiger am Hosenbund ihres Sohnes als die Söhne am Rockzipfel ihrer Mütter. Sei es die erste

Übernachtung beim Kindergartenfreund, die Einschulung oder der Versuch, aus der elterlichen Wohnung auszuziehen. »Mädchen werden viel eher zur Selbstständigkeit erzogen als Jungen«, ergänzt Kopp-Wichmann. Laut Statistischem Bundesamt in Wiesbaden lebten im Jahr 2007 noch vierzehn Prozent der dreißigjährigen Männer bei den Eltern, aber nur fünf Prozent der gleichaltrigen Frauen. Jungen brauchen Freiheit, die verbunden sein muss mit bedingungsloser Liebe und klaren Grenzen sowie Verständnis für ihre Andersartigkeit als Junge. »Mütter sollten auch ihr eigenes Bild von Männlichkeit überprüfen«, rät Wirtz. »Jungen können sich nicht ewig mit der Mutter identifizieren, sondern müssen die Chance bekommen, zum Mann zu werden.« Für die Jungen ist es eine Gratwanderung, nicht in einer zu engen, inzestuösen Mutterbildung zu landen, die die Entfaltung einer gesunden männlichen Identität verhindert. Besonders dann, wenn ein positives männliches Vorbild nicht zur Verfügung steht. Denn Mütter können durchaus in eine skrupellose Rolle verfallen und die Situation vor allem aus Einsamkeit ausnutzen. Besonders perfide wird es, wenn sie gegenüber ihren Söhnen in eine Leidensrolle fallen und sie durch Jammern und Weinen bis ins Erwachsenenalter hinein geradezu emotional erpressen. Ein solches Verhalten, das bei alleinerziehenden Müttern genauso anzutreffen ist wie bei Müttern, die in einer Partnerschaft und Ehe leben, führt unweigerlich zu einer Parentifizierung. Die Söhne sind nicht mehr die Kinder ihrer Mutter, sondern fallen in die Rolle eines Partners. Dies passiert in Partnerschaften vor allem dann, wenn das männliche Elternteil seiner Rolle als Ehemann, Partner und Vater nicht gerecht wird. Nun übernimmt der Sohn aus Liebe zur Mutter dessen Aufgaben, was nicht selten zu Konflikten mit dem Vater führt, da der Sohn sich stets auf die Seite seiner Mutter stellt, statt die Erwachsenen ihre Partnerkonflikte austragen zu lassen und als Sohn in der Rolle des Kindes zu bleiben. Dies führt unweigerlich zu einem Konkurrenzkampf zwischen Vater und Sohn. Der Vater wird sich dadurch von seiner Partnerin und Sohn gleichermaßen distanzieren. Weitere Konflikte wie Ehebruch, Hass und Streiterei mit und ohne Gewalt können daraus resultieren.

Ein Teufelskreis, der weder der Entwicklung des Jungen guttut noch die Konflikte aus der familiären Welt schafft. Auch wenn die Mutter ihren Sohn auf den Mund küsst, führt dies zu einer Parentifizierung. Fast in allen Kulturen ist der Kuss auf den Mund ein intimer Akt zwischen Paaren. Das Kind hat einen natürlichen Instinkt und reagiert reflexartig, wenn jemand versucht, einen Kuss auf seinem Mund zu platzieren, zum Beispiel indem es den Kopf wegdreht. Nun ahmen Kinder allerdings vor allem das Verhalten ihrer Eltern nach. Werden Söhne von ihren Müttern auf den Mund geküsst, dann fällt es ihnen schwer, zwischen Eltern- und Kindebene zu unterscheiden, und sie stellen sich auf eine Ebene mit der Vater- und damit Partnerebene. Dies hat auch Auswirkungen auf spätere Paarbeziehungen der Söhne.

So oder so liefert die Mutter kein Vorbild für seine Geschlechts- und Gesellschaftsrolle. Mütter sind nur sehr bedingt dafür gerüstet, ihren Söhnen beizubringen, was sie wissen müssen, um ausgeglichene Männer zu werden. Sie brauchen vorbildliche Väter beziehungsweise männliche Vorbilder, die ihnen eine Identifikation mit ihrem Geschlecht ermöglichen, da vor allem sie ihnen Bilder von einem gelungenen Leben als Mann aufzeigen können. Je nach Konstellation tragen Jungs ohne gesunde Vaterfiguren eine doppelte

Beschädigung mit sich, die sich auf ihre Sexualität und auch auf ihre berufliche wie gesellschaftliche Entwicklung auswirkt und in Schulabbruch, Arbeitsunlust, Berufswechsel oder Bohemien-Existenz enden kann. Hinzu kommt noch, dass jene »Muttersöhne« die durch sogenannte Vatersöhne erlebten Hänselein später mit einem maßlos übersteigerten Männlichkeitsideal kompensieren. Sehr anschaulich beim Gangsta-Rap durch die Posen, den enormen Muskelaufbau und ihren machohaften Attitüden zu beobachten. Damit nehmen die kleinen Jungs von damals auch Rache für das Leid, das der Mutter durch deren Mann angetan worden ist. Sei es, dass die Mutter vom Vater verlassen, betrogen, ignoriert oder geschlagen wurde.

Mama, die Macho-Macherin

So lautet ein gleichnamiger Artikel in der Wochenzeitung *Die Zeit* aus dem Jahre 2016, in dem die libanesische Publizistin und Frauenaktivistin Joumana Haddad die Erziehungsmethoden arabischer Mütter unter die Lupe nahm. Ohne Umschweife macht sie ihre Position klar. »Wenn eure Söhne zu Schlägern, Vergewaltigern, verwöhnten Ehemännern werden, wenn sie also Machos sind, dann hat das nicht nur mit Gesellschaft und Kultur zu tun. Es liegt auch an euch, ihren Müttern.« Einer ihrer Antriebe, diese Gedanken zu Papier zu bringen, ist jener, mit dem viele emanzipierte muslimische Männer auch hierzulande konfrontiert sind. »Ich will nicht in einer Welt leben, in der meine beiden wundervollen Söhne Mounir und Ounsi die Verantwortung für die unmoralischen Verhaltensweisen von anderen tragen, nur weil sie aus demselben geografischen Raum stammen. (…) Ich will nicht in einer Welt leben, in der meine Söhne als gefährlich etikettiert werden, nur weil sie Arabisch sprechen.«

Seit der Kölner Silvesternacht 2015/16 stehen sie nämlich wieder einmal im Fokus vieler Menschen hierzulande, werden kritisch bis feindlich beäugt. Der Argwohn ist dieser Tage auch der stete Begleiter von jenen Ahmads, Bilals und Ceylans, die selbst die größten Frauen- und Homosexuellenfreunde sein können. Doch arabischer, maghrebinischer, afghanischer oder türkischer Hintergrund, islamische Religionszugehörigkeit oder dunkler Bartwuchs führen bei der Mehrheitsgesellschaft eher zu Skepsis als zu Aufgeschlossenheit. Lediglich nicht bei jenen, die nicht genug bekommen können vom exotischen Mann und ihren feuchten Orientalismusträumen. Diese Projektion lässt sich nämlich nicht nur bei Frauen beobachten, die in irgendeiner Form aus dem Orient stammen. Diese okzidentalen Scheherazadenjäger sehen sich geistig bereits abwesend und zwischen ihren Schenkeln liegend 1001 Geschichten lauschen. Gerne auch mit Kopftuch oder in Ganzkörperverschleierung. Dem Fetisch sind schließlich auch in diesem Bereich und in diesen Tagen keine Grenzen gesetzt.

Die beschriebenen Fallen, in die Mütter bei ihrer Erziehung tappen können, stellen für alle Frauen eine Gefahr dar, weltweit. Also auch für muslimische Mütter. Allerdings gibt es einige spezifische Punkte, die gerade aufgrund der traditionellen islamischen Auslegungen und Praxis ein gestörtes Verhältnis zu den Söhnen begünstigen. Auffällig ist, dass es überall dort zu jenen Muttersöhnen kommt, wo stark patriarchale Strukturen vorherrschen. Wo Frauen unterdrückt und bevormundet werden, rächt sich das früher oder später bei den Söhnen und den Männern, zu denen sie heranwachsen.

Was sich wiederum auf die jeweiligen Staatsformen und Gesellschaften auswirkt, konkret auf das Zusammenleben, Bildungswesen und die Gesetze. Denn in stark patriarchalen Gesellschaften bestimmen Männer, die von eben jenem Patriarchat geprägt worden sind. Selbst in aufgeklärten westlichen Ländern ist das Patriarchat noch existent, wenngleich stets einer breiten Kritik ausgesetzt, die wiederum seit Jahrzehnten und in Teilen auch Jahrhunderten immer wieder einen gesellschaftlichen und politischen Aushandlungsprozess hervorbringt. Nicht ohne Grund werden Kampagnen wie #metoo vor allem in westlichen Gesellschaften initiiert und breit diskutiert.

Die Familienstruktur, die Erziehung, die Beziehung zu den Eltern oder anderen Erziehungsberechtigten – dies bildet die Keimzeile der Gesellschaft. Das haben reaktionäre Gruppen wie Rechte oder Islamisten gut erkannt, und sie investieren auch die meiste Energie und Arbeit in die patriarchale Wertevermittlung. Besonders deutlich wird die Überforderung mit der männlichen Identitätsrolle bei der Feminismuskritik vonseiten der Maskulisten oder anderen männlichen Feminismuskritikern. Diese Kritiker fühlen sich meist überfordert, orientierungslos und in Teilen auch entmachtet, was nicht selten wiederum als eine Entmännlichung empfunden wird. Doch der Druck, die persönlichen und intimen Konflikte sind den patriarchalen Normen geschuldet. Nicht dem Feminismus, der eine Gleichberechtigung aller Menschen im Blick hat. Wegen feministischer Grabenkämpfe vor allem zwischen jungen und älteren Feministinnen, aber auch wegen einer fehlenden Kenntnis ethnischer und religiöser multikultureller Realitäten, muss der heutige und künftige Feminismus dazulernen, um sinnvolle und hilfreiche Konzepte zu entwickeln.

Mit einem medial undifferenzierten *#Aufschrei* allein ist es nicht getan. Kenntnisse über den Islamismus und darüber, welche Rollen Frauen dort wie auch im rechtsextremen Milieu einnehmen, sind heute unabdingbar. Als junge Feministin alles nur darauf zu beschränken, dass Feminismus das ist, was Frau daraus macht, ist recht bequem und vor allem ignorant. Die noch fehlenden Lösungsvorschläge und Reflexionen weisen eher auf ein eingeschränktes Interesse in der Breite und Tiefe mit dieser heutigen Herausforderung hin. Oberflächliche Plattitüden oder Worthülsen wie »Intersektionalität« bringen bis auf ein paar Vorzeigegesichter niemanden voran.

Es gilt also, den Blick schonungslos zu schulen. Die berühmt-berüchtigten und verhätschelten Müttersöhne trifft man nicht ohne Grund in südeuropäischen Ländern an. In Italien zum Beispiel, was nicht nur einem Klischee geschuldet ist, sondern vor allem einem patriarchalen Religionsverständnis, das in vielen Teilen der Gesellschaft aus mehreren gesellschaftspolitischen Gründen nicht überwunden ist. Denn die Mamma-Verehrung ist auch in der Religion angelegt. Bestes Beispiel ist und bleibt hier das katholische Italien. Traditionell werden Frauen meist zwischen zwei Kategorien wahrgenommen. Heilige oder Hure: Jungfrau Maria und Mutter Jesu Christi oder Maria Magdalena, die Prostituierte, die zwar Jesus die Füße gesalbt haben soll, aber dennoch eher verachtet als verehrt wird. Wenngleich nach neueren Forschungen ihr eine bedeutendere Rolle im Christentum beizumessen wäre. Doch das patriarchale Christentum will davon noch immer ungern etwas wissen. Die Ewiggestrigen werden sich allerdings nicht ewig den streitbaren christlichen Feministinnen entziehen können.

Auch der traditionell ausgelegte Islam erkennt die Frau vor allem als Mutter an. Als Mädchen und unverheiratete Frau ohne eheliche Kinder wird sie vor allem als Provokateurin wahrgenommen. Vor allem *fitna*, also Unruhe und Verderben, gehe von ihr aus. Ihre Schönheit, ihr Geschlecht, ihre Jugend, ihre Lust oder ihr Gebaren: All das gilt es irgendwie zu kontrollieren. Es wird sogar überliefert, dass die meisten Bewohner der Hölle Frauen seien. Angesichts der Tatsache, dass Töchter zu mehr Selbstständigkeit, handwerklichen und kulinarischen Fähigkeiten befähigt und zu Ordnung erzogen werden, wird es neben dem täglichen Gossip immerhin stets sauber in der Hölle sein, und für das köstliche und leckere Wohl wird wohl auch gesorgt sein. Wer will da schon im Paradies als eine der 72 Jungfrauen bei einem Muttersohn-Terroristen enden beziehungsweise neben dem alten Ehegatten aufwachen, bei dem Frau womöglich zu Lebzeiten erleichtert war, ihn endlich los zu sein.

Dass diese Terroristen nur den Islam und seine ethischen Werte im Blick hätten, wird vor allem durch folgende Überlieferung widerlegt. Sie zeigt: So groß können weder deren Islamkenntnisse noch die viel beschworene Mutterliebe gewesen sein, die erfolgreiche Islamistengehirnwäsche hingegen schon. Es handelt sich um den folgenden Hadith, bei dem der letzte Satz als einer der vielzitiertesten gilt, was die Bedeutung der Frau im Islam angeht. Nämlich in ihrer Mutter-Überverehrung à la Mamma-Italiana. »Ein Mann kam zum Propheten und sagte: ›O Prophet Allahs! Ich beabsichtige am islamischen Kampf für die Sache Allahs teilzunehmen. Ich kam, um dich darüber zu befragen.‹ Der Prophet fragte den Mann: ›Hast du eine lebende Mutter?‹ Der Mann sagte: ›Ja.‹ Der Prophet antwortete: ›Verschwinde nicht aus ihrem Blick, das Paradies liegt zu ihren Füßen.‹« Die Überhöhung der Mutter findet allerdings in folgender Überlieferung ihren Höhepunkt: »Ein Mann kam zum Propheten und fragte: ›O Prophet Allahs! Wer verdient meine Gesellschaft und Fürsorge am meisten?‹ Der Prophet antwortete: ›Es ist deine Mutter.‹ Der Mann fragte weiter: ›Und wer dann?‹ Der Prophet sagte: ›Deine Mutter.‹ Wieder fragte der Mann: ›Und wer kommt dann?‹ Wieder antwortete der Prophet: ›Deine Mutter.‹ Der Mann fragte wieder: ›Und wer kommt dann?‹ Daraufhin antwortete der Prophet: ›Dein Vater.‹«

Der Koran weist hingegen auf die Wertschätzung beider Elternteile hin, auch wenn auf Folgendes hingewiesen wird: »(…) seine Mutter trug ihn in Schwäche über Schwäche, und seine Entwöhnung erfordert zwei Jahre. ›Sei Mir und deinen Eltern dankbar. Zu Mir ist die Heimkehr.‹«

Diese Reduzierung der Frauen und Mädchen allein auf die Mutterrolle mag auf den ersten Blick lobenswert sein. Es ist sicherlich schön, Wertschätzung zu erfahren, wenn Frau frisch entbunden hat und ihre Kinder in allen möglichen Entwicklungsphasen betreut und wenn Frau bei aller Erschöpfung rund ums Stillen, bei dem Schlafmangel, bei den Sorgen um graue Haare und Falten sowie hängende Brüste und Cellulite ihre eigene Bestimmung nur im Muttersein sieht. Wenngleich dies auch nur ein Symptom des Weglaufens vor sich selbst ist. Es darf nicht übersehen werden, dass diese Sichtweise aber die Väter aus ihrer Verantwortung entlässt. Die Zeiten, als der Mann noch der Jäger und Ernährer war und die Frau daheim die gesammelten Beeren und Körner verarbeitete, sind nicht nur lange vorbei, sie werden mittlerweile in dieser klassischen Darstellung von Forschern wie der amerikanischen Prähistorikerin Linda Owen oder dem

Anthropologen Alison Macintosh von der Cambridge Universität angezweifelt. Umso mehr muss der Islam der patriarchalen Lesart hinsichtlich der Elternrolle auch vor dem Hintergrund psychologischer wie pädagogischer Forschungen auf den Prüfstand gestellt werden. Denn Mädchen und Frauen hatten und haben immer eigene Bedürfnisse, Wünsche und Interessen, die nicht in den Hintergrund gerückt und unterdrückt werden dürfen. Diese weibliche Entfaltung zuzulassen und aktive, liebevolle und verantwortungsbewusste Vaterfiguren für die Entwicklung beider Geschlechter zu fördern, ist eine der wichtigsten Herausforderungen für die muslimischen Gesellschaften weltweit. Allen voran für die zukünftigen muslimischen Männer selbst und ihren Seelenfrieden.

Wenn eine Mutter neben Kind, Küche und Heim noch ein eigenes Leben führt, wenn sie neben all dem noch eigene Interessen hat, dann wirkt dies auf Töchter und Söhne gleichermaßen inspirierend ein, vor allem auf die Söhne. Denn sie bekommen ein Gefühl für die Vielschichtigkeit von Frauen und gleichaltrigen Mädchen. Mütter sind dann eben nicht mehr nur sich aufopfernde und teils sich gehen lassende Wesen, sondern Frauen mit Interessen und einem eigenständigen Leben, wie das bei Männern auch der Fall ist. Und es hilft darüber hinaus, aus dem Schubladendenken »Hure und Heilige« beziehungsweise »westlich und muslimisch« mental herauszuwachsen.

Das gestörte Frauenbild ist bei vielen muslimischen Männern durch unterschiedliche Realitäten beeinflusst. Nicht wenige Mütter der erste Einwanderergruppen und jene Väter, die ihre Frauen bewusst mit dem in ihrer Herkunftskultur gängigen Denkschema »Huren und Heiligen« auswählten, sind meist früh zwischen zwölf bis sechzehn Jahren gegen ihren Willen verheiratet worden oder wurden bewusst von Bildung ferngehalten. Damals wie heute werden gerne immer wieder die Kleinkinder vorgeschoben, um die Ehefrau von Deutschkursen oder Berufstätigkeit oder Freizeitaktivitäten fernzuhalten. Auf der anderen Seite schränken sich gerade diese Mädchen und Frauen aufgrund der patriarchalen Erziehung selbst auf die Rolle der Mutter und Ehefrau ein. Manchmal, weil sie es nicht anders kennen, weil sie ängstlich oder schlichtweg zu bequem sind, um etwas zu verändern. Was wiederum bei vielen zu einer Fixierung auf die Söhne führt, weil die einseitigen Lebensmodelle von ihrem Umfeld tradiert werden und weil die Aufwertung der eigenen Söhne den Kreislauf der unselbstständigen Männer am Leben erhält.

Allerdings muss erwähnt werden, dass diese Selbstlimitierung der Frau auch bei einigen muslimischen Männern nicht immer auf Begeisterung stößt. Oft schwanken sie zwischen dem Bedürfnis nach einer selbstbewussten und nach einer unterwürfigen Frau. Allein aus dem Grund heraus, weil sie nie gelernt haben, Konflikte friedlich im Diskurs auszutragen. Neben eingeschränkter Bildung, fehlender Eigenständigkeit und der Konfrontation mit den eigenen und fremden Erwartungen rückt die fehlende sexuelle Aufklärung und die Tabuisierung der Sexualität im Allgemeinen und die der weiblichen Sexualität im Konkreten weit in den Hintergrund. Bis sie zum Teil bei den Frauen gar nicht mehr existiert beziehungsweise unterdrückt und negiert wird. Psychotherapeuten, die muslimische Klientinnen betreuen, berichten häufig von einer Nichtkenntnis der eigenen Bedürfnisse und einer großen Scham, was Selbstbefriedigung angeht. Die Klientinnen glauben, dass sie als Ehefrauen vor allem dem Ehemann für seine

Befriedigung zur Verfügung stehen und Selbstbefriedigung islamisch nicht erlaubt ist. Fordern die Frauen allerdings Befriedigung ein, gehen sie aktiv auf ihre Partner zu, springt bei den Ehemännern häufig die Hurenschublade auf. Unweigerlich stellen sich diese Männer die Frage, ob die Frau, wenn sie so einfordernd auftritt, überhaupt treu sein kann. Hat sie womöglich Augen für andere, wenn sie einkaufen, zum Arzt oder zum Kindergarten geht oder wenn sie gar in einer geschlechtergemischten Runde sitzt? Der kleine Junge von einst meldet sich zurück, der aus seiner Kindheit und Jugend nur die Bilder einer sich für Küche, Familie und für ihn aufopfernden asexuellen Mutter kennt samt Schwestern, die verantwortungsvoll und keusch den Regeln der konservativen bis zu frauenfeindlichen Gemeinschaft folgen.

Die persönlichen Beobachtungen und Erfahrungen hinsichtlich der traditionellen muslimischen Mütter unterscheiden sich in den Gesprächen, die ich deutschlandweit geführt habe, nur unmerklich. Zain, in Marokko geboren und sozialisiert, beobachtet bei den arabisch-, maghrebinisch- oder türkischstämmigen jungen Männern in Deutschland eine eher abwertende Haltung gegenüber den Eltern: »Viele Jugendliche geben ihren Eltern die Schuld für ihr Versagen. Nach dem Motto: Die Eltern haben sie nicht richtig vorbereitet.« Konkreter wird es bei der Mutter-Sohn-Beziehung. »Sie mischt sich überall ein: Was sie machen sollen, was sie denken sollen, wen sie heiraten sollen. Sie prägt deren Erziehung so sehr, dass sie, wenn sie erwachsen sind, ihre Mütter dafür hassen, dass sie so denken, wie sie denken. Dazu kommt die Verachtung: Die Mutter ist immer daheim, kennt die Welt draußen nicht. Sie ist naiv, altmodisch und einfach nur dumm. Die Mutter wird häufig als Zurückgebliebene abgestempelt.«

Ohne Zweifel eine ungeschminkte Beobachtung, die auf seine langjährigen Gespräche und Erfahrung in Deutschland zurückgeht.

Burak Yilmaz, einer der acht HEROES-Gruppenleiter aus Duisburg, die sich, wie ihr Claim es beschreibt, »Gegen Unterdrückung im Namen der Ehre« einsetzt, ist durch seine Arbeit regelmäßig mit den Eltern seiner Teilnehmer konfrontiert. Seine Telefonnummer hat so manche Mutter womöglich schon als Direktwahl abgespeichert. Denn wenn es darum geht, ihre Sorgen um ihren Sohn zu beklagen, dann ist meist Yilmaz am anderen Ende der Leitung. Egal ob es um einen einfachen Ausflug mit Übernachtung geht oder dem Auszug aus Hotel-Mama. Da bimmelt es bei Yilmaz schon einmal häufiger, und es wird ganz ernsthaft mit dem Gedanken gespielt, dem Sohnemann täglich das Essen per Post zukommen zu lassen. Alles nur deswegen, weil er als Volljähriger von Nordrhein-Westfalen nach Mecklenburg-Vorpommern umgezogen ist und *Anne* befürchtet, dass ihr Sohn ohne ihre Bemutterung – O-Ton – nicht »überlebt«.

Eldem Turan, eine Berliner HEROES-Gruppenleiterin, stellt zum Thema Verehrung der Mutter indes fest: »Lieben, verehren. Klar, wichtigster vertrauenswürdigster Mensch. Aber das bedeutet nicht, dass sie in ihrer Dankbarkeit immer ihre Mütter gut behandeln. Wenn sie die Unterdrückung der Mutter vorgelebt bekommen, machen viele Jungen in der Realität bewusst oder unbewusst da mit. Die Anerkennung sieht so aus, dass sie anerkennen, was eine Mutter alles aushält und wie selbstlos sie ist. Auf der anderen Seite wird das von einer ›guten‹ Mutter erwartet: nicht zu jammern und bedingungslos für die Familie da zu sein. Ich hab viele Mütter gesehen, die verzweifelt waren, dass ihre Söhne sie nicht so behandeln, wie sie es verdienen, aber es draußen wieder anders darstellen.« Der Zwiespalt wird bei allen deutlich. Viele Gedanken und Gefühle bleiben verborgen und unausgesprochen. Bei Außenstehenden wie bei den Betroffenen selbst. Oder um Moussa zu zitieren: »Draußen ist immer Hollywood!«

Zu dieser Vorstellung, die je nach Familie mal islamisch, mal kulturell begründet wird, aber immer patriarchal ist, gesellt sich eine weitere Erwartung an den Mann beziehungsweise an den Sohn hinzu, nämlich die, der Mann im Haus zu sein. Dadurch wird der Sohn aus seiner eigentlichen Rolle, der des Kindes, herausgerissen. Eine gesunde Persönlichkeitsentwicklung wird dadurch behindert. Nicht wenige muslimische Jungen hören diesen Satz: Wenn ihr Vater außer Haus ist, heißt es, dass sie nun der Mann im Hause sein sollen. Egal ob die Schwester drei Köpfe größer und fünf Jahre älter ist oder es noch eine Mutter gibt. Es wird von ihnen erwartet, dieser Rolle irgendwie gerecht zu werden. Je nach Familienkonstellation und familiären Konflikten verbleibt der Sohn in dieser Rolle. Er verlässt die Ebene des Kindes und nimmt die Rolle des Vaters ein. Eines Vaters, der sich seiner eigentlichen Rolle längst entzogen hat. Mit zunehmendem Alter wachsen auch die Erwartungen der Mutter an den Sohn. Er soll die Aufgaben des Versorgers übernehmen. Und auch in diesem Fall kann die Situation kippen und zu einer Parentifizierung führen.

Wie es zu diesen Konstellationen überhaupt erst kommen kann, dafür gibt es vielfältige Ursachen. Grundlegend ist auch hier die patriarchale Prägung, es kann aber auch vorkommen, dass der Vater aus einem ihm möglicherweise nicht einmal bewussten Grund seine Position in der Familie nicht einnehmen will. Der Sohn muss an seine Stelle rücken. Wobei die daraus erwachsene Überforderung später, wenn der Sohn eine eigene Familie gegründet hat, ebenfalls zu einer Flucht aus der Vaterrolle führen kann. Schließlich hat er es genauso selbst schon als Sohn erfahren. Möglicherweise hat der Vater selbst eine Mutter gehabt, die in ihm einen Partnerersatz sah, sodass er sich ihr zur Seite stellen musste, während heute die eigene Frau nur bedingt geschätzt wird. Um diesen Kreislauf zu durchbrechen, gilt es, den Sohn auf den Platz des Kindes zu verweisen und dem Vater und Partner Verantwortung und Aufgaben zu übertragen.

Dies gilt im Übrigen auch für die Töchter. Wie in »Muslim Girls« beschrieben, werden die Töchter oft als die Privatsekretärinnen ihrer Familien betrachtet. Aber dies ist nicht die Aufgabe der Töchter. Auch geraten Töchter in muslimischen Familien schnell auf die Ebene einer Freundin oder Bediensteten, was ebenfalls ihre Persönlichkeitsentwicklung stört. Dieser Umstand ist oft den überforderten Eltern geschuldet, die in der neuen Heimat sprachlich und gesellschaftlich nicht richtig Fuß gefasst haben. Allerdings sind Töchter aufgrund der früh an sie übertragenen Verantwortung und Befähigung, einen Haushalt zu führen und zu organisieren, gerade deshalb auch besser in der Lage, eigenständig ihren Weg zu gehen und sich auch selbst zu organisieren. Gerade deshalb sind in muslimischen Familien die Töchter im Gegensatz zu ihren Brüdern auch diejenigen mit dem größeren Bildungs- und Berufserfolg. Sie sind anpassungsfähiger. Auch weil es Teil ihrer Erziehung war, sich unterzuordnen. Die Überbehütung der Söhne hingegen führt im Erwachsenenleben zu all den Konflikten, die viele der Töchter später an ihrem Partner kritisieren.

Der norwegische Dramatiker und Lyriker Henrik Ibsen sagte einmal: »Die Frauen sind die Stützen der Gesellschaft.«

Das trifft zu, gar keine Frage. Aber nur dann, wenn die Frauen ihre eigenen Bedürfnisse und ihr Selbst erkennen und wenn sie ihre Söhne zu verantwortungsvollen und selbstliebenden jungen Männern erziehen und damit die Gesellschaft vor jenen Männern verschonen, die später einmal Angst und Schrecken verbreiten. Vor allem aber schiebt eine solche bewusst emanzipatorische und liebevolle Erziehung der patriarchalen Unterdrückungsspirale einen Riegel vor.

Egal, wie groß die Konflikte sind, die sich zwischen einem Paar entwickeln, für Eltern gilt es, ihren Kinder ein gutes Vorbild zu sein. Besonders den Vätern, aber durchaus auch den Lebensgefährten kommt hier eine wichtige Rolle zu. Frauen sollten bedenken: Es muss nicht immer gleich der nächstbeste Mann geheiratet werden, um der Gefahr zu entgehen, in der muslimischen Gemeinschaft als Hure abgestempelt zu werden. Von einer selbstbestimmten und selbstbewussten Mutter, die nichts auf das leere Geschwätz anderer gibt, lernen auch Söhne den Wert von Frauen kennen und die Vielfalt an Lebensgestaltungen, die sie zu bieten haben. Und wenn sich kein Partner findet, dann tut es auch der Opa oder Onkel oder vielleicht jemand anderes vertrauenswürdiges aus der Männerriege, der die Rolle der Vaterfigur einnimmt. Dabei sollte der Vater oder die Vaterfigur seine Gefühle zeigen und auch über sie reden können, genauso wie er kind- und altersgerecht offen mit Unsicherheiten und Ängsten umgehen sollte. Kinder sind zwar Kinder, aber sie wollen, egal welchen Geschlechts, ernst genommen werden!

Die Identitätsbildung

Nicht erst seit heute gilt: Die Stimmung ist angespannt bei den zugezogenen Geflüchteten aus Afghanistan, dem Irak, Syrien und anderen, nord- und ostafrikanischen Ländern. Nicht allein, dass einzelne Vertreter dieser Gruppen in Berührung mit der Kriminalität kommen, was sich in den Schlagzeilen der Medien widerspiegelt, macht die Lage so prekär, sondern auch die Überlastung der freiwilligen Helfer, die nicht selten persönlich, finanziell und auch nervlich an ihre Grenzen geraten. Für viele geht die Integration der Neuzugezogenen in die freiheitlichen und geschlechtergerechten Werte unserer Gesellschaft nicht schnell genug, zuweilen wird sie auch von bürokratischen Hindernissen gebremst. Andere wiederum fühlen sich bei all dem vom Staat im Stich gelassen, veräppelt und verhöhnt, wenn sie auf ihre Rentenbescheide blicken und Schlagzeilen rund um Banken- und Griechenlandrettung oder Dieselskandale lesen, während sie ihre HARTZ-IV-Sätze mit den geringfügigen Nebeneinkünften verrechnen müssen. Oder wenn sie als Alleinerziehende am Rande des Nervenzusammenbruchs auf ganztägige Kitaplätze warten oder nach einer bezahlbaren Wohnung suchen, während man sich hierzulande erst dann um sozialen Wohnungsbau kümmert, als die Bevölkerungszahl durch Geflüchteten sprunghaft ansteigt. Die Nation kocht – ob mit oder ohne Migrationshintergrund –, wenn ein geflüchteter Syrer bei Stern TV munter von seinen zwei Ehefrauen und fast zwei Handvoll Kindern erzählt und sein Haus präsentiert, das durch den Sozialstaat finanziert wird. Wenn er noch fröhlich davon berichtet, dass er gerne noch eine weitere Ehefrau heiraten möchte und gar nicht daran denkt, zu arbeiten und sich weiterzubilden, geht der Nation die Hutschnur hoch, und die Wut über die Bundesregierung ist grenzenlos. Während die Gesellschaft gleichzeitig Verständnis für den Syrer hat, der kenne es ja nicht anderes. Diese Araber sind halt so, und ihr Islam sagt es ihnen obendrein noch so. Wer würde bei solch einem System und bei einer solchen Denkweise nicht selbst eine ähnliche Wahl treffen? Dafür bringt sogar Alice Weidel von der AfD im österreichischen Fernsehen Verständnis auf. Zahlreiche geflüchtete Syrer muslimischen Glaubens und Muslime, die seit Generationen in Deutschland leben und weder reaktionär noch salafistisch sind, schämen sich fremd und freuen sich schon auf den nächsten Parcoursrundlauf der Gemeinplätze: »Ihr Muslime seid doch alle in Wirklichkeit frauenfeindlich, faul, dumm und wollt die Gesellschaft islamisieren.« Die Nerven liegen also blank in Deutschland. Und die Wut im Bauch nimmt Gestalt an.

Aus den unterschiedlichsten politischen Motiven und aus den verschiedensten persönlichen Gründen heraus formieren sich Gruppierungen wie PEGIDA oder AfD, aber auch Anti-Rassismus-Gruppen, die bei all ihrer Verschiedenheit eines eint: Sie machen sich gegenseitig Vorwürfe und werfen dem anderen Ignoranz und Hassverbreitung vor. Aufklärung und ein friedliches Zusammenleben sind unter solchen Bedingungen nur schwer möglich. Eine Haltung, sich die Beweggründe der anderen zumindest einmal anzuhören, ohne sie gleich wüst abzuwerten oder zu beschimpfen, scheint fast gar nicht mehr möglich. So radikalisieren sich viele Menschen aus verschiedenen Gründen an allen möglichen Fronten. Andere, die versuchen, schlichtend zwischen den Fronten zu vermitteln, geraten immer mehr unter Beschuss und werden emotional zerrieben.

Friedliebende Muslime haben es in diesem Spannungsfeld aufgrund ihrer vielschichtigen Identität, ihrer Klassenzugehörigkeit, ihrer Ethnie nicht immer einfach. Der Grad ihrer Religiosität kommt ins Spiel, ihre Stellung innerhalb der Familie und der Community, ihre Einwanderungsgeschichte spielen hier ebenso eine Rolle wie die Rassismus- und Gewalterfahrungen im persönlichen Umfeld. Wer nicht gelernt hat, mit diesen unterschiedlichen Aspekten umzugehen, wem es nicht gelingt, sie für sich in Einklang zu bringen, der kann durchaus zu einer Gefahr für die Gesellschaft werden. Die Terroranschläge, die durch Muslime in Deutschland oder anderen europäischen Städten verübt wurden, geben Zeugnis von diesen inneren Konflikten. Wir müssen uns nur davor hüten, sie zum Anlass zu nehmen, eine ganze Gruppe unter Generalverdacht zu stellen. Nur wenn die Gesellschaft besonnen reagiert, nur wenn sie nicht pauschalisiert – wie dies sowohl rechte wie auch islamistische Gruppen tun –, kann sie angemessen reagieren.

Es gibt zwar kein einheitliches Muster der Radikalisierung, aber es lassen sich bestimmte Aspekte ausmachen, die auf eine beginnende Radikalisierung hinweisen und uns aufhorchen lassen sollten. Die Wege in den Extremismus können unterschiedliche Ursachen haben, die Beweggründe der einzelnen Personen sich voneinander unterscheiden. Dennoch eint fast alle Radikalisierte ein Defizitgefühl, das sie dazu treibt, den Weg in den Extremismus und zu extremen Haltungen und Handlungen zu beschreiten. Hinzu kommen können auch Faktoren wie Alkoholismus, Spiel-, Pornografie- und Sexsucht. Besonders junge Männer muslimischen Glaubens führt nicht selten der Weg über die Süchte in den Salafismus und – je nach Persönlichkeit, Familiensituation,

Umfeld und Lebenslage – in den gewaltbereiten oder legalistischen Islam. Dies lässt sich auch bei Personen beobachten, die sich rechten Gruppen zuwenden wie zum Beispiel den Identitären, den Reichsbürgern und gewaltbereiten Rechten, aber auch Hooligans. Als Mann mit islamischem Glauben kann man dort nicht aufgenommen werden und Anschluss finden, denn es ist anzunehmen, dass neben Juden auch Muslime dort abgelehnt werden.

Es gibt aber auch jene, die eine regelrechte Wanderung durchlaufen haben. Vom Salafismus über den legalistischen Islamismus bis hin zur Entradikalisierung und gar dem Übertritt in eine andere Religionsgemeinschaft, wie im Falle von Jacob aus der gleichnamigen Dokumentation »Bruder Jacob«, der sich auf der Suche nach seiner Rolle im Leben und sich selbst erst den Salafisten anschloss und heute gläubiger Bahai ist[27]. Manch einer wendet sich auch ganz von der Religion ab.

Es gibt nicht den einen Weg in die Radikalisierung, es gibt aber dennoch ein Radikalisierungsschema. Die Identitätsbildung ist hierbei ausschlaggebend. Laut dem Psychologen Hilarion Petzold stützt sich die Identität eines Menschen auf fünf Säulen: Körper und Gesundheit, Soziale Beziehungen, Leistung, Perspektiven sowie Werte und Ideale. Je nach Lebenslage können diese Säulen einen Hinweis darauf geben, wie es um die psychologische Stabilität einer Person bestellt ist. Wenn wir uns die Säulen als Rohre vorstellen, ließe sich jedes dieser Werterohre mit der persönlichen Empfindung befüllen. Jeder Wert ließe sich abfragen. Wie gefüllt fühlt sich etwa die Wertesäule Gesundheit für eine Person an? Bei der

27 http://www.elirolandsachs.com/projekte/bruderjakob/?lang=de

Antwort auf diese Frage kann sich das eigene Empfinden von dem Resultat einer ärztlichen Diagnose durchaus unterscheiden. Jemand kann also zwar körperlich gesund sein, sich aber dennoch krank fühlen. Es gibt Menschen, die mit körperlichen Symptomen in eine Praxis gehen, ohne dass der Arzt einen körperlichen Befund geben kann. Im vertraulichen Gespräch kann sich aber herausstellen, dass es sich um Traumata handelt, die der Patient in Form von Kopf- oder Bauchschmerzen empfindet. Nicht selten stellt sich bei diesen Patienten heraus, dass sie von Personen misshandelt oder missbraucht worden sind, die ihnen nahestehen, dass sie also von ihrer Vergangenheit eingeholt werden. Dadurch wäre das Werterohr »Gesundheit« nur gering befüllt mit dem Gefühl geistigen und körperlichen Wohlbefindens.

Genauso verhält es sich mit den anderen Werterohren. So kann sich beispielsweise ein heranwachsender Junge trotz seiner Einbindung in Schule, Familie oder Gemeinde einsam fühlen. Ist das der Fall, kann er das Werterohr Soziale Beziehungen nicht mit dem Gefühl voller Zufriedenheit befüllen. Auch bei den Werterohren Leistungen und Perspektiven könnte es zu Defiziten kommen. Anstatt eine zuversichtliche Haltung zu haben und die Werterohre als gefüllt zu betrachten, ist bei ihm das Gegenteil der Fall.

Wenn nun alle Werterohre eher mäßig befüllt sind und nur das Ideale-Rohr eine große Befüllung erfährt, weist dies auf ein großes Bedürfnis hin, die Leere der anderen Werterohre auszugleichen, statt an den jeweiligen anderen Werten zu arbeiten. Was in diesem Fall bedeuten würde, an sich und seiner Persönlichkeit zu arbeiten, statt durch äußere Faktoren einen Ausgleich zu finden. Alice Salomon schrieb in ihrer »Theorie des Helfens« einmal: »Das Glück, das ein Mensch sich erwirbt, hängt im Wesentlichen von ihm selbst ab. Alle Möglichkeiten, die sich uns bieten, alle Ratschläge, die wir erhalten, nutzen uns nichts, sofern wir sie nicht nutzen wollen.« Das Ideal einer besseren und friedlicheren Welt, um ein Beispiel zu geben, ist zwar ein Wert, den viele teilen, den aber nicht jeder unbedingt dazu instrumentalisieren würde, um vor der eigenen Leere wegzulaufen und im Äußeren nach Ausgleich zu suchen. Manche würden eher Werte verfolgen, die die eigene Persönlichkeit stärken können. Sie würden also etwa versuchen, einen besseren Umgang mit der eigenen Gesundheit zu finden oder mit der Familie oder dem Freundeskreis, statt gleich den Weltfrieden in den Fokus zu nehmen. Wobei oft übersehen wird, dass derjenige, der mit sich im Reinen ist, eher auch auf sein Umfeld ausstrahlt und dadurch einen Beitrag zum Weltfrieden beitragen kann. Gesetzt den Fall, wenn alle Menschen es so handhaben würden. Die Redewendung »Vor der eigenen Haustür kehren« veranschaulicht es sehr gut.

Die Leere bei den Werterohren entwickelt sich meist im Familienumfeld, und hier ticken muslimische Männer nicht anders als andere Männer. Besonders Heranwachsende fühlen sich übersehen, unverstanden, sie fühlen sich nicht ernst genommen und nicht gefördert oder nicht zur Selbstständigkeit befähigt. Wenn jemand sich aufgrund der unausgeglichenen Wertesäulen nach außen orientiert, anstatt an sich selbst zu arbeiten, wenn er nach einer Lösung von außen sucht, ist er anfällig für diverse Gruppen, die eher einen Keil in die Gesellschaft treiben. Es macht sicher einen Unterschied, ob Mann einem exklusiven Golf- oder Tennisclub beitritt, ob ein Junge in einen Fußballverein eintritt oder sich einem kriminellen Rockerclub oder einer Salafistengruppe anschließt. In allen Fällen gilt aber: Die jeweiligen Angebote gleichen nie die Defizite in der Persönlichkeitsentwicklung aus. Innere Konflikte sind auch bei jenen programmiert, die diesen extremen Gruppen verhaftet bleiben. Denn die Wertesäulen bleiben trotz der Kompensation unausgeglichen.

Als bekennender Muslim wird man eine Gruppe wählen, die einem das Gefühl der Aufwertung vermittelt. Logischerweise dürfte das bei rechtsextremen Gruppen eher schwer gelingen, da hier Araber, Türken und dadurch in gewisser Weise auch Muslime abgelehnt werden. Da aber Hitler sehr wohlwollend über den Islam sprach, kann es durchaus zu Kooperationen kommen, wenn es gegen den gemeinsamen Feind Jude gleich »Finanzkapital« oder »Weltherrschaft« geht. Doch es müssen ja nicht die Rechtsextremen sein. Das Angebot einer segregierenden Gruppe, die die Menschheit in »Gut und Böse«, »Gläubige und Ungläubige« einteilt, machen auch salafistische Gruppen. Diese Zweiteilung der Welt führt letztendlich auch dazu, Gewalt und Morde zu legitimieren. Es entspringt demselben faschistischen Gedanken von Arier und Nicht-Arier, von lebenswertem und nichtlebenswertem Leben. Salafisten und gewaltbereite sowie legalistische Islamisten geben Betroffenen das Gefühl, Teil einer Glaubensgruppe zu sein, die die Lösung zum Weltfrieden kennt. Sie sind die Guten, und wenn sie viele sind und die Macht haben, dann wird alles besser. Denn ihr Slogan und die Grundhaltung ihres Lebens lautet: »Der Islam ist die Lösung«. Ob es nun um Gesundheit, um Politik, Erziehung oder den belanglosen Toilettengang geht: Für all das kennt ihrer Meinung nach der Islam die einzig wahren Regeln und Antworten. Die Aussteigerin Steffi Farber berichtete rückwirkend: »Heute kann ich zum Glück reflektiert darüber nachdenken, aber wenn man keine Ahnung hat, merkt man das nicht. Die sagen, wir haben den richtigen Weg und alle anderen liegen falsch. Und sie sagen, es ist auch egal, wenn uns alle bekämpfen, denn am Ende gewinnt Allah sowieso und statt einer Demokratie haben wir dann einen islamischen Staat. Mit Religion hatte das alles nichts mehr zu tun, das war nur noch Ideologie.«[28]

Ihre Lesart ist maßgeblich misogyn, antisemitisch und sektiererisch. Wer zum Beispiel zuvor versuchte, seine Leere und Probleme mit übermäßigem Alkohol- oder Haschkonsum in den Griff zu bekommen, findet in der neuen Gruppe Hilfe. Drogen gelten als haram (verboten). Das schenkt den betroffenen Süchtigen ein gutes Erfolgserlebnis, sie glauben, auf dem richtigen Weg zur Besserung zu sein – sowohl gesundheitlich als auch religiös. Und das gelingt häufig deshalb, weil die neuen Anhänger intensiv betreut werden und ihnen durch die täglichen fünf Gebete am Tag, das gemeinsame Essen und die Gespräche sowie Predigten und Koranunterricht viel Struktur vermittelt wird. Sie sind nicht mehr allein, und man schenkt ihnen die Aufmerksamkeit, die ihnen zuvor oft gefehlt hatte. Alle sind Brüder und Schwestern, und die Moralstrukturen und Regeln bereiten den Seelenfängern ein ideales Betätigungsfeld, das es ihnen erlaubt, psychisch kranke und labile Persönlichkeiten und einsame Menschen auszunutzen, sie durch Spenden finanziell auszunehmen und gar für den Terrorismus zu instrumentalisieren. Darüber hinaus gibt die Da'wa-Arbeit, also die Missionierungstätigkeit, den Betroffenen zusätzlich das Gefühl, den Idealen und

28 https://www.morgenpost.de/politik/article135464286/Warum-Steffi-Farber-aus-der-Dschihadistenszene-ausstieg.html

Zielen der Rettung der Welt näherzukommen. Denn nur salafistische Muslime können die Welt retten, und nur sie werden gerettet. Andersdenkende müssen bekämpft werden, selbst dann, wenn es die eigenen Eltern und Geschwister sind. Sekten agieren nicht anders. Da sich das Leben der Betroffenen tatsächlich gefühlt verbessert, sind häufig auch die Eltern erfreut, wenn der Sohn keine Drogen mehr nimmt und beispielsweise nicht mehr durch Kriminalität auffällt. Zum einen assoziieren viele traditionelle muslimische Eltern mit dem Islam und Moscheen eine vertrauenswürdige Instanz, zum anderen ist es ihnen selbst nie gelungen, ihren Söhnen aufgrund ihrer unausgeglichenen Beziehung zu helfen. Was oft auch damit zusammenhängt, dass es gerade die Familien sind, die die Probleme vieler Jungen mit verursachen.

Laut Verfassungsschutz soll es rund 11 000 Salafisten in Deutschland geben. 25 000 Mitglieder werden islamistischen Organisationen zugerechnet. Davon sind nicht alle gewaltbereite Terroristen. Dem IS in Syrien und im Irak sollen sich rund 980 Islamisten aus Deutschland angeschlossen haben. Allerdings sind gerade der Salafismus sowie die Ideologie des Islamismus, von denen ausgerechnet die legalistischen Akteure und Vereine behaupten, sie existierten gar nicht, das Fundament des Dschihadismus. Aiman Mazyek, dem Vorsitzenden des selbsternannten Zentralrats der Muslime, fällt indes nichts Besseres ein, als für die Abschaffung des Begriffs Islamismus zu plädieren.[29] Wen wundert das auch angesichts der eigenen Mitgliedervereine und islamischen Lesart. Die Islamische Gemeinschaft Deutschland (IGD) ist Gründungsmitglied des Zentralrats der Muslime in Deutschland (ZMD)

29 http://islam.de/22816

und bis heute als Ableger der Muslimbruderschaft in Deutschland in den Verfassungsschutzberichten gelistet. Wenn also Apologeten wie Mazyek und Co. darauf abzielen, die Taten der gewaltbereiten Salafisten und Islamisten allein auf die Psyche der Täter zurückzuführen und nicht auf die Ideologie des Islamismus, dann greift das zu kurz und beweist erneut, dass es ihnen um keine differenzierte und lösungsorientierte Auseinandersetzung geht. Wenngleich der eigentliche Skandal im Hofieren von staatlichen und kirchlichen Institutionen liegt.

»Radikale Taten sind aber nur in den seltensten Fällen auf eine psychische Erkrankung zurückzuführen. So können Wahnvorstellungen, Drogeneinflüsse und auch hirnorganisch bedingte Störungen zu radikal aggressiven Akten führen. Doch in den meisten Fällen gibt es für extremistische Taten keine klinische Erklärung«[30], berichtet Professor Dr. Henning Saß, Aachen, Vorsitzender des Beirats der DGPPN (Deutsche Gesellschaft für Psychiatrie und Psychotherapie, Psychosomatik und Nervenheilkunde).

Der Psychologe und Neurologe Dr. Mimoun Azizi beobachtet in seiner langjährigen Arbeit sowohl mit Geflüchteten wie auch langjährig in Deutschland lebenden und geborenen muslimischen Klienten eine Vielzahl von spät entdeckten und unbehandelten psychologischen Erkrankungen. »Manche der Betroffenen fühlen sich so in die Enge getrieben, dass sie lediglich im Suizid einen Ausweg sehen. Andere wiederum können im Rahmen dieser wahnhaften Störung einen religiösen Wahn entwickeln, der sich gegen eine ganz bestimmte Religion bzw. Anhänger dieser Religion richtet. Diese Wahn-

30 https://www.thieme.de/de/psychiatrie-psychotherapie-psychosomatik/radikalismus-wie-menschen-zu-extremisten-werden-953224.htm

vorstellung kann fatale Folgen haben, wenn sie unerkannt und damit unbehandelt bleibt.«

Dabei ist es wichtig zu beachten, dass nicht Armut, Elend und Ghetto die entscheidenden Faktoren sind, die die Männer zu Extremisten machen. Und es liegt schon gar nicht daran, dass Mann ein Geflüchteter ist und in Deutschland nun ein neues Leben aufbauen muss, fernab von den in der Heimat zurückgebliebenen oder teils verstorbenen Familienangehörigen. Oftmals sind es gerade gebildete und wohlgenährte Kinder im Westen, die den Weg zum Extremismus finden, auch wenn sie durchaus selbst Nachkommen aus der bildungsfernen und unteren Mittelschicht sind. Aber sie selbst können Bildungsaufsteiger sein, weil sie im Gegensatz zu ihren Eltern eine bessere Bildung und Ausbildung in Deutschland erfahren haben. Ihnen fehlte es also nie an Nahrung und Spielsachen, sie sind in keinem Kriegsgebiet aufgewachsen. Das Trauma, das ihre Eltern aus dem Libanon, aus Afghanistan oder Iran mitgebracht haben, kann zwar genetisch an die Kinder weitergegeben, es muss aber in einem gesunden Umfeld nicht aktiviert worden sein. Das zeigen eine Vielzahl von Nachkommen aus Kriegsregionen bzw. von geflüchteten Kindern, die heute weder radikal noch sozial abgehängt sind. Was vielmehr entscheidend ist, ist die soziale Rolle, mit der sich junge Männer identifizieren können. Mädchen und Frauen schaffen es aufgrund ihrer erlernten Anpassungsfähigkeit sowie der Mutterrolle, die sie übernehmen müssen, eher, sich in eine Gesellschaft einzubinden und unterzuordnen, was Fluch und Segen gleichermaßen ist. Denn es bedeutet nicht, dass Mädchen und Frauen automatisch mit ihrer Rolle zufrieden oder emotional unbelastet sind. Erst recht nicht, wenn sie dazu genötigt werden. Aber gerade der soziale und moralische Druck, der auf die Mädchen und Frauen ausgeübt wird, sowie die Einschränkung ihrer Bewegungsfreiheit halten sie von gewaltbereitem Extremismus eher zurück. Wenngleich auch muslimische Frauen extremistische Ansichten haben können und sich ebenfalls Terrororganisationen anschließen. Gerade dann sind sie vor allem für die Weitergabe der Ideologie von großer Bedeutung.

So widersprüchlich das nun auch klingen mag: Solch ein Anschluss an eine Terrororganisation kann eine Form der Sprengung patriarchaler Rollenfesseln sein. Vom passiven Objekt führt der Weg zum aktiven Subjekt, auch wenn die Frauen selbstverständlich weiterhin einem extremen und gewaltbereiten Patriarchat verhaftet bleiben. Unterdrückung und Erniedrigung sind stets Teil der Kindheit und Jugend dieser Frauen gewesen, und mit diesen Strukturen sind sie im Gegensatz zu gelebter und begriffener Freiheit vertraut. Zu Reflexionen dieser Art sind die von einer Form des Stockholmsyndroms betroffenen Frauen nicht fähig, auch aus einer gewissen Hilflosigkeit heraus. Ähnliche Erniedrigungen haben übrigens auch die Jungen früh durch die körperlichen Züchtigungen zu spüren bekommen. Gleichzeitig wachsen sie aber mit den Glaubenssätzen auf, dass ein Junge und ein Mann stark zu sein haben. Soziale und antisoziale Probleme sind die Folge, Depressionen bleiben nicht aus, auch wenn viele als Erwachsene sagen: »Ich wurde geschlagen und es hat mir nicht geschadet.« Offenbar doch! Denn die Auswirkungen erstrecken sich, wie ich im Buch ausführe, auf alle Lebensbereiche. Frauen sind in allen extremistischen Gruppierungen sehr hilfreich. Als Mütter geben sie das Gedankengut an den Nachwuchs weiter, wodurch das Patriarchat am Leben erhalten wird. Wer in der Familie und seinem näheren Umfeld keine stabile Identität aufbauen konnte, ist offen für eine neue Identität, die einem verspricht, dass man endlich stolz auf sich sein kann und dass nicht auf einen herabgeblickt wird, sei es aufgrund des eigenen sozialen Hintergrunds oder sei es aus rassistischen Motiven. Gerade solche früh erfahrenen Kränkungen, die viele Nachkommen der ersten sogenannten Gastarbeiter auch an ihren Eltern erfahren mussten, führen bei vielen bis heute zu einer tiefsitzenden Scham, sie führen zu Hass und zu Neid. Und der Neid richtet sich auch auf andere muslimische Einwanderergruppen. Arbeiterkinder begegnen den Akademikerkindern bis heute mit Abfälligkeit und Argwohn. Besonders religiöse Gastarbeiterkinder, die selbst Bildungsaufsteiger sind, blicken despektierlich auf die religiös offenen bis gar nicht religiösen Akademikerkinder von Iranern oder Afghanen. Obwohl es deren Eltern als Geflüchtete oder Studenten auch nicht immer einfach hatten und sie trotz der besseren sozialen Kreise, in denen sie sich bewegten, genauso mit Rassismus in Berührung kamen. Oft führt dieser Neid bei Arbeiterkindern dazu, dass der eigene akademische Status zusammen mit der religiösen Tradition stolz und trotzig in die Öffentlichkeit getragen wird und man sich den legalistischen Studentenvereinigungen an den Universitäten anschließt – allein deshalb, weil sich nun angeblich endlich beweisen lässt, dass Frau mit Kopftuch nicht nur Putzfrau sein muss oder Mann Ingenieur und zugleich religiös-fanatisch sein kann. Wer aber eine ausgeglichene Identität ausbilden konnte, schließt sich solchen Gruppen nicht an. Je nach Herkunftskultur und persönlicher Erfahrung spielt auch eine Rolle, dass Teile der gebildeteren Einwanderer oder Akademiker bereits in der alten Heimat auf Bauern und Analphabeten, also auf die Traditionellen herabgeblickt haben. Auch hier sind also die Wurzeln der Scham zu finden, einer Scham, die in der neuen Heimat auch in der dritten Generation noch weitergelebt wird. Nicht ohne Grund ist die Begeisterung für einen Staatspräsidenten wie Erdoğan so groß. Auch er füllt die Leere seiner Anhänger, weil einer von ihnen es nach ganz oben geschafft hat. Dabei spielt es keine Rolle, dass nun andere Menschengruppen marginalisiert und terrorisiert werden. Diese Racheform der heutigen Nachkommen des einstigen Proletariats bestätigt allerdings die gebildete Elite nur in ihrer abwertenden Haltung ihnen gegenüber. Durch Minderwertigkeitsgefühle hervorgerufener Hass ebnet den Weg in das radikale Denken. Sätze, wie sie von Salafisten oder legalistischen Islamisten zu hören sind – »Du bist wer! Du bist unser Mann! Mach mit uns den Islam wieder groß, dann beherrschen wir die Welt« –, solche Sätze fühlen sich an wie Balsam auf den von Minderwertigkeitskomplexen geschundenen Seelen. Hinzu kommt, dass eine Großzahl der hier lebenden Muslime in einem patriarchalen Milieu mit strengen moralischen Ansprüchen sozialisiert ist. Besonders den Jungen und Männern fehlt es in unserer pluralistischen Gesellschaft an klaren Rollen und Zuordnungen, ihnen fehlt es an Orientierung im Leben. Dieses Problem kennen auch nichtmuslimische Männer. Aber gerade bei islamistischen Gruppierungen oder bei kriminellen Rockergruppen wie zum Beispiel der mittlerweile verbotenen Osmania Germania fällt diese patriarchale Vorprägung auf fruchtbaren Boden. Was diese Männer bei den Salafisten und Islamisten erwartet, sind die männlichen Anführer, ein Imam oder ein Prediger, dessen Autorität wie in der eigenen Kernfamilie nicht infrage gestellt wird. Und auch wenn man sich in solchen Kreisen gegenseitig mit Bruder und Schwester anspricht, ist die Einteilung der Aufgaben nach Geschlechtern getrennt und hierarchisch strukturiert. Unterstützt wird dies durch die traditionelle islamische Theologie, die den Mann über die Frau stellt und die Frau nicht als gleichberechtigt betrachtet. Andere Interpretationen von Verfechtern des islamischen Feminismus – dem sogenannten Gender-Dschihad – werden abgelehnt. So verwundert es auch nicht, dass gerade Männer sich im Internet schier hysterisch für das Kopftuch und den Schleier der Frau einsetzen und die wildesten Vergleiche samt verstörender Bilder von bärtigen Männern mit kleinen verschleierten Mädchen unter dem Hashtag #NichtOhneMeinKopftuch in Umlauf bringen. Unter dem Deckmantel der Religionsfreiheit und Emanzipation werden patriarchale Dogmen ohne Sinn und Verstand mit dem Hinweis auf eine angebliche »muslimische Identität« verteidigt. Wie diese konkret ausschaut und wie widersprüchlich sie zugleich ist, lässt sich auch bei der rechtspopulistischen »Identitären Bewegung« beobachten. Würden sich beide Gruppen nicht gerade wegen des Islams in Europa gegenseitig ablehnen, könnten sie ihre antidemokratischen und antifeministischen Positionen zusammen lautstark vertreten.

Freiheitsliebende Menschen werden sich solchen Gruppierungen nie zuordnen können. Wer aber klare Ansagen benötigt, weil er eigenständig zu keiner Reflexion und Aufgabenfindung in der Lage ist, braucht diese Strukturen, er braucht eine Gruppe, in der ihm gesagt wird, was er zu tun hat. Hinzu kommt, dass, islamisch gesehen, jener die Sünden auf sich nimmt, der als Autorität eine Gruppe leitet. Für muslimische Männer, die für ihr eigenes Handeln keine Verantwortung übernehmen wollen, ist das das Kinderparadies auf Erden.

Nur ohne bunte IKEA-Bälle. Und selbst Frauen werden einem hier klargemacht, eine Abweisung von selbstbewussten Mädchen und Frauen muss also nicht befürchtet werden.

Was diese männlichen Anhänger hier finden können, ist eine Art Wahlverwandtschaft, die sie mit offenen Armen aufnimmt und umarmt. Und nur ein vermeintlich wahrer Gläubiger kann dazugehören. Ein echtes Privileg also! Möglicherweise fühlt sich solch ein neuer Anhänger zum ersten Mal in seinem Leben so erhaben und besonders. Auch wenn er von anderen abgelehnt oder für verrückt gehalten wird oder als Kind in diesen extremistischen Strukturen groß wird, man gehört zu einer verschworenen Gruppe. Früher oder später tut die Ablehnung von außen auch nicht mehr weh. Ganz im Gegenteil. Man will nicht mehr zu den Ungläubigen gehören. Endlich lebt man das Abenteuer »Gut gegen Böse«. Im drastischsten Fall landet Mann beim IS. Ansonsten bleibt er ein Handlanger von narzisstischen und machthungrigen Seelenfängern.

Eltern prägen ein Leben lang

In fast allen Lebensbereichen wirkt das Elternhaus prägend auf die Kinder. Und so bereiten Eltern auch viel zu oft den Nährboden für deren Radikalisierung. Oftmals ist es gar nicht das Anliegen der Eltern, ihnen geht es vor allem um das Wohl des Kindes. Und selbst Eltern, die in ideologischen Gruppierungen aktiv sind, verstehen ihre Erziehung im Sinne des Kinderwohls.

Wer unbedacht rassistische oder antisemitische Sprüche von sich gibt, baut damit auch eine Mauer in den Köpfen der Kinder. Viele Mechanismen, die für rechtsextreme Orientierungen gelten, lassen sich auch bei salafistischen und islamistischen Gruppierungen beobachten. Auch muslimische Jungen blicken oft auf eine Kindheit zurück, in der ihre emotionalen Bedürfnisse missachtet wurden. Prof. Dr. Peter Rieker, Professor für außerschulische Bildung und Erziehung am Institut für Erziehungswissenschaft der Universität Zürich, nennt als eine der Ursachen rechtextremer Bewegungen, dass die Jugendlichen wenig liebevolle Zuwendung durch ihre Eltern erfahren haben. »Folgt man ihren Schilderungen, dann interessierten sich ihre Eltern vergleichsweise wenig für ihre kindlichen Belange, nahmen kaum Anteil an ihren Sorgen und Nöten, nahmen Ängste weniger ernst und wiesen kindliches Hilfeersuchen häufiger zurück.« Gewaltbereite berichten vom oftmals frostigen Klima und von Konflikten in der Familie. Ihre Eltern hätten selten mit ihnen gespielt, sich wenig für sie interessiert. Darüber hinaus seien die Eltern beim Bestrafen inkonsistent und willkürlich gewesen. »Besonders negativ wird von diesen jungen Männern das Verhältnis zu ihren Vätern beurteilt, von denen sie zum Teil massive Gewaltanwendung im Zusammenhang mit Bestrafungen erlebt haben.« Wer daheim am eigenen Leib so viel Vernachlässigung und Gewalt erfährt und obendrein noch die Abwertung anderer Menschengruppen, ist für faschistoide Gruppierungen perfekt gerüstet. Diese Ideologisierung kann sich aber auch in einer liebevollen Familie manifestieren, die zum Beispiel zu einer Sekte oder einer rechten oder islamistischen Gruppierung gehört und sich von der pluralistischen Gesellschaft abwendet. Pluralistisch bedeutet hier explizit nicht multikulti, sondern in den Lebensentwürfen vielfältig. Man kann auch multikulturell faschistisch sein. »Zudem sind Rechtsextremisten überdurchschnittlich häufig nicht in vollständigen Familien aufgewachsen, das heißt sie lebten infolge elterlicher Trennung oder des Todes eines Elternteils mit einem alleinerziehenden Elternteil oder in einer Stiefelternkonstellation. Bei einer vergleichenden Untersuchung wurde deutlich, dass vor allem fremdenfeindliche Gewalttäter häufig mit Stiefeltern aufgewachsen sind. Das Leben in einer unvollständigen Familie bedeutet in den meisten Fällen, dass die Kinder nicht mit ihrem leiblichen Vater zusammenleben. Gerade männliche Jugendliche beschreiben das Leben unter einem Dach mit ihren Stiefvätern als konfliktreich und belastet. Zu diesen emotionalen Belastungen in wichtigen persönlichen Beziehungen kommen häufig Vorbilder mit explizit rechtsextremem Charakter hinzu. Es gibt Beispiele aus Familien, in denen Erwachsene – oft Großeltern – Kindern und Jugendlichen ein positives Verhältnis zum Nationalsozialismus oder zu den Erfolgen der Wehrmacht im Zweiten Weltkrieg vermitteln. In diesen Fällen weisen Studien darauf hin, dass junge Menschen sich historisch und politisch in einer familiären Tradition sehen, in der rechtsextreme Bezüge gepflegt werden.«[31] Ähnliche Erzählungen erleben auch heranwachsende muslimische Jungen, Erzählungen vom glorreichen Osmanischen Reich oder vom islamischen Andalusien. Missionarische Islam-Konvertiten in Streifenanzügen oder Tuniken beeindrucken selbst erwachsene Männer mit angekratztem Ego damit und imponieren in Vaterfigur-Manier. Manche von ihnen werden selbst eine Vater- und Führerfigur. Wie zum Beispiel Pierre Vogel alias Abu Hamsa. Der ehemalige Boxprofi konvertierte 2001.

31 https://www.dji.de/fileadmin/user_upload/bulletin/d_bull_d/bull109_d/DJI_1_15_Web.pdf

Dass weder die Zugehörigkeit zum Islam und schon gar nicht ein Migrationshintergrund obendrauf automatisch den Weg in den Salafismus ebnen, lässt sich an Pierre Vogel und seinem ehemaligen Boxkollegen Adnan Ćatić alias Felix Sturm beobachten. Der eine ist der bekannteste Salafistenprediger im deutschsprachigen Raum, der andere zählt zu den erfolgreichsten Boxern der Bundesrepublik. Der eine spaltet die Gesellschaft und sät den ideologischen Samen des islamistischen Terrors, der andere lässt die Fäuste im Wettkampfring schwingen und vereint sportbegeisterte Menschen über die Konfessions- und Staatsangehörigkeitsgrenzen hinweg. Letzterer sagt von sich selbst: »Ich habe nicht vergessen, von wo ich herkomme. Ich habe die Leute dort nicht vergessen!« Gemeint ist Bosnien, das Land seiner Eltern und Vorfahren. Das Land, in dem vor den Augen der Blauhelmsoldaten mitten in Europa ein Massaker und eine Massenvergewaltigung unter einem UN-Mandat stattfand, deren Jahr für Jahr sowohl Muslime wie auch Nichtmuslime in Srebrenica gedenken. Während Pierre Vogel – Jahrgang 1978 – die gezielte Ermordung der muslimischen Bevölkerung durch serbische Soldaten auf Befehl des damaligen Präsidenten Slobodan Milošević für seine Salafistenpropaganda und Opferrhetorik in YouTube-Videos missbraucht, hält Adnan Ćatić – Jahrgang 1979 – durch Gespräche mit Freunden, Kollegen, Boxschülern oder mit Medienvertretern die Erinnerung als Mahnung gegen den Hass und die Gewalt gegenüber Menschengruppen aufrecht.

Auch an diesen beiden Muslim Men wird deutlich: Im Leben ist es oft eine Frage der Einstellung, auf die es ankommt. Nicht der Ausreden! Zielstrebigkeit, Durchhaltewillen und Kampfgeist – all das kann, will und schafft offensichtlich nicht jeder. Das eigene Unbehagen allerdings dafür verantwortlich zu machen, eine Gesellschaft zu spalten und die verschiedenen Gruppen gegeneinander aufzubringen, ist hierfür keine akzeptable Begründung.

Während Pierre Vogel das Profiboxen nicht mit seinem neuen Glauben Islam in Einklang bringen kann und 2002 aufgibt, verfolgt Adnan Ćatić, selbst praktizierender Muslim, seine Profikarriere akribisch. Er feiert zahlreiche Erfolge. Während Pierre Vogel sich den arabischen Namen Salahuddin zulegt, um mehr muslimische Authentizität zu gewinnen, nennt sich Adnan Ćatić aus marketingtechnischen Gründen im Jahr 2000 Felix Sturm. Beide sind Väter. Vogel hat mit seiner marokkostämmigen Frau vier Kinder in die Welt gesetzt und wird sie mit großer Wahrscheinlichkeit auch im Geiste des Salafismus erziehen. Adnan Ćatić ist Vater von zwei Kindern und mit einer ebenfalls bosnischstämmigen Muslimin verheiratet.

Adnan, der Sohn eines bosnischen Bauarbeiters und einer Hausfrau, wollte nicht auf den Bau. Also machte er sein Fachabitur, schloss sein Studium der Betriebswirtschaftslehre ab, holte Weltmeistertitel, machte sich mit einer Boxschule selbständig, ist ein Fernsehstar, hatte Höhen und Tiefen, verlor seine Mutter an den Krebs und hatte auch schon einmal ein Gerichtsverfahren wegen Dopings am Hals. Adnan sagt Sätze wie: »Jeder Mensch hat etwas anderes, was ihn glücklich macht. Wer glauben will, soll glauben. Wer nicht glauben will, nicht. Für mich ist der Glaube ein wichtiger Faktor in meinem Leben, ich habe das schon als Kind mitbekommen von meinen Eltern (…) Das Wesentliche in meinem Glauben ist: Fasten, Beten und die Pflichtabgabe, also dass man drei Prozent von dem, was man erwirtschaftet hat, an Bedürftige spendet. Ich bete heute fünfmal am Tag. (…) Es ist nicht alles so streng, wie es manchmal nach außen getragen wird.«[32] Mit dem Verein »Kids for Future« setzt er sich mit Sozialpädagogen und Ehrenamtlichen dafür ein, dass Jugendliche bessere schulische und berufliche Ergebnisse erlangen. Sport für die Kinder inklusive.

Pierre Vogel hingegen suchte mehr nach dem Sinn des Lebens, als sich aktiv der Lebensgestaltung zu widmen. Während seine Mutter es sich gewünscht hätte, dass er Anwalt oder Pfarrer geworden wäre, ist er nun Salafistenprediger. Pierre, evangelischer Sohn von Gaststättenpächtern, wird schon früh mit lauten, betrunkenen und nicht durchweg glücklichen Gästen in Berührung gekommen sein. Das eine oder andere philosophische Stammkneipengespräch wird ihm indes sicher nicht entgangen sein. Mit fünfzehn fängt Pierre das Boxen an und wird drei Jahre später deutscher Jugendmeister. Als Jugendlicher verlässt er das Elternhaus bei Köln und geht auf ein Sportinternat in Berlin-Hohenschönhausen, wo er im Jahr 1999 sein Abitur macht. Er absolviert seinen Zivildienst, hört mit dem Boxen auf, schreibt sich 2002 an der Universität Köln ein und bricht nach einem Semester das Studium der Sozialwissenschaft und Geografie auf Hauptschullehramt ab. Daraufhin will er Übersetzer werden und lernt zuerst in Bonn Arabisch, um kurz darauf nach Saudi-Arabien zu gehen, wo er den Islam kennenlernen will. In einem Land wohlgemerkt, dessen Staatsreligion der fanati-

32 http://www.sueddeutsche.de/leben/glaubensbekenntnis-felix-sturm-1.2468330

sche Wahhabismus ist und dessen Regierung die 1962 gegründete Islamische Weltliga mit Milliarden unter anderem auch für salafistische Missionsarbeit unterstützt. Von kostenloser Salafistenliteratur bis Salafismus-Studienstipendien ist alles dabei. Pierre lernt drei Semester am Arabistischen Institut für Ausländer an der Umm-al-Qura-Universität in Mekka. »Ich wollte in Saudi-Arabien lernen, um den Islam später in Deutschland argumentativ verteidigen zu können«, sagt er später der *Frankfurter Allgemeinen Zeitung*. Auf der Salafistenwebseite *WAY TO ALLAH*, dessen Betreiber ich 2006 in Köln für die *Süddeutsche Zeitung* porträtierte, veröffentlicht er einen Bericht über seinen Weg zum Islam. Wie bei vielen Anhängern von radikalen Gruppen wird auch in seinem Text die Suche nach Einfachheit, Struktur und einer Anleitung fürs Leben ersichtlich. »Die Bibel gibt beispielsweise keine Antwort darauf, warum es überhaupt Gut und Böse gibt. Es gibt keine Beschreibung des Jenseits, was den Menschen dort erwartet und was er genau tun muss, um in das Paradies zu gelangen bzw. um sich vor der Hölle zu retten.«

Sein Bedürfnis nach einer Welt, die in Gut und Böse eingeteilt ist, teilt er mit vielen seiner Anhänger. »Das Leben eines jeden endet mit dem Tod, man wird begraben und vermodert in seinem Grab – das waren meine Gedanken. Gleichzeitig jedoch hatte ich auch wieder Zweifel daran, denn dann wäre tatsächlich alles Dasein sinnlos.« Ehemalige Internatsmitschülerinnen berichteten mir von seiner promiskuitiven Schulzeit. Seine diffusen Ängste und Sorgen als junger Mensch könnten Hinweis geben auf eine Borderline-Persönlichkeitsstörung. Boderline-Betroffene leiten ihre Ängste oft auf andere Verhaltensweisen um. Dazu gehört unter anderem auch ein unbeständiges bis riskantes Sexualverhalten. Pierre

Vogel beschäftigte sich übrigens auch mit dem Buddhismus. Dass er diese Religion aber als unlogisch und nicht ansprechend empfand, verwundert nicht. Gerade der Buddhismus ist eine stark nach innen gerichtete Religion, die alles andere lehrt, als das Leben in Gut und Böse einzuteilen. Ganz im Gegenteil. Der Buddhismus erklärt dieses Bedürfnis nach Dualität mit der Unwissenheit der Menschen, die die ständigen Veränderungen und Erfahrungen im Leben nicht verarbeiten und schon gar nicht ihren Horizont erweitern. Stattdessen wird an unserer dualen Vorstellung festgehalten.

Gerade diese Arbeit an sich vermeiden viele Muslime mit problematischen Islamverständnis. Was Pierre Vogel widersprüchlich nennt, ist in Wirklichkeit eine Vermeidungsstrategie. Denn selbst der Islam, und erst recht seine salafistische Form, sind widersprüchlich. Seine Lebensfragen findet Pierre Vogel aber aus seiner Sicht befriedigend beantwortet: »Warum lebe ich?«, »Warum gibt es Gut und Böse?«, »Was ist das Ziel meines Lebens?«, »Was geschieht nach dem Tod mit uns?«

Seine Leere beschreibt er in folgenden Zeilen: »Ein Leben nach islamischen Regeln bringt nachhaltigen Nutzen und Zufriedenheit, während die Zufriedenheit, die man vielleicht durch einen Diskobesuch erreicht, nur von kurzer Dauer ist. Bereits ein paar Tage später erinnert man sich noch nicht einmal mehr daran. Im Nachhinein kann ich von mir persönlich sagen, dass ich heute glücklicher und ausgeglichener bin als früher – als ich mit dem Cabrio von Disko zu Disko gefahren bin, Geld und Freunde im Überfluss hatte und mich völlig unabhängig von allem fühlte. Was hat mir dieses Leben gebracht, was ist nach ein paar Wochen oder Monaten davon übrig? Nichts, nur Leere.« Während man bei den Zeilen eher annehmen muss, dass er einfach nicht in der Lage war, vernünftig zu feiern, muss er zum Schluss noch was loswerden: »Für die Nichtmuslime hoffe ich, dass sie nach der Wahrheit suchen und nicht nach dem leichtesten Weg.«[33] Den leichtesten Weg aus seinem Disko-Cabrio-Debakel hat wohl eher er gesucht. Seine Wahrheit hat er dabei auf Kosten von anderen verlorenen Seelen gefunden.

Adnan Ćatić und Pierre Vogel – beide hätten in ihrem Leben Gründe gehabt, den Weg des jeweils anderen einzuschlagen. Aber wer weiß. Vielleicht ist alles einfach nur Mektoub – Bestimmung! Vielleicht sind sie Kinder des unveränderbaren, bereits am Tag ihrer Geburt niedergeschriebenen Schicksals. Nicht ohne Grund heißt es »Nomen est omen«. Vogel schloss sich den Zugvögeln Richtung Radikalisierung an. Ćatić ist abgeleitet von ćato, was wiederum vom arabischen *katib*, sprich Schreibenden abgeleitet ist. Kurzum: Ćatić, ein schreibender Leistungssportler mit BWL-Abschluss und Durchhaltewillen.

Muslimischer Verschwörungsglaube

Wer in der Lage ist, verschiedene Eigenschaften und Faktoren eines Sachverhalts zu bewerten, mildert seine eigenen absoluten Urteile. Gerade deshalb sind viele Anhänger von Verschwörungstheorien zwar fleißig dabei, eine Logik in einem großen Ganzen zu kreieren und die Puzzlestücke ihrer Theorie zusammenzufügen, sie sind aber nicht in der Lage, die Faktenlage wahrzunehmen und ihr zu glauben. Und bisweilen ertragen sie es auch nicht, wenn sie nicht sofort auf alles eine Antwort haben und mit dieser Ungewissheit auch noch

33 http://www.way-to-allah.com/bekannte/p.vogel.html

leben zu müssen. Die Suche nach der großen Verschwörung kann durchaus geistige Energie kosten und viel Zeit in Anspruch nehmen. Je nachdem, ob jemand die Verschwörungstheorie selbst entwickelt oder sich seine Weltsicht einfach nur aus unzähligen YouTube-Videos und Blogs zusammenbastelt.

Muslime verfügen über noch mehr Bastelmaterial, denn sie stoßen auch auf ihren Heimatsendern, sofern sie ihre Herkunftssprache noch beherrschen, sowie in salafistischen und islamistischen Islamforen, Publikationen und Moscheen auf eine vermeintliche Verschwörung gegen den Islam. Die Liste der Verschwörer liest sich allerdings wenig originell, es sind: die Juden, Israel, Amerika, der Westen, die Medien und, je nach Gemütszustand, auch mal der deutsche Nachbar oder eine Supermarktkette, die, wie der Real Markt es 2017 tat, in ihrem Sortiment imposante Moscheemotive auf Badezimmerschränken anbieten. Wobei sich die Liste der Gegner beliebig erweitern lässt.

Vorurteilsfrei und keinem Schwarz-Weiß-Schema folgend den Dingen auf den Grund zu gehen strengt hingegen an. Es muss dabei immer so viel bedacht werden. Da ist es schon besser, wenn alles, was sich mühsam oder kompliziert anfühlt, auf die Illusion von einer vermeintlichen Wahrheit reduziert wird. Viele heranwachsende Muslime lernen diese Denkweise bedauerlicherweise auch in ihrem Elternhaus oder in jenen Moscheen, die die Welt und westlichen Gesellschaften in Gläubige und Ungläubige einteilen. Ein Gut-und-Böse-Schema, das auch festlegt, wer in der Hölle schmoren wird. Und das können dann plötzlich auch Paul, Carlo oder Mina sein, die besten Freunde aus der Schule oder Uni, die nur durch Konversion vor der ewigen Bestrafung gerettet werden könnten. Oft wird dabei auch die Geopolitik rund um Palästina und den gesamten Nahen Osten zum Thema gemacht, anstelle sich im Koranunterricht dem arabischen Alphabet und dem Islamunterricht zu widmen. Kritische Nachfragen sind unerwünscht. Denn was zwingt die Hybris mehr in die Knie als die geistige Anstrengung? Das führt selbst bei Keksen zu einem inneren Konflikt.

Ein Experiment der Psychologin Patricia Linville brachte das zum Vorschein. Zwei Gruppen, eine Aufgabe: Die einen sollten zwei Eigenschaften des Gebäcks bewerten, die anderen sechs. Wie zum Beispiel Bissfestigkeit, Geschmack oder Butternote. Diejenigen, die nur zwei dieser Dimensionen beurteilen sollten, urteilten extremer. Entweder sehr gut oder sehr schlecht.

Nun stellt sich die Frage, warum bestimmte Menschen anfälliger für Verschwörungstheorien sind und andere nicht und warum Verschwörungstheorien bei Muslimen oft mit religiösen Überzeugungen einhergehen. Zumeist sind Verschwörungstheorien rechtsextrem verortet, ob es sich nun um Reichsbürger oder Islamisten handelt, ist egal. Beide Gruppierungen sind durchdrungen von esoterischen, faschistischen und nationalistischen Erklärungsansätzen. Beim Islamismus bieten sich obendrein noch zahlreiche traditionelle theologische Auslegungen an, die eine Islamverschwörung untermauern können. Und auch die untergegangenen islamischen Großreiche spielen hier eine Rolle. Der Panislamismus und die rechte Ideologie sind über die muslimischen Nationalgrenzen hinweg so erfolgreich, weil sie auf den alten Expansionsgedanken und Ideen wie das Tausendjährige Reich der Nationalsozialisten anspielen. Die Sehnsucht nach vermeintlicher alter Größe , verbunden mit der theologischen und erzieherischen Vorprägung der Kinder, stößt besonders bei jenen Jungen mit problematischen Männlichkeitsbildern auf großen Widerhall.

Der US-amerikanische Psychologe Rob Brotherton hebt in seinen Arbeiten hervor, dass der Glaube an Verschwörungstheorien aus einem Gefühl der Unsicherheit heraus entsteht. Menschen, die Verschwörungstheorien folgen, wollen Ereignisse aber nicht nur einfach erklärt haben, es muss immer auch der Akteur stimmen. So wird zum Beispiel einem Israeli, der Israel oder gar das Judentum kritisiert, ohne dabei irgendwelche Fakten zu nennen, mehr Glauben geschenkt als einem Muslim, der das Gegenteil behauptet – und mit Fakten belegt. Hinzu kommt, dass der Verschwörungsglaube seinen Jüngern das gute Gefühl gibt, den angeblichen Plan der Welt verstanden zu haben, verbunden mit dem Gefühl, sich für etwas Besseres halten zu dürfen. Interessant ist es, dass Muslime gerne westliche Verschwörungstheorien dazu nutzen, um den Islam zu bestätigen, weil sie der Meinung sind, dass manche Verschwörungstheorien den Koran oder die Hadithe sowie deren Auslegungen bezeugen. Wie zum Beispiel, dass die Emanzipation der Frau nur dazu diene, die Familien zu entzweien, womit islamischen Werten geschadet werde. Empfänglich sind alle Muslime, die in einer selbstbestimmten Frau und Mutter eine unruhestiftende Person wahrnehmen, die Widerworte gibt, einen eigenen Standpunkt vertritt und vermeintlich eine Familie zerstört, weil sie sich nicht dem Ehemann und Vater ihrer Kinder unterordnet und dem Sohn den geliebten Vater entreißt oder ihm einen neuen Partner vorzieht. Alles Entscheidungen, die eine Zeit der Neuorientierung provozieren und wiederum eine Zeit der Unsicherheit erzeugen.

Dass Bildung nicht automatisch die Suche nach angeblich verborgenen Wahrheiten aufhebt, beobachten wir nicht nur bei akademisierten Muslimen mit und ohne Migrationshintergrund, sondern auch bei gebildeten und gutbürgerlichen Nichtmuslimen. Interessanterweise stellt Brotherton bei Verschwörungstheorien obendrein Parallelen zu religiösen Vorstellungen fest. Wer an Verschwörungen glaubt, der nimmt sie als hierarchisch strukturiert wahr. An der Spitze einer Verschwörung steht nicht selten ein Hauptverschwörer, dem die von Brotherton Befragten fast schon allmächtige Kräfte zusprachen und der die rangniedrigeren Verschwörungseinheiten mit seinem übermenschlichen Wissen wie Marionetten manipulieren kann. Die Genialität der Hauptverschwörer dient auch als Erklärung dafür, weswegen ein Komplott nicht aufgedeckt werden kann. Verschwörungstheorien erklären, warum Salafisten-Imame oder islamistische Prediger, Lobbyisten oder Politiker, die mit ihrem Heilsversprechen »Der Islam ist die Lösung« daherkommen, so erfolgreich bei den Sinnsuchenden sind. Gerade weil sie alles, was außerhalb ihres Islamverständnisses und Gesellschaftskonzepts liegt, als eine verderbliche und unsichere Welt darstellen und damit all jenen die vermeintlich rettende Hand reichen, denen es an Halt und Orientierung im Leben fehlt. So ist Bildung nur ein Schlüssel zur vernunftorientierten Lebensweise. Schon zu Beginn des Buchdrucks wurden Verschwörungstheorien medial verbreitet. Heute sind es die digitalen Medien und Gratisbücher, mit denen Islamisten und Salafisten auf Seelenfang gehen. Früher führte der Verschwörungsglaube zu Hexenverbrennungen, heute lassen sich instabile Persönlichkeiten für einen Islamischen Staat instrumentalisieren. Das Tragische ist, dass Angst und Misstrauen noch aus der

Steinzeit tief in uns stecken und Merkmale unserer Psyche sind.

Wen treibt's in den Terror?

Nach jedem islamistischen Terroranschlag heißt es unter Muslimen oft: Der war doch krank. Auf die Frage, ob nun jeder islamistische Terrorist psychisch krank ist, erklärt der Professor und Psychologe Jérôme Endrass: »Es gibt ein paar Fälle, da spielt das Psychiatrische tatsächlich eine Rolle. Aber bei jemandem, der psychisch krank ist und zurückgezogen lebt, ist es wahrscheinlicher, dass er sich seine eigene ›Privatideologie‹ zurechtzimmert, wie man das oft bei Schulattentätern sieht, als dass er auf den Salafismus kommt. Der ist für diese Menschen schon fast zu sehr Mainstream.« Endrass erarbeitete gemeinsam mit dem BKA den RADAR-iTE-Fragebogen für Polizisten. Dieser dient dazu, die Gewaltbereitschaft potenzieller Attentäter einzuschätzen.

»Ein zweiter wichtiger Typus sind dissoziale Charaktere, die Kriminalität und Gewalt als legitimes Mittel betrachten, um ihren Willen zu bekommen. Das sind gewaltbereite Hooligans, denen der Salafismus eine Steilvorlage liefert, um ihren Drang auszuleben. Als psychisch krank würde man sie aber nicht bezeichnen. Wobei sie sicher auch nicht psychisch gesund, also ausgeglichen und stabil sind. Es gibt da eine breite Grauzone. Eine dritte Gruppe hat eine Persönlichkeit, die sich von autoritären Systemen und Militärischem angezogen fühlt. Diese Menschen sind nicht dissozial und nicht psychisch krank, allerdings in ihrer Persönlichkeit auffällig, was etwa die Faszination für die paramilitärische Subkultur des so genannten Dschihad angeht. Der Inhalt der Ideologie ist für sie aber eher zweitrangig. Man sieht da sogar Rechtsradikale, die zu Islamisten werden.«[34]

Des Weiteren gibt es, angelehnt an Goethes »Die Leiden des jungen Werthers«, den Werther-Effekt, womit Menschen gemeint sind, die mit Suizidgedanken spielen und sich medial davon angesprochen fühlen. »Wenn Bilder von den Tätern in den Medien gezeigt werden und sie in sozialen Netzwerken gehypt und gelobt werden, übt das eine starke Anziehung auf attentatsgeneigte Personen aus. Wenn sonst im Leben noch einiges schiefläuft und sie nichts auf die Reihe bekommen, kann ein Terroranschlag für solche Menschen ein faszinierender Ausweg sein. Wenn man nun so viele islamistische Attentäter hat wie zurzeit, werden sich muslimische Männer, die sowieso attentatsgeneigt sind, davon stärker angesprochen fühlen.« So wie auch die Attentäter vom Pariser Bataclon es betonten: »Wir lieben den Tod, ihr das hedonistische Leben!« Holzschnittartige Aufklärungskampagnen sieht Endrass skeptisch, da es sich bei den potenziellen Attentätern um eine heterogene Gruppe handelt. Auch werden religiöse und moderate Argumente nicht fruchten. Gerne bringen sich hier islamische Vereine, die den bekannten Islamverbänden nahestehen, oder diese direkt selbst ins Gespräch und werden staatlich alimentiert, damit sie eine Deradikalisierung vornehmen. Doch ungeachtet dessen, dass die Erfolgsquoten eher schwach sind, setzt sich kein einziger der sogenannten Islamverbände kritisch und aufrichtig mit dem Islamismus auseinander. Wieso auch? Alles nur antimuslimischer Rassismus! Willkommen in der Verschwörungsblase.

---

34 https://www.spektrum.de/news/es-braucht-einiges-damit-sich-gewalt-bahn-bricht/1498607

Was ist also langfristig zu tun? »Das ist von Fall zu Fall sehr unterschiedlich. Hat man es mit einem Extremisten zu tun, der an einer Schizophrenie erkrankt ist, ist die beste Empfehlung eine psychiatrische Unterbringung. Bei einem radikalisierten 18-Jährigen, der in einer Lebenskrise steckt, aber in ein Umfeld von Freunden und Familie eingebettet ist, hilft es vielleicht schon, sein Leben zu stabilisieren«, sagt Endrass. Auch die Rolle der klassischen Nachrichtenmedien über Terrorismus stuft Endrass kritisch ein. Aber selbst wenn die Berichterstattung über Attentäter zurückhaltender wäre, blieben die zahlreichen Videos und Bilder aus den sozialen Medien. Endrass spricht die Täter allerdings auch nicht frei von ihren Taten. »Die Verantwortlichen sind die Attentäter, das ist klar. Eine zurückhaltendere Berichterstattung wird das Problem allein natürlich nicht lösen (...).«

Einer der sich um die terroristische Berichterstattung kümmerte, ist der ehemalige islamistische Extremist Irfan Peci. Er wurde 1989 in Serbien geboren. Seine Eltern flüchteten mit ihm nach Deutschland, wo er gemeinsam mit ihnen und seiner Schwester in der Oberpfalz aufwuchs. Er war Deutschland-Chef der »Globalen Islamischen Medienfront« (Gimf) und verbreitete deutschsprachige Terrorvideos und Propaganda für al-Qaida. Das Einwandererkind von berufstätigen Eltern ging wie viele heranwachsende muslimische Migrantenkinder auf Identitäts- und Sinnsuche. Die Frage beschäftigte ihn, was ihn nach dem Tod erwarte. So traf auch er auf das kultur- und länderübergreifend verbindende Glied vieler muslimischer Einwandererkinder: den Islam. Durch seinen Cousin stieß er auf das vereinfachte Weltbild der Salafisten, und deren extremistisches Islamverständnis füllte fortan die Lücke in seinem Leben. Bis er 2008 zu einer Gefängnisstrafe verurteilt und 2009 vom Verfassungsschutz als V-Mann angeworben wurde.

Den Reiz, den die Ideologie auf Jugendliche ausübt, beschreibt Peci heute so: »Es gibt ja eine Vorgeschichte: Dass man ein falsches Islamverständnis hat, dass man religiös wird und meint, der Kampf sei religiöse Pflicht. Abgesehen davon arbeiten die Videos mit vielen Anreizen: Sie zeichnen dieses unrealistische Bild, dass man dem Feind überlegen ist und dass man als Dschihadist mit Sklavinnen und mehreren Frauen lebt. Die Leute glauben, dass es wirklich so ist wie in den Videos.«[35]

Wie das dann in so einem Gebiet mit Sklavinnen aussehen kann, zeigte sich im Fall des türkeistämmigen Anil O., der sich nach seiner Zeit bei den Terrormilizen des IS in Syrien den Behörden als Kronzeuge gegen die islamistische Szene in Deutschland anbot. Der Einser-Abiturient und Medizinstudent hat nach eigenen Angaben nicht für den IS gekämpft, sondern lediglich Verletzten geholfen. Er sei angewidert gewesen von der Brutalität und Verrohung in Syrien. Nur nach wenigen Tagen habe man ihm ein etwa zehnjähriges jesidisches Mädchen als Sexsklavin angeboten. Anil O. soll den Ermittlern Details zu drei Männern in Deutschland geliefert haben, die den Sicherheitsbehörden als die Köpfe eines bundesweiten Netzwerks zur Schleusung Ausreisewilliger gelten. Hasan C., ein 51-jähriger Deutschtürke aus Duisburg, soll Jugendliche in einem Hinterzimmer seines Reisebüros radikalisiert haben. Boban S., 37, ein studierter Chemie-Ingenieur, betrieb in Dortmund eine »Koranschule«, die wohl als

35 https://www.wired.de/collection/life/ex-dschihadist-irfan-peci-im-interview-es-ist-alles-eskaliert

Vorbereitungscamp für potenzielle Terroristen galt. Und der Hildesheimer Ahmad Abdulaziz Abdullah A. alias Abu Walaa, 33, der für die Bundesanwaltschaft als der »Deutschland-Repräsentant« des IS gilt.

Noch heute kritisiert Peci die Rolle der Nachrichtenmedien und die indirekte Werbung, die deren Berichterstattung bewirke. »Die wenigsten haben die Seiten wirklich gesehen. Die meisten erfahren davon, weil extrem viel berichtet wird. Da muss man sich fragen, ob es nicht gerade das ist, was der IS will?«

So sieht es auch der Politologe und Terrorismusforscher Asiem El Difraoui, der von einer »DAESH Medienfalle« spricht. »Wenn man die Aufmerksamkeit, die dieser pseudoislamische Staat kriegt in unseren Medien (…) mal aufrechnen würde, (…) in gekaufter Werbezeit, könnte das weder Apple, noch BMW, noch ein Großunternehmen unserer Welt bezahlen.«[36]

Was Pecis Rettung aus dem Extremismus betrifft, so lag die wohl in seiner Festnahme. Denn auch er stand kurz davor auszureisen. »Irgendwann wurde es ernster, wir haben den Leuten Ausreisen vermittelt, damals noch nach Afghanistan, nicht nach Syrien. Man steigert sich immer mehr hinein und irgendwann ist einem Propaganda zu wenig und man geht zu realen Taten über.« Die Profile der Anhänger extremistischer Gruppen sind mittlerweile vielfältig. Für deren Eltern, Partner und Angehörige heißt es, wachsam zu sein, ohne einengend zu wirken, und mit seinen Kindern einen aufrichtigen und auch selbstkritischen Austausch zu suchen. Das Phänomen des Extremismus kann alle Familien treffen. In Frank-

36 https://www.youtube.com/watch?v=SaYhZPDN8Cg

reich sind sogar bis zu drei Prozent der jüdischen Familien davon betroffen. Darüber hinaus ist auch Migrationserfahrung keine zwingende Voraussetzung mehr. In 50 Prozent der französischen Familien, in denen sich die Kinder radikalisierten, gab es in den Familien über die letzten zehn Generationen keine Migration mehr.

Um zu wissen, worauf zu achten ist, sollten die vier Etappen gekannt werden. In der ersten Etappe versuchen die Salafisten und Islamisten, das Individuum von seinem sozialen Umfeld abzuspalten. Es wird den Jugendlichen erklärt, dass ihr Wissen, das sie durch die Schule, die Medien und von den Familien erhalten haben, in Wirklichkeit von Geheimgesellschaften stamme, die »den Planeten kaufen«. Der Zionismus oder Geheimbünde wie etwa die Illuminati oder die Freimaurer sind die häufigsten Referenzen. Weshalb auch Kollegahs Theorien in seinen Videos wie »Apokalypse« den Weg in diese Denkrichtung ebnen kann. Wenn Eltern überdies selbst Verschwörungstheorien anhängen, weil sie undifferenziert im »Free Palestine«-Modus verharren und Israel nur als Apartheidstaat wahrnehmen, werden sie blind sein für die erste Etappe.

Mitten in der Adoleszenz geht der Betroffene von einer Logik aus, die ihm sagt, dass er niemandem mehr vertrauen darf. Die Abspaltungsbemühungen nehmen ihren Lauf. Die Webseiten der Salafisten und Islamisten, auf denen die Betroffenen sich stundenlang zu informieren versuchen, beziehen sich raffiniert auch auf das Kino. Zum Beispiel wird gerne auf den Film »Matrix« Bezug genommen, wo es unter anderem darum geht, welche Pille der Hauptdarsteller nehmen soll: die, die ihn weiterschlafen lässt und dadurch in der Matrix, also einer Fake-Welt, gefangen hält, oder die, die ihn aufwachen und hinter die Kulissen blicken lässt. Dies führt dazu, dass die Schule oder Ausbildung abgebrochen wird, da die Lehrer ja dafür bezahlt werden, aus dem Schüler einen folgsamen Untertanen zu machen, und ihn daran hindern sollen, den ganzen Lügenkonstruktionen auf den Grund zu gehen.

Die zweite Etappe beruht auf der Idee, sich der Auseinandersetzung mit dieser Welt zu stellen, um sie zu erneuern. Dabei wird der wahre Islam als die Lösung präsentiert, er allein soll dazu in der Lage sein, die Erneuerung und das Erwachen hervorzurufen.

In der dritten Etappe teilen die Betroffenen die Glaubenssätze der Ideologie und glauben im Besitz der Wahrheit zu sein. Sie sind davon überzeugt, auserwählt und besonders zu sein. Auch deshalb, weil sie in der salafistischen oder islamistischen Gemeinschaft aufgenommen wurden, deren Mitglieder sich selbst aber stets als normale Muslime bezeichnen. Spätestens jetzt hat das ganze Konzept der Reinheit und der Vorrangstellung dieser Gruppe sehr viel Macht auf den Betroffenen.

Die vierte und letzte Etappe ist die der Entmenschlichung – der eigenen Person wie auch aller anderen Menschen. Zuerst sind die anderen an der Reihe: Alle, die nicht dem Weg des Erwachens und der Erneuerung folgen, sind keine wahren Muslime, sie gelten – je nach Grad der eigenen Radikalisierung – auch nicht mehr als menschliche Wesen, weswegen sie getötet werden können. Die Tötung ist sogar eine Pflicht und kein Verbrechen, weil sich diese anderen angeblich dem Islam und den Muslimen in den Weg stellen. Und nun folgt die eigene Entmenschlichung. Das Denken der Gruppe ersetzt das Denken und Fühlen der Betroffenen. Diese Rekrutierungsfallen sind vielen Menschen kaum bekannt und sind für die Präventions- und Deradikalisierungsarbeit wichtig.

Peci bringt sich heute in der Aufklärungsarbeit ein. Auch weil er wenig Gefallen an den aktuellen Angeboten findet: »Aber man muss gefährdeten Jugendlichen eine Alternative bieten. Man müsste auch eine Art Propaganda für die richtige Sache machen – mit Büchern, Videos und Artikeln, die zum Gegenteil aufrufen, die Propaganda der Dschihadisten aufdecken. Ich habe mir Seiten vom IS angesehen und Seiten, die der Prävention dienen sollen. Da wundert es nicht, dass viele Jugendliche IS spannender finden. Der IS arbeitet mit Videos und anderen Formaten, die auf Action setzen – auf der anderen Seite sehen die Sachen total langweilig aus, Texte mit viel zu vielen Fremdwörtern, die Jugendliche gar nicht verstehen. Es ist nicht auf das Publikum zugeschnitten, während der IS mit ganz einfachen und klaren Botschaften vieles leichter vermittelt.« Auch El Difraoui findet: »Selbst die Vorzüge unserer Gesellschaftsvision werden ganz schlecht kommuniziert.«[37]

»Der Islam gehört nicht zu Deutschland«

Mit diesem Satz machte Horst Seehofer seinen Auftakt als neuer Bundesinnenminister. Wie auch immer Mensch dazu stehen mag, Fakt ist: Muslime leben in Deutschland, und damit ist auch ihre Religion Islam in diesem Land in den unterschiedlichsten Auslegungen präsent. Es spielt nur eine gewisse Rolle, was Menschen von dieser Religion halten, ob sie sie mögen, ob sie ihr gleichgültig gegenüberstehen oder sie ablehnen. Allerdings gibt es in unserer Gesellschaft viele

37 GALORE Magazin 04/16.

andere Erscheinungen, die von einigen Menschen ebenfalls abgelehnt werden. Der Islamismus zählt dazu ebenso wie die diversen Formen des Rechts- oder Linksextremismus. Diese Bewegungen und Ideologien gefährden mit ihrem binären Weltbild und der Herabsetzung von Menschengruppen schlichtweg unseren gesellschaftlichen Frieden – und dennoch sind auch sie Teil der Gesellschaft. Eine schlichte Ablehnung wird da nicht reichen, es gilt vielmehr, einen vernünftigen Umgang mit diesen Gruppen zu finden und deren Anhänger von ihren irreführenden Haltungen abzubringen. Noch viel mehr aber gilt es, frühzeitig über diese bedrohlichen Denkmuster aufzuklären.

Gehört der Islam zu Deutschland? Zielführender wäre eher die Frage, welcher Islam in Deutschland zu einem demokratischen und emanzipatorischen Umgang miteinander beitragen kann. Überhaupt ist die Frage, ob der Islam zu Deutschland gehört, kaum von Relevanz. Auch jene, die die Uhr zurückdrehen und die muslimische Einwanderung rückgängig machen möchten, können an der heutigen Realität nichts ändern. Allerdings muss der Umgang mit Konflikten, die islamisch geprägt sind, überprüft werden, besonders dann, wenn Salafismus und Islamismus zutage treten. Wie man das auch bei Rechten tun muss, die ihre persönlichen Konflikte in einer Ideologie aufgehoben sehen wollen. Für die Zukunft gilt es zudem, Antworten auf unterschiedliche Fragestellungen zu finden und ein friedliches Zusammenleben zu ermöglichen. Dazu wird gehören, antidemokratische, frauenfeindliche, homofeindliche und rassistische Tendenzen und Ideologien gesamtgesellschaftlich in ihre Grenzen zu weisen und sie nicht staatlich zu fördern. Und es wird nötig sein, eine fruchtbare Aufklärung zu betreiben.

Nicht zuletzt wird es darum gehen, dass die Bundesrepublik, allen voran die Unionsparteien CDU und CSU, eine kritische Aufarbeitung ihrer Rolle bei der Etablierung islamistischer und nationalistischer Strukturen vornehmen. So lobenswert das Positionsblatt zum Politischen Islam des CSU-Parteitags aus dem Jahre 2017 ist, nur eine kritische Rückschau kann dazu beitragen, die Fehler der Vergangenheit nicht weiter fortzuführen. Dass gerade die islamischen Vereine allergisch auf dieses Positionspapier reagieren, macht deutlich, wie sehr sie dadurch ihre islamistische Ideologie bedroht sehen und ihre Agitation gleich mit. So stellt das Positionsblatt u. a. ausführlich klar: »Der Islam ist kein Feindbild – die Religionsfreiheit ist unbestritten. Wir wollen keine Herabwürdigung einer Religion oder einzelner Gläubiger. Ganz im Gegenteil: Wir stehen uneingeschränkt zur Glaubens- und Religionsfreiheit.«

Doch macht das Positionspapier auch deutlich, was die CSU langfristig gerne bekämpft sehen will: »Deshalb ist es wichtig, den Politischen Islam gesondert von der Religion Islam zu betrachten. Es wäre grundfalsch, den Islam reflexartig mit dem Politischen Islam zu identifizieren oder gleichzusetzen. Umgekehrt kann auch der Islam in Deutschland von einer Auseinandersetzung mit dem Politischen Islam profitieren. Die trennscharfe Unterscheidung von Islam und Politischem Islam beugt Islamfeindlichkeit vor und verhindert eine pauschale Verunglimpfung der Religion und ihrer Anhänger. Die Bekämpfung des Politischen Islam sollte im ureigenen Interesse des Islam und der in Deutschland lebenden Muslime sein.«[38]

38 https://www.csu.de/common/download/Leitantrag_Politischer_Islam_PT_2

Dass angesichts solcher Forderungen gerade bei den Islamverbänden Unbehagen bis Nervosität aufkommt, verwundert angesichts ihrer Haltungen zum Islamismus nicht. Der sei nur ein Kampfbegriff, wie aus ihren Kreisen und von ihren Anhängern regelmäßig zu vernehmen ist. Bis heute gibt es keine tiefgehenden Lösungsangebote zum Thema Islamismus. Wie auch? Wenn Islamverbände den Politischen Islam nicht sehen wollen, können sie ihn auch nicht bekämpfen. Stattdessen gilt weiterhin der Islamistenspruch: Der Islam ist die Lösung. Deshalb wollen sie finanzielle Mittel, um mit »dem Islam« gegen Deradikalisierung vorzubeugen. »Finde den Fehler!«, lässt sich dazu nur sagen oder: »Ein weiteres Beispiel für staatlich subventionierte Arbeitsmaßnahmen für Berufsmuslime.« Offensichtlich sind die Verbände schlichtweg die falschen Ansprechpartner und obendrein ungeeignet, die hier lebenden Muslime zu vertreten. Zudem auch hervorgehoben werden muss, dass eine Vielzahl von Muslimen nicht ohne Grund gar nicht organisiert ist. Sie wollen es schlichtweg nicht. Da unterscheiden sie sich nämlich auch nicht von zahlreichen Bürgerinnen und Bürgern nichtislamischen Glaubens in diesem Land. Dies darf der Staat nicht übergehen und künstlich einen Vertreter der Muslime installieren. Ein solches Vorgehen rächt sich heute mit fatalen Folgen.

Eine der international gut vernetzten Islamistengruppen ist die der Muslimbruderschaft. Die 1928 vom Grundschullehrer Hassan al-Banna in Ägypten gegründete Bewegung folgt dem Slogan »Der Islam ist die Lösung«. Ihr Ziel ist eine Gesellschaftsordnung nach islamistischem Vorbild. International existieren unterschiedliche Ableger, und auch in Deutschland gibt es verschiedene Gruppierungen, die der Muslimbruderschaft zuzurechnen sind. Neben einem arabischen Ableger, dessen Anhänger als Studenten, aber auch aufgrund politischer Verfolgung aus sozialistisch orientierten Ländern wie Syrien, Ägypten, dem Irak oder Tunesien Asyl in Deutschland fanden, gibt es auch eine türkische Variante: die Milli-Görüş-Bewegung (Nationale Sicht), die vor allem antilaizistisch und antisäkular orientiert ist. 1970 hatte Necmettin Erbakan die Partei Millî Nizam Partisi in der Türkei gegründet, und bereits zwei Jahre später öffnete die Türkische Union Deutschland in Braunschweig ihre Pforten[39]. Die aus den vor allem ländlichen und traditionellen Regionen stammenden türkischen Gastarbeiter machten die Milli Görüş groß und nach der DITIB zum zweitgrößten Islamverband. Erbakan, der in der Türkei die Traditionellen und Osmanen-Großreich-Nostalgiker für sich gewinnen konnte, gilt als der politische Ziehvater Recep Tayyip Erdoğans und der heutigen AKP. Er hatte in Aachen Maschinenbau studiert und war auch an der Entwicklung des beliebten deutschen Militärexportguts beteiligt, dem Leopard-Kampfpanzer. Womit wir wieder beim Verbindenden zwischen den Deutschen und Türken wären. Es ist nicht allzu mutig, zu behaupten, dass keiner der Ableger der Muslimbruderschaft mit der freiheitlich-demokratischen Grundordnung hierzulande vereinbar ist. Denn weder Gleichberechtigung, Religionsfreiheit noch säkulare Prinzipien sind Teil ihrer Ideologie, und sie tauchen regelmäßig zusammen mit anderen demokratiefeindlichen Gruppierungen in Verfassungsschutzberichten auf. Hierbei zählen sie zu den Legalisten, die nicht etwa mit Gewalt einen

---

39 http://www.dw.com/tr/alman-idare-mahkemesinden-milli-g%C3%B6r%C3%BC%C5%9F-karar%C4%B1/a-3506507

Umsturz anstreben, sondern auf demokratische Mittel setzen. Dabei steht die Jugend im Fokus. Zahlreiche Jugend- und Studentenangebote bereiten den Nährboden für verschwörungstheoretisches und islamistisches Denken. In meinem Buch »Emanzipation im Islam« gehe ich ausführlich auf diese Erziehungsstrategie ein.

Die Islamströmung dieser sunnitischen Bewegung, die durchaus auch den Schulterschluss mit schiitisch-islamistischen Gruppen sucht, beruht auf den panislamischen Gedanken, die auf den Gelehrten Dschamal ad-Din al-Afghani zurückgehen. Dabei ist es zweitrangig, wie sehr sich beispielsweise die salafistischen und schiitischen Auslegungen im Laufe der letzten zwei Jahrhunderte der Moderne angepasst haben. Die Modernisierung, die sie anstreben, ist vor allem an der Technokratie orientiert. Eine Moderne, die die Gleichberechtigung und die Menschenrechte jedweder Gruppen einbezieht, gehört nicht zu ihren Zielen. Ganz im Gegenteil. Da können vor allem treue weibliche Anhängerinnen noch so oft Freiwilligkeit rufen. Ein anderer Großteil wird schlichtweg in seiner Entfaltung behindert und eingeschränkt bis unterdrückt.

Erwähnt werden muss, dass es auch in der Muslimbruderschaft unterschiedliche Positionen gibt. Auch unter ihren Denkern entwickeln sich verschiedene Richtungen. Von Sayyid Qutb, dem die Menschheit völlig ungebeten den modernen Dschihadismus zu verdanken hat, am radikalsten ausgeführt vom übereifrigen Osama Bin Laden, bis hin zu Denkern wie Tariq Ramadan, dem Enkel des Gründers der Muslimbruderschaft. Ihm gelang das Kunststück, nicht nur eine Lobreden-Doktorarbeit über seinen Großvater zu schreiben, er streitet zugleich ab, ein Muslimbruder zu sein. Er selbst bezeichnet sich als Reformsalafist.

Tariq Ramadan, dessen Vater Said Ramadan bei der Etablierung der Muslimbruderschaft in Deutschland eine wichtige Rolle spielte, ist Präsident des European Muslim Network und die Ikone junger, aufstiegsorientierter und nach Halt sowie nach einer Identität suchender Muslime in Europa. Der Lyoner Priester Christian Delorme, der mit Ramadan mehrfach in Frankreich öffentlich diskutierte, erklärt dessen Popularität so: »Der Islam in Frankreich galt damals als unkultiviert. Dann kam Ramadan und vermittelte der muslimischen Mittelklasse und ihren Intellektuellen einen neuen Stolz auf ihren Glauben.«[40] Aktuell muss sich Tariq Ramadan wegen Vergewaltigungsvorwürfen in Frankreich vor Gericht verantworten. Aufgrund der Anschuldigungen wurde er vorerst an der Oxford Universität beurlaubt, er selbst versucht jedoch, die Vorwürfe als eine Verleumdungskampagne gegen sich abzutun, hinter der angeblich seine Gegner stecken. Seine überzeugten Anhänger beschuldigen französisch-israelische Kreise, die, wie sie meinen, ein Problem mit dem »Antizionisten« haben. Der »Zionismus« darf natürlich in diesem Milieu wieder einmal nicht fehlen. Illuminaten und Finanzjudentum lassen grüßen. Nazidenken hat bekanntlich ein langes Leben und ist Teil der islamistischen Ideologie. Nach dem Zweiten Weltkrieg installierte die Adenauer-Regierung mithilfe ehemaliger Altnazibeamten, die nun im Dienste der jungen Bundesrepublik tätig waren, auch ehemalige muslimisch-sowjetische Soldaten. Sie waren im Zweiten Weltkrieg von NS-Soldaten festgenommen worden. Da die Sowjets neben anderen Religionen auch den muslimischen Glauben unterdrückten, waren diese Sol-

40 https://www.zeit.de/2017/46/sexuelle-gewalt-tariq-ramadan-islamwissenschaftler

daten nur bedingt Freunde des Kommunismus, und so kämpften sie fortan für Nazi-Deutschland, sicherlich auch, weil sie keine wirklichen attraktiven Alternativen hatten.

Die 2011 erschienenen Publikationen der Autoren Stefan Meining und Ian Johnson zeichnen nach, wie der politische Islam in Deutschland Fuß fasste. Mit Unterstützung des BND und auch der CIA wurde Said Ramadan 1960 zum Vorsitzenden des Vereins Moscheebau-Kommission ernannt. 1973, nach über zehn Jahren Planungsphase, wurde die Moschee in München-Freimann fertiggestellt. Doch was als Initiative gegen kommunistische Bestrebungen in Deutschland vonseiten muslimischer Ausländer wie auch als Anlaufstelle für muslimische Überläufer dienen sollte, nahm eine völlig andere Entwicklung. Laut Stefan Meining und Ian Johnson hat sich die Moschee zu einer Schaltstelle des internationalen Politischen Islam entwickelt. Aus der Moscheebau-Kommission erwuchs die heutige Islamische Gemeinschaft Deutschland, kurz IGD, die bis in die Gegenwart regelmäßig im Verfassungsschutzbericht Erwähnung findet. Mit der finanziellen Unterstützung Gaddafis, aber auch der der Diözese von Julius Kardinal Döpfner, wurde die Moschee fertiggestellt, inklusive Studentenwohnheim, Schule und Kindergarten. Und neben Milli Görüş und IGD entfaltete sich hier fortan auch das misogyne Verständnis zur Rolle der Frau in einer vermeintlich modernen islamischen Gesellschaft. Nicht nur hier könnte die CSU gemäß ihrem Positionspapier handeln. Dies gilt für alle etablierten und demokratischen Parteien, will man dem Aufstieg der AfD tatsächlich etwas Sinnvolles entgegenhalten.

Das arabische Sprichwort »Der Feind meines Feindes ist mein Freund. Der Freund meines Feindes ist mein Feind« ist, wie in diesem historischen Fall deutlich wird, nicht immer der beste Ratgeber. Denn die Etablierung dieser Moschee hat gerade friedliebende und demokratische Muslime in ein zwielichtiges Licht gerückt. Gerade zahlreiche muslimische Männer haben dieser Ideologie ihr schlechtes Image mit zu verdanken. Nicht nur, dass diese Organisation bis heute gegenüber jungen Muslimen hochproblematische Positionen propagiert, auch vor dem Hintergrund, wer in der jüngeren Vergangenheit dort ein und ausging und anscheinend geduldet wurde, erscheint die Stellung der Moschee als höchst schillernd. War es denn ein Zufall, dass ausgerechnet islamistische Terroristen, wie der sudanesischstämmige Mamdouh Mahmud Salim und der ägyptischstämmige Mahmud Abouhalima, dort verkehrten? Abouhalima ist einer der Drahtzieher des 1998 durchgeführten Anschlags auf das World Trade Center, und Salim, ein studierter Ingenieur und Mitbegründer der 1988 gegründeten Terrororganisation al-Qaida, war einer der engsten Mitarbeiter von Osama Bin Laden.

Doch jenseits der Frage, ob solche Organisationen denn wirklich die geeigneten Vertreter der Muslime in Deutschland sein sollen, lässt sich erkennen: Der Wunsch zahlreicher Muslime nach Nichtorganisation ist auch als Aussage einer Haltung zu verstehen, die sich für Individualismus ausspricht. Es gibt schlichtweg kein Bedürfnis nach Organisation. Und hinsichtlich dieser Haltung dürfen Muslime nicht anderes behandelt werden als andere Bürgerinnen und Bürger unseres Landes auch. Es darf schlichtweg keine Entscheidung über ihre Köpfe hinweg getroffen werden, was einen organisierten Islam betrifft. Dass es auch zehn Jahre nach der Deutschen Islamkonferenz weder den Vereinen geglückt ist, einen funktionierenden gemeinsamen Zusammenschluss zu organisieren, muss akzeptiert werden wie die Tatsache, dass es bei der Mehrheit der hier lebenden Muslime kein Bedürfnis nach einer islamischen Organisation gibt. Achtzig Prozent der Muslime in Deutschland sind nicht organisiert, eine Zahl, die nicht leichtfertig übergangen werden darf. Die gesellschaftlichen und sozialen Fragen rund um den Islam lassen sich auch ohne Islam- beziehungsweise Muslimvertreter klären. Womöglich ist dies sogar eher im Interesse der betroffenen Muslime und der Gesamtgesellschaft.

In Kommunen oder auf Landes- und Bundesebene sind zivilgesellschaftliche Muslime Teil der Wirklichkeit und können sich mit ihren Anliegen einbringen. Wenn es sein muss, auch organisiert. Dann aber sprechen sie allein für ihre Mitglieder und Mitgliederinnen und nicht für alle Muslime.

Aufklärung steht also im Mittelpunkt der Auseinandersetzung mit dem Islamismus. Und da sind nicht nur alle Muslime gefragt, sich besser über gewisse Strömungen und Bewegungen zu informieren, auch Politiker und die Regierung müssen mit gutem Beispiel vorangehen. Denn ohne eine tiefgehende Aufklärung werden immer mehr Menschen radikalisiert, und schon heute ist zu beobachten, dass die unterschiedlichsten Organisationen und Vereinigungen – darunter auch Querfront-Verbindungen – all jene spalten wollen, die bemüht sind, einen gesellschaftlichen Frieden aufrechtzuerhalten.

Neben der AfD lässt sich das zum Beispiel sehr gut an Parteien wie der ADD (Allianz Deutscher Demokraten) beobachten. In dieser der AKP und Erdoğan nahestehenden Partei formieren sich Personen mit guter Schulbildung, angeblich um demokratische Ziele zu verfolgen. Dass sich der türkische Präsident Recep Tayyip Erdoğan auf ADD-Werbeplakaten befindet, beweist leider, wie realitätsfern diese Akteure agieren. Denn welcher Demokrat lässt sich schon von solch einer Maskerade beeindrucken? Egal wie oft in diesen Kreisen darauf verwiesen wird, dass Deutsche und Türken schon zu Zeiten der Osmanen Partner waren und dass es mehr Gemeinsames als Trennendes gebe: Solche Symbiosen waren nie demokratisch motiviert. So wenig es eine Rolle spielt, welche Staatengebilde wann diplomatische Interessen geteilt haben, um in diesem Land selbstverständlicher Staatsbürger mit freiheitlich-demokratischer Einstellung zu sein, so wenig dürfen nationalistische Einstellungen und rassistische Kooperationen aus der Vergangenheit dazu herangezogen werden, eben diese für die Gegenwart wiederzubeleben. Die Judenfeindschaft der Nazis und die breite Hitler-Verehrung, wie sie in zahlreichen muslimischen Gesellschaften etwa in arabischen Ländern aufgrund des Holocaust vorherrscht, darf kein Grundstein für eine Identifizierung mit der Bundesrepublik sein. Nationalistisches und rassistisches Denken sowie die Ablehnung des Staates Israels sind kein vernünftiger Nährboden für politische Willensbildung, noch weniger darf es die Basis für andere Organisationsformen bilden. Ein Beispiel dafür ist die 2015 gegründete türkisch-nationalistische Gruppierung Osmanen Germania, die im Internet durch rechtsextreme Positionen auffällt. Ihre Mitglieder stehen derzeit vor Gericht und sollen in der Vergangenheit auch schon mal Erdoğan höchstpersönlich am Telefon gehabt haben.[41] Satiriker Jan Böhmermann war ebenfalls ins Visier der Osmanen Germania geraten und musste zeitweise untertauchen.

41 https://www.morgenpost.de/politik/article213838071/Osmanen-Rocker-ueberwacht-ploetzlich-war-Erdogan-am-Telefon.html

Der Fall des ZDFneo-Satirikers offenbart eine fehlgeleitete gesellschaftliche Entwicklung. »Am Tag nach der Ausstrahlung von Böhmermanns ›Schmähgedicht‹ auf Erdoğan rief der frühere Chef der europäischen Interessenvertretung der AKP, der UETD Rhein-Neckar, bei Rockerboss Bağcı an. Die Osmanen sollten ›eine Bestrafungsaktion bei einem Kritiker des türkischen Staatspräsidenten durchführen‹. Gemeint war: Böhmermann.«[42] Egal, als wie abstoßend dieses Schmähgedicht von manchem auch empfunden sein mag, Gewaltandrohung und Gewaltdurchführung sind nie ein Mittel der Konfliktaustragung. Dieses Gewaltverhalten gibt allerdings viel preis über den eigenen Umgang und die eigenen Erfahrungen mit Gewalt. Gewalttäter offenbaren immer wieder die fehlende Fähigkeit, verbal ohne Beschimpfungen ihr Anliegen und ihre Kränkung zu artikulieren. Ein Teufelskreis, der auch im politischen Sektor zu den unterschiedlichsten Konflikten führt.

Aber auch andere Vereinigungen haben es seit ihrer Gründung nicht geschafft, ihre Anhänger- und Zuschauerschaft über die Gefahren des Islamismus und Nationalismus aufzuklären. Gerade der neue Nationalismus spielt hier eine Rolle, der in Form des Panislamismus zutage tritt und bei dem die Religion Islam zur identitätsstiftenden Komponente verkommt und als Ersatznationalismus fungiert. Ich-bin-Muslim-Alhamdullah ist das neue Ich-bin-Türke/Deutscher/Marokkaner/Afghane/Pakistaner etc. Vereine, die besonders junge Menschen erreichen und mit ihnen zusammenarbeiten, haben bis heute mit keiner überzeugenden öffentlichen

42 https://www.zeit.de/2018/16/osmanen-germania-recep-tayyip-erdogan-tuerkei-kritik/komplettansicht

Veranstaltung oder Veröffentlichung zur Aufklärung der Gefahr jenes neuen Nationalismus in Gestalt des legalistischen Politischen Islam beigetragen. Ihr Fokus beschränkt sich allein meist auf »antimuslimischen Rassismus«, der allerdings nie der alleinige Antrieb für Radikalisierung und Ausgrenzung ist. Wenngleich das Empowerment junger Muslime wichtig ist, müssen die Ursachen der eigenen Unsicherheit und Minderwertigkeitskomplexe auch im eigenen Elternhaus und der eigenen Sozialisation gesucht werden. Die nichtmuslimische Gesellschaft darf nicht als alleiniger Urheber aller persönlichen Konflikte gelten. Sicher, Rassismus kränkt und hinterlässt seelische und manchmal auch physische Spuren. Dennoch zeigen gerade die zahlreichen bundesweiten Förderungen von Stiftungen, dass es ein breites gesellschaftliches Bewusstsein für diese Ungerechtigkeit gibt und dass sie nicht negiert oder kleingeredet wird. Wer aber der Öffentlichkeit immerzu das Gegenteil suggeriert, führt bewusst in die Irre. Alle diese finanziellen Zuwendungen und die Sichtbarmachung muslimischen Lebens in weitverbreiteten Medienformaten sind ein deutliches Zeichen dafür, wie Muslimen gerade auf breiter gesellschaftlicher Ebene Unterstützung für ihre Belange, Sichtweisen und Bedürfnisse beigemessen wird.

Dies erfährt keine andere Minderheit so wie die der Muslime. Und dies, obwohl aus der muslimischen Community durchaus auch Rassismen gegenüber anderen Minderheiten und religiöse Intoleranz hervorgehen. Wie zum Beispiel auch gegenüber schwarzen Menschen. Nicht selten bekommen schwarze Muslime von maghrebinischen, arabischen oder türkeistämmigen Muslimen zu hören, wie rückständig sie aufgrund ihrer schwarzafrikanischen Herkunft doch seien, selbst als »Geschwister im Glauben«. Sie verhalten sich dabei gegenüber den schwarzen Muslimen wie europäische Konvertiten gegenüber arabischen oder türkischen Muslimen. Denen müsse auch erst einmal der Islam richtig beigebracht werden.

Diese Sichtbarkeit in den Medien war nicht immer so. Stereotype sind bis heute zwar nicht überwunden, aber dennoch gibt es inzwischen eine größere Diversität. Die Sensibilisierung für mehr Vielfalt in den Medien und im muslimischen Milieu hat erst mit Publikationen wie dem »Gazelle«-Magazin, dem Sachbuch »Muslim Girls« oder der Gründung der Neuen Deutschen Medienmacher sowie der Jungen sowie Deutschen Islam Konferenz an Sichtbarkeit zugenommen.

Dies ist eine wichtige Entwicklung, die aber nicht dazu führen sollte, ausschließlich die Klaviatur von Islamisten zu bedienen, die gerne das Lied von der größten und diskriminiertesten Minderheit spielen und dadurch andere nichtmuslimische Gruppen in Deutschland ignorant übergehen. Vielmehr ist es unserer aller Aufgabe, in dieser Gesellschaft einen Beitrag zu einem friedlichen und pluralistischen Zusammenleben im Sinne einer gesellschaftlichen Offenheit zu leisten und für eine breite Aufklärung zu sorgen. Wer sich allerdings immerzu öffentlichkeitswirksam darüber beklagt, nur als Muslim wahrgenommen zu werden, sollte zur Abwechslung mal nicht ständig darüber jammern und sich selbst nicht ausschließlich als muslimisch definieren, geschweige denn von seiner islamischen oder muslimischen Identität schwadronieren.

Wenngleich nicht einmal klar ist, was genau das sein soll. Fragen Sie doch mal unabhängig voneinander zehn bekennende Muslime nach ihrer Identität, sie werden Ihnen unterschiedliche Identitäten beschreiben. Ergo: Wie Muslim in den

Wald ruft, so schallt es auch zurück. Initiativen wie *JUMA*, *i,slam* oder auch Comedyformate wie *Rebell Comedy* und *Datteltäter* haben ihren Mitgliedern und Zuschauern gegenüber eine Verantwortung. Wer sich kritisch mit Hate Speech, rechter Gewalt aus der Mehrheitsgesellschaft und Rassismus beschäftigen kann, darf sich auch dem Islamismus als einer real existierenden Bedrohung nicht entziehen. Wenngleich beim Thema Rassismus noch zu klären wäre, inwieweit platte Ethno-Gags nicht selbst Rassismen bedienen und damit jedes noch so dämliche Vorurteil über ethnische Gruppen und Muslime bestätigen. Diese Muslim-Men-Comedians könnten als Vorbilder vorangehen.

Sowohl gewaltbereiter als auch legalistischer Islamismus betrifft nämlich Muslime in vielfältiger Hinsicht – als Opfer wie auch als Täter – und fördert die Wechselwirkung mit Rechtspopulisten in weit größerem Ausmaß. Anstatt also immerzu nur davon zu reden, wer alles aus dem nichtmuslimischen und islamkritischen Kontext den Rechten in die Hände spielt, sollte lieber aufgezeigt werden, wie der Islamismus in all seinen Facetten vor allem durch das Wegsehen und Ablenken an Bedeutung gewinnt.

Dazu zählen gerade jene, die von sich selbst gerne sagen, dass sie zum »Mainstreamislam« gehören und die teils die Verschwörungstheorien der rechtsextremen und linksextremen Gruppen bis hin zu deren misogynem Frauenbild heimlich teilen. Wenn all diese Initiativen und Comedyformate, die es teils schon seit sieben oder elf Jahren gibt, allerdings ebenfalls der Haltung anhingen, es gäbe keinen legalistischen Islamismus, wäre ihr Schweigen zu dieser Ideologie kein Wunder. Es würde erklären, warum gerne Kritik in Richtung etablierter Medien stattfindet, aber keine, die sich gegen antisemitische, verschwörungstheoretische oder salafistische und islamistische Medien richtet, die zahlreiche YouTube-Channel mit ihren Inhalten überfluten.

Wie zum Beispiel die Plattform *Generation Islam*, die zum Umfeld der islamistischen Hizb ut-Tahrir, auf Deutsch »Partei der Befreiung«, gehören soll. Hizb ut-Tahrir ist in Deutschland offiziell verboten. Wenn die *Datteltäter* rund 82 000 Likes auf ihrer Facebook-Seite verbuchen können, dann ist *Generation Islam* mit rund 63 000 Likes nicht zu unterschätzen. Hinzu kommen Facebook-Seiten wie *Faktislam* mit rund 89 000 Likes oder *Muslimstern* mit 55 405 Likes, die wie die oben genannten nicht nur professionelle und hochwertige Videos und Inhalte auf YouTube verbreiten, sondern vor allem durch ihren permanenten Opferduktus auffallen.

Wer also schweigt und wem zu diesen Entwicklungen nur einfällt, dass heute gegen Muslime so gehetzt werde wie im Dritten Reich gegen die Juden, hat schlichtweg den Gong nicht gehört und handelt nicht anders als all jene Menschen damals, die nicht entschieden gegen das faschistische Gedankengut aufgestanden sind. Wer schweigt, stimmt zu. Das gilt noch heute. All diese Initiativen werden sich daher früher oder später die Kritik gefallen lassen müssen, islamistische und verschwörungstheoretische Ideologien zu vertreten.

Horst Seehofer und seine CSU werden dagegen lernen müssen, anstatt mit reißerischen Pauschalisierungen die Gesellschaft weiter zu spalten, endlich ihrem Selbstauftrag der Bekämpfung des Politischen Islam im Interesse aller friedliebenden Bürgerinnen und Bürger nachzukommen und dabei auch anderen verschwörungstheoretischen Strömungen die Grenzen aufzuzeigen. Seien sie nun Reichsbürger,

Nazis, Linksextreme oder Salafisten. Es sind genug Menschen aufgrund extremistischer Einstellungen ums Leben gekommen. Besonders der NSU-Fall hat zahlreiche Bürgerinnen und Bürger türkischer Herkunft enorm verunsichert. Dabei ist dies nicht der erste Fall von rechter Gewalt. Solingen, Mölln oder auch jetzt die Anschläge gegenüber DITIB-Moscheegemeinden durch Linksextreme: Das ist die zerstörerische Ernte menschenfeindlichen und verschwörerischen Denkens. Dagegen entscheidend präventiv vorzugehen ist von enormer Wichtigkeit. Menschenleben sind kostbar! Jedes einzelne. Egal wie groß die Antipathie gegen jemanden oder Organisationen auch sein mag. Nichts rechtfertigt Gewalt, Terror und Mord.

Fazit: Mehr Eigenverantwortung, bitte!

Was für ein Abenteuer »Muslim Men« doch war. Die Arbeit an diesem Buch hat mir besonders viel Freude gemacht. Gesegnet mit mehr als zwei Dutzend Begegnungen und intensiven Gesprächen über alle Höhen und Tiefen sowie intimen Details und Unsicherheiten dieser oft ungehörten muslimischen Männer. Für das entgegengebrachte Vertrauen bin ich nicht nur dankbar, ich erachte es auch als notwendige Grundlage für die Enttabuisierung verschiedener patriarchaler und festgesetzter Normen, die auch heute noch viel zu oft zu bigottem Verhalten führen. Letztendlich führen sie dazu, völlig unverhältnismäßig auf die Frau zu fokussieren, um so von den eigenen Unsicherheiten und Dämonen abzulenken. Von jenen Unsicherheiten und Dämonen, die obendrein nicht selten zu großen emotionalen Schmerzen und einer damit einhergehenden Orientierungslosigkeit führen. Daher werden diese Männer nicht umhinkommen, sich ihren Dämonen zu stellen.

Auch wenn nicht alle meine Gesprächspartner es ins Buch geschafft haben, ist ihre Geisteshaltung doch überall mit eingeflossen. Etliches von dem, was ich in Erfahrung gebracht habe, wird viele LeserInnen zumindest den einen oder anderen »Muslim Men« besser verstehen lassen, ebenso findet das eine oder andere Exemplar der Spezies »Muslim Men« hier den nötigen Anstoß, die eigene Maskerade fallen zu lassen, obgleich keine der im Buch ausgeführten Erklärungen das Verhalten jener aggressiven, brutalen und bigotten Muslim Men entschuldigt. Wer aber gegen Verhaltensmuster oder schwerwiegende Verfehlungen, aus denen politische Fehlentwicklungen resultieren, reagieren möchte, benötigt unter anderem auch ein Psychogramm. Dieses Buch versteht sich als ein Beitrag hierzu. Wir stehen auch nach weit mehr als einem halben Jahrhundert deutscher Einwanderungsgeschichte damit noch am Anfang. In diesem Jahr begeht das Anwerbeabkommen mit dem ehemaligen Jugoslawien seinen 50. Jahrestag. Besonders aus dem islamistischen Milieu wird dem keine Beachtung geschenkt, wenngleich jedes Jahr dem Massaker an der muslimischen Bevölkerung in Srebrenica öffentlichkeitswirksam gedacht wird, um die Mär der weltweit unterdrückten Muslime zu verbreiten.

Daher sollten wir als Gesellschaft jene frustrierten und abgehängten Männer, aber auch Frauen nicht den Rattenfängern im islamistischen und salafistischen Milieu überlassen. Als Freunde, PartnerInnen, Kollegen, aber vor allem als Eltern sind wir gefordert, es erst gar nicht so weit kommen zu lassen. Was zählt, ist, offen miteinander zu kommunizieren und Halt zu geben, aber auch Grenzen aufzuzeigen, die zu überschreiten unser aller Gesellschaft schadet, wenn Mensch seine persönlichen Bedürfnisse, Ängste, Aggressionen über die der anderen stellt. Demokratie und Freiheit bedeuten, dass nicht jeder machen kann, was er oder sie will. Wo Demokratie und Freiheit herrschen, gilt es auch immer, an die Mitmenschen mitzudenken. Dieser Verantwortung kann und darf sich niemand entziehen.

Allerdings setzt das Eigenverantwortung voraus, und hier sind wieder die Eltern gefragt. Memo, ein 21-jähriger Duisburger Lehramtsstudent mit libanesischen Wurzeln, beschrieb die fehlerhafte Erziehung mit einem einschlägigen Bild. Es wäre so, als würde eine Mutter einen dreißig Jahre alten und bärtigen Mann in den Armen wiegen, ihm den Schnuller geben und liebevoll zu ihm sagen, eines Tages werde er Arzt oder Rechtsanwalt werden. »Aber wie!« So lerne doch kein Mann Eigenverantwortung und Selbstständigkeit.

Das gilt auch für einen Mesut Özil, dessen Porträt zusammen mit Recep Tayyip Erdoğan Deutschland seit Monaten in Aufruhr hält und dessen Rücktritt aus der deutschen Nationalelf eine hitzige und rein polemische Diskussion provoziert hat. Das Bedürfnis nach Respekt und Anerkennung ist nachvollziehbar, doch es darf für Menschen mit migrantischen Wurzeln nie der einzige Antrieb sein, der ihre Entscheidungen lenkt. Auch muslimische Einwanderernachkommen sind rechtlich gleichgestellt und müssen wie jeder andere ihren persönlichen Gefühlshaushalt unter die Lupe nehmen. Insbesondere müssen sie die unausgeglichene Beziehung der Söhne zu ihren Vätern reflektieren. Wer mit sich im Reinen ist, sucht seine Anerkennung nicht in der Gesellschaft. Zain sprach von Gelegenheiten und Möglichkeiten, die Mensch im Leben bekommt, um seine Zukunft zu gestalten. Dieses Land hat seinen Einwanderern nicht immer alles einfach gemacht, doch es hat ihnen ebenjene Gelegenheiten und Möglichkeiten gegeben, die ihnen keines ihrer Herkunftskultur je gewährt hätte. Innerhalb einer Generation ist einem Großteil der Migranten der Aufstieg hierzulande gelungen. Genauso wie es widersinnig ist, Gäste arbeiten zu lassen, ist es unangemessen, seine persönlichen Konflikte bei seinem Chancengeber abzuladen. Dies ist keine Unterwerfung vor Dankbarkeit, sondern gute Kinderstube. Wir Einwandererkinder sind die GewinnerInnen der Auswanderung unserer Eltern. Niemand spricht von einem einfachen Weg. Aber was ist schon einfach zu erlangen? In diesem Sinne: Auf zu neuen Eigenverantwortungsufern!

Danksagung

Ich danke allen Gesprächspartnern von Herzen für ihre Zeit, ihr Vertrauen und ihre Offenheit.

Meinen wundervollen Freunden und meiner Familie für die Gespräche, fürs Umsorgen und den regen Austausch!

Dank geht auch an meine Agenten und dem Herder-Verlag-Team!